集人文社科之思 刊专业学术之声

集 刊 名：家庭与性别评论
主办单位：中国社会科学院社会学研究所
主　　编：马春华

Family and Gender Review（Vol.12）

《家庭与性别评论》编委会
编委会主任：吴小英
编委会成员（按姓氏笔画排序）：
马春华（中国社会科学院社会学研究所）
王　晶（中国社会科学院社会学研究所）
石金群（中国社会科学院社会学研究所）
刘汶蓉（上海社会科学院社会学研究所）
杨　可（中国社会科学院社会学研究所）
杨菊华（中央民族大学民族学与社会学学院）
吴　帆（南开大学周恩来政府管理学院社会工作与社会政策系）
吴小英（中国社会科学院社会学研究所）
沈奕斐（复旦大学社会发展与公共政策学院社会学系）
张丽萍（中国社会科学院社会学研究所）
陈午晴（中国社会科学院社会学研究所）
杭苏红（中国社会科学院社会学研究所）
郑丹丹（华中科技大学社会学院）
宓瑞新（全国妇联妇女研究所《妇女研究论丛》编辑部）
钟晓慧（中山大学政治与公共事务管理学院）
施芸卿（中国社会科学院社会学研究所）

第12辑

集刊序列号：PIJ-2008-015
集刊全文数据库：www.jikan.com.cn
投稿平台：www.iedol.cn

扫码阅读电子全文

服务部门：社会科学文献出版社 集刊分社
服务邮箱：jikan@ssap.cn
服务热线：010-59366533/59366593

关注"集刊"公众号
请用微信扫描二维码

购买纸书 优惠订阅
请用微信扫描二维码

Family and Gender Review

家庭与性别评论
主编：马春华

第12辑（Vol.12）

非 常 态 家 庭
与亲密关系实践

THE PRACTICES OF UN-NORMAL FAMILIES
AND INTIMATE RELATIONSHIPS

＊中国社会科学院社会学研究所＊
主　办

吴小英◎本辑执行主编

社会科学文献出版社
SOCIAL SCIENCES ACADEMIC PRESS (CHINA)

目　录

当非常态家庭与亲密关系日益常态化（代序） ……………… 吴小英 / 1

第一部分　非常态婚姻家庭类型及其实践

成为"家庭主妇"的高学历移民女性
　　——基于在日中日跨国婚姻女性的访谈
　　……………………… 赛汉卓娜 著　项江南 译　赛汉卓娜 校 / 13
姻缘与利益：中越边境的跨国婚姻实践
　　——以广西宁明县 N 屯为例 ……………………… 胡静凝 / 36
进阶的主妇：凝视视角下的"独立女性"
　　——基于某化妆美甲培训机构的田野调查 ………… 王宏燕 / 55
并家模式下的家庭权力重构及其实践逻辑
　　——基于苏南农村的并家经验考察 ………………… 纪　芳 / 69
成家："不娶不嫁"婚姻关系下的家庭继替
　　——基于丽江坝区的案例分析 …………… 和文毓　刘爱玉 / 82

第二部分　非常态亲密关系及其实践

未婚同居：当代都市流动青年的亲密关系实践 ……………… 赵　璐 / 103
"我的钱"还是"我们的钱"？
　　——转型期中国城市青年同居的经济实践分析 …… 于志强 / 120
婚外包养与男性气质的关系化建构 …………………………… 肖索未 / 139

在自由与安全之间：社交媒体中介下的亲密关系………… 田林楠 / 159
制造亲密：中国网络秀场直播中的商品化关系及其不稳定性
………………………………………… 董晨宇　丁依然　叶　蓁 / 177

第三部分　非常态生育观及其生育实践

"无后为大"：现代青年丁克家庭的成因、压力与对策 …… 齐　鑫 / 201
未婚怀孕：意外还是计划之内？
　　——流动青年同居者的怀孕意愿与经历研究 ………… 张　亮 / 221
"羞耻感"的语言学超越：基于未婚妈妈的个案研究 ……… 高碧叶 / 239
女人当家？
　　——单身生育和性别角色的重新协商 ………… 高晓君　魏　伟 / 255

当非常态家庭与亲密关系日益常态化

（代序）

吴小英

过去十多年来，社会学中家庭研究领域的繁盛几乎可以用"火爆"来形容，堪比 20 世纪 80 年代国内社会学恢复重建初期的家庭社会学——这一现象既出乎意料，也仿佛在情理之中，用现在网络流行的说法，就是"一切都是最好的安排"。或许我们可以简略地将之概括为天时、地利、人和，即市场需求（家庭问题丛生待解）+政府重视（治理工具和角色呼唤）+学科契机（社会学本土化的号角）。然而如果回溯过去四十多年来的中国学术史，不难发现当时婚姻家庭之所以能够成为社会和学界的共同关切点，是因为它标志着从阶级斗争回归人性、从社会政治化向社会生活化的转向。也就是说，家庭在那个时代意味着普通人从公共生活返回私人生活、通向更具烟火气的幸福之路的价值取向。而回观近十年来人们对家庭及其研究的这波热潮，来自坊间和学界的关切点却异口同声指向"家庭究竟怎么了"的感叹、困惑甚至无奈。无论是抱着一种积极寻求"拯救之道"的思路，还是摆出接纳并拥抱家庭"新世界"的"躺平"姿态，它们都在提示我们，当今的家庭已绝非百年前新文化运动先驱们所受困扰和批判的家庭，亦远非四十多年前改革开放初期民众或学者所想象和期望的家庭。

然而，一切依然是最好的安排。认识到这一点是至关重要的，也是极其社会学的。国内社会学与其他相近学科相比极具辨识度并引以为傲的专业成就之一，就是关于市场化以来中国社会转型的研究和探讨。不过一直以来主流的转型研究多集中在公共领域，而对于私人领域的关注不够。同样，家庭社会学自身在很长时间内也将主要关注点放在社会变迁对于家庭结构、功能和关系的影响上，仿佛家庭只是被动的社会变迁接受器。然而现实生活中我们每每看到来自家庭及其观念的驱动力，在推动社会变革中默默起到了难以估量的作用。正是一个个普通人代代相续并在变动中不断革新的家庭实践，既塑造了他们个体和家庭生活的丰富样貌，也塑造了社会变迁和转型的轨迹。从这个意义上说，发生在当下堪称"家庭革命"的种种，也是理解当今社会及其未来走向的重要命题。而这正是本辑《家庭与性别评论》集刊选择多样化的、非常态的家庭与亲密关系实践作为主题的深层次考量。

家庭的"常态"与"非常态"

在确定本辑专题的题目时，我曾在作为研究对象的家庭类型的表述上纠结良久，也跟圈内一些同行朋友讨论过。最早曾想用"非主流"或"另类"来归纳本书中选择的家庭形态及其模式，因为它们或者是21世纪以来中国社会新出现及一定范围内新近流行的家庭和亲密关系形式（比如同居、丁克、单身妈妈、两头婚、网络亲密关系等），或者是自古就有但一度中断、如今再现江湖而被赋予新的含义的婚姻家庭模式（比如全职主妇家庭、包养关系等）。这些家庭和亲密关系形式与当今占主流地位的婚姻家庭类型相比，不仅在数量上处在相对少数或者由少及多的过渡阶段，更重要的是在婚恋、家庭和生育的观念上往往超出了传统的预设。抛开隐藏的对错立场、避免以具有强烈价值取向的"主流—另类"的二分法来定义它们，[①] 是我最终决定放弃前述词汇、选用更加中性的"常态—非常态"之说来加以界定和表述的主要原因。毕竟，常态与否更像一个在宏观分布意义上的观察和判断，也更接近日常的叙事方式，尽管这套说辞也并不能完美地免于价值指向。

然而社会变迁本身就是一些非常态的东西逐渐为社会和公众所接纳进而转变为常态，同时另一些常态的东西可能逐渐从习以为常转变为非常态甚至消逝的过程。这一过程有时是在漫长的不知不觉中发生的，但有时也

[①] 有趣的是，同样的表述可能在不同代的人那里会有截然不同的理解。例如在年长者或者主流意识形态下，"非主流"或者"另类"可能代表着政治不正确或者道德不正确，至少不是一个好词儿；而在年青一代尤其是"90后""00后"眼里，却可能代表着"独立""与众不同""酷"等好词儿。这样一种价值理念上的代际差异或者文化鸿沟，也是本书放弃使用这套词汇作为家庭分类修辞的原因。

会在短期内以巨变的形式出现。过去四十多年来中国社会和家庭的变迁显然属于后者。尤其是过去十多年来，智能手机和移动互联网的普及让全球村真正成为可能，新的生活方式在观念传播与诉诸实践之间几乎不存在时间差。这种时空的压缩感带给人们的眼花缭乱，大约在家庭生活中体现得最切肤而又深沉，每个人都感觉身在其中难以逃逸，以至于很多学者觉得无论用"变化"还是"变迁"都已经不足以描述这些正在发生中的变动。一些学者借鉴人口学中的人口转变理论，提出了"家庭转变"的概念和说法，认为转型期中国家庭发生了"不可逆的、具有重要意义的、趋势性的变化"，这种转变尽管在模式上千差万别，但都可以定义为"家庭的传统性逐渐被现代性替代的过程"，表现出"去制度化"和"个体化"的显著特征和趋势（宋健等，2020）。

不过，过去十多年来，也有越来越多的学者意识到家庭的这种变迁或转型并非单线条和不可逆，而是充满着相互矛盾的复杂面向和悬念，以至于人们往往一边感叹"家不像家"，一边却发现"家还是家"——家庭并未像有人所担心的那样走向衰败甚而消亡，对于大多数中国人来说它依然是具有统摄意义的共同体（刘汶蓉，2021：323-336）。只不过学界过去一直将关注点集中在"变"的部分，而对其中"不变"的部分熟视无睹，如今经历经济与社会的起伏波折，才发现表面上看起来风雨飘摇、似乎自身难保的家庭，其实一直以来作为一种特殊的存在默默护佑着中国人的生活。因此许多学者关注到了家庭千变万化的弹性中所蕴含的不变的东西——无论是城市的"啃老"式代际协商，还是农村的"半工半耕"式代际分工与合作模式，都呈现一种集情感、功能与伦理于一身的，植根于本土文化的家庭韧性（刘汶蓉，2021：323-336；杜鹏、李永萍，2018）。进而有学者指出家庭变迁本身就应该理解为内在地包含了未经改变的"恒常"部分（杨善华，2021），这些以家庭及其伦理规范为依托的非正式传统一直以隐秘的力量发挥着作用，构成了一种具有深厚根基的"社会底蕴"，成为维系中国社会秩序运行的重要机制（杨善华、孙飞宇，2015）。它们以"习焉而不察"的方式渗透在中国人的生命意义以及文化底蕴中，从而也构成了基层治理的底层逻辑和社会基础，其核心就是基于家本位文化的、人与人之间那种"只可意会""内外有别"的关系伦理（周飞舟，2021；付伟，2021；刘亚秋，2022）。

从这种意义上说，所谓家庭的常态与非常态，并不能仅仅视家庭的结构和形态而论，还得考察家庭成员之间、个体与家庭之间的关系模式呈现怎样的传统及翻新。本书所收集的论文基本上属于前一种类型，也就是在婚姻、家庭或亲密关系的外在形态上首先呈现与众不同的非常态面貌，而研究者们对于这些相对小众化或处于过渡状态的家庭和亲密关系类型所表现的功能、模式的探索和分析，恰恰赋予了它们更加富有深意的内涵与重新阐释的可能：在丰富多样的外在结构和关系形态下，是否隐藏着一些恒久未变的家庭内核？所谓非常态家庭或亲密关系的出现，真的寓示着未来家庭的衰落甚至终结吗？

家庭的终结抑或"单一家庭"意识形态的终结？

有关家庭正在走向危机或终结的感叹与争论，在过去半个多世纪以来的全球范围内都没有停息过。其中女性主义算得上是对西方主流"正统家庭"最猛烈的抨击者与挑战者，它毫不留情地撕下了家庭作为"爱之庇护所"的温情面纱，将对家庭的关注点从结构、功能等表面特征转向家庭内部深沉的权力关系和不平等，从家庭的性别分工入手探讨不平等的产生机制和根源，揭示了亲密关系中"爱与支配的相互纠缠"的复杂性，并重新定义了母职及其照料对于女性的双重意义，打破了以异性恋的核心家庭为唯一正统的意识形态，为婚姻与家庭的多元化理解和亲密关系的拓展研究打开了空间（吴小英，2022）。

因此与其对非常态家庭的存在讳莫如深或视若洪水猛兽，不如审视一下家庭的多元化实践不断涌现背后的观念变动——正在走向终结的或许只是"单一家庭"的价值观和意识形态，而非婚姻家庭本身。女性主义曾将这种"单一正统"的家庭意识形态概括为三个假设：一是将成为家庭主妇和母亲看作女性正常、自然的生活方式；二是宣称这样的生活方式可以满足妇女的天性，并且认为她们应该对此感到满足；三是责怪那些无法对这种生活方式感到满足的女性个体（帕美拉·阿伯特等，2022：202-203）。也就是说，这种家庭意识形态预设了家庭内部的性别角色分工是唯一自然、合理的家庭形式，能有效满足个体和社会的需求。然而女性婚后的家庭生活经验却与之相去甚远，这些不一致打破了女性对于婚姻生活的浪漫想象，也加剧了人们对于家庭角色规范和责任的无限绑定的恐慌。因此从某种程度上说，年青一代中流行的"恐婚恐育"并不仅仅是一种带有前卫色彩的情绪表达，对很多人来说也是实实在在的脱困策略，这在韩国学者张庆燮那里被描述为"规避风险的个体化"（Chang，2013）。

与之不同，经历过中国式男女平等和妇女解放洗礼的中国家庭，在市场化的转型社会遭遇的不是妇女该不该走进职场、能不能走出家门的困惑，而是妇女该不该选择回家、能不能全职回家的争论和纠结：回归家庭的主妇尽管获得了令人艳羡的"全职太太"名号，却面临着可能会失却"独立女性"身份的嫌疑。本书中的研究发现，无论对于流动人口中低学历出身的家庭主妇，还是对于跨国移民婚姻中成为家庭主妇的高学历中国女性来说，都面临着在所谓"男人的人生"和"女人的人生"中做出艰难的抉择。她们一方面受困于家庭照料和完美母职的需求，另一方面又受困于被矮化的家庭主妇身份所带来的不安全感，因而都不约而同将全职主妇视为一种临时的身份状态，觉得"这不是我想要的生活"，渴望通过拓展职业和个人发展通道来实现新的"开挂的"人生，成为真正意义上的"独立女性"。这种想法不仅仅来自她们的生活处境，也来自成长于所谓"性别角色共担社会"的经历（赛汉卓娜，2021；王宏燕，2022）。因此有学者指出，倡导平衡工作与家庭的"独立女性"话语如今为消费主义所裹挟，业已成为凝视女性的一种新的压迫力量（王宏燕，2022）。这种"独立女性"话语所包含的内在张力，通过女性自身围绕着走出家庭还是回归家庭的私人选择是无法得到解决的。女性主义认为首先得打破有关性别、家庭和工作的主流规训，释放出批判的力量，然后通过去私人化的方式，诉诸更完善的社会体系，才能在职场和家庭中实现持久的平等（奥加德，2021：274-276）。

然而诉诸公共话语和制度的改造，是个漫长的过程。本书中呈现的苏南等地流行"不嫁不娶"的"两头婚"或称"两家并一家"的新型婚姻模式，尽管是在改革开放后独生子女政策的特殊背景下局部出现的习俗和婚配模式，未来会走向何方尚且是个未知数，但是在民间以实践的方式形成了对于传统"单一正统"的父权制家庭模式的冲击，具有重要的符号象征意义。其"非常态"的地方主要体现在从夫居被代以流动性的双边居住模式，同时在姓氏继替、财产继承、育儿和养老功能期待等方面都形成了男女双系的分配格局（张欢，2019；袁明宝，2021）。然而这种在结构形态上看起来双方平起平坐的制度安排，究竟在多大程度上改变了父权制并实现了家庭内的平等，在学界是有争议的。如有学者认为，并家婚姻中最大的突破是赋予女儿继嗣与继承家产的权利以及养老的义务，这代表着传统父系制度的松动以及女性自主地位的上升（黄亚慧，2013）；也有学者认为尽管这种婚姻实践中女性的主体性有所彰显，但它是以计划生育背景下独女户的男性继承人缺位为前提，目的是实现双边的家庭继替，其制度安排并未颠覆传统的家庭伦理，而是以新的形式延续着父系家长制的核心原则，因而也有学者称之为一种由父代持续向子代输出资源的"温情脉脉"的"新父权"（和文毓、刘爱玉，2021；纪芳，2020）；还有学者从代际权力关系的角度出发，认为这种模式形塑了一种以宗亲与姻亲相结合、双方合力向上的"新联合家庭结构"，但在资源整合的同时也削弱了小家庭的边界，并导致子代"啃老"的后果（张欢，2019）；更有学者直接将这种并家模式命名为"双系父权结构"，指出其清晰的资源和责任边界使家庭关系从一开始就呈现契约的性质，并家过程中核心小家庭难以建立起真正的情感共同体，父代的强势介入使得子代的婚姻表现为"形合神分"的"去核心化"状态，具有很大的不稳定性（袁明宝，2021）。

上述研究表明，转型期的中国家庭在结构、功能、情感、伦理等不同关系面向并非总是保持一致，而是呈现出彼此分离与交错并存的取向。家庭成员之间的价值观或伦理张力，似乎并不妨碍他们在家庭功能上的凝聚力；反之，家庭共同体内部灵活多样的结构形态与功能性互助，同样并不会减弱彼此日常生活中的权力冲突或观念距离。因此在本书提及的各类非常态家庭与亲密关系外衣下，究竟保留或激活了多少常态的家庭传统，又有多少新观念和关系形态假以传统的名义被重塑？无论如何，这意味着那种理想化的"单一家庭"意识形态正走下神坛，迎接充满烟火气的多元家庭实践。

寻找自由与安全之间的平衡点

吉登斯曾将现代社会中家庭的多元化变迁称为亲密关系的转型，认为人们越来越追求一种"纯粹关系"的理念，而婚姻只是其中的一种形式。徘徊在自由与安全之间，人类最终希望的无非"努力把我们大多数人在个人生活中愈益看重的个人自由，与同他人建立稳定而持久的关系的需要相协调"（吉登斯，2009：197-202），而这就需要在亲密关系中通过协商达到一种自由与安全之间的平衡点。本书中所呈现的许多亲密关系类型都可以视为这样一种尝试，比如同居、丁克、网络亲密关系等。

同居现象在伴侣关系中的普遍化和去污名化，算得上是21世纪以来中国社会亲密关系变革的首要体现，尽管不同阶层、性别和代际之间还存在差异。例如无论对都市还是农村流动青年来说，工具主义的物质和情感功能需求与个体主义的爱欲满足，是他们选择同居不假思索的共同理由之一；而因婚姻传统规范的压力被迫选择不婚或等婚的过渡状态，以及同居过程中以"未婚夫妻"模式进行"拟家庭化"的资源共享与分工规划，则表明家庭主义的价值观在这些看似开放的亲密关系选择背后依然起到至关重要的作用（赵璐，2018；于志强，2021；张亮，2021）。这一点在流动青年的未婚怀孕以及处置中表现得更加突出。张亮的研究发现，流动青年的同居怀孕固然有意外的成分，但同时计划内的怀孕也在不断增长，成为结婚的必要前奏。一种关于"同居、怀孕和婚姻的联合决策模式"正在流动青年群体中形成，尽管打破了组建家庭的传统先婚后育顺序，但由婚姻来组织生育行为的社会规范并未被动摇（张亮，2021），同时女性被视为生育工具的核心定位并没有松动，因而这种模式其实也很大程度上增加了同居女性的风险。

与此相类似，丁克家庭可以视为两性之间建立更加纯粹的亲密关系的一种尝试，因为它主动消解了素来为女性主义所诟病的女性因生育和母职导致的在经济社会各方面遭遇的不公与惩罚。丁克作为一种自愿不育的理念能在有着儒家传统生育文化的中国社会落地发芽，这本身就是一件非同寻常的事情。尽管目前丁克人群只占极低的比例，但本书中齐鑫（2022）的研究提示我们，至少在年青一代受过良好教育的高学历白领阶层中间，这非但不是大逆不道或不可接受，反而被视为富有责任心的理性选择，因为它是部分年轻人基于个体自由、育儿困境、社会发展等多重因素综合考量后的结果。在"丁克不需要理由、生孩子才需要理由"的铿锵陈述中，我们分明可以感觉到生活在这个时代所难以逃遁的自由与安全之间的张力与拉扯。

本书中的研究还涵盖了婚外包养关系、单身女性生育、社交媒体下的亲密关系等主题，这些关系类型因不同程度上与主流文化中的婚姻、生育与情感制度及伦理相违背而面临着更大的道德风险与压力，因此当事者往往一方面会在日常生活中采用隐匿身份的手段，不让真实的关系形态暴露于公共世界，另一方面也会通过有意识地模仿或摈弃家庭关系主流模式而建构新的身份认同。例如"二奶"们利用"男主外女主内"的性别劳动关系化策略来塑造和彰显伴侣的男性气质身份，以保持亲密关系中自身的稳定地位（肖索未，2013）；单身妈妈则通过宗教信仰、情感依托、独立人设等不同途径构建了僭越性生育选择的道德基础，但这些女性最终能够在婚姻之外完成自主生育和抚育、实现所谓"女人当家"的关键，还倚赖于日常实践中来自父母家庭全方位的接纳、支持与协助（高碧叶，2021；高晓君、魏伟，2022）。此外，有学者发言，网络技术及其生态为纯粹功用性的"随意性关系"营造了可能，以社交媒体为中介的亲密关系由过去主体之间的交往互动变成了如今主客体之间的消费行为，它既满足了人们对于理想化的情感和亲密关系的社会想象，同时也以"被物化的亲密关系"的形式成为网络直播中屡屡被商业化利用的温情游戏（田林楠，2021；董晨宇等，2021）。这些偏离传统亲密关系轨道的新型关系形式，以性、爱、婚姻、生育的各自分离为特征，不仅呈现了个体在自由与安全之间的徘徊与斟酌、平衡与取舍，也为家庭相关公共政策的走向提出了新的要求——与个体相类似，社会政策也不能妄想在自由与安全、自主与责任之间二选一，而是需要加入其中真正直面二者的博弈与协商。

  最后想要说明的是，本书收录的 14 篇论文中，除了 1 篇翻译稿和 1 篇首发原创稿之外，其他均来自近十年间已公开发表的期刊论文，在此特别感谢相关期刊慷慨赠予文章的转载权。细心的读者可能会发现，这些刊物或许算不上社会人文圈内威震四方的大刊，甚至有一些尚未列入 C 刊行列；论文发表时相关作者很多还处于籍籍无名的学生或者"青椒"阶段，有的文章在理论探讨的深度上尚显青涩，但这些并不影响他们的研究议题和田野分析的直抓人心所带来的学术冲击力。这一现象本身也表明，这些来自生活实践的非常态家庭和亲密关系研究在国内主流学界尚未得到应有的关注，因而也意味着学界对于家庭变迁与社会转型理解的广度和深度尚待发掘，某种程度上也势必会导致公共政策理念上的偏颇或不周全。因此，本书将自身定位为一个引子，希望这些稍显边缘化的研究呈现与讨论，不仅能丰富家庭研究的视野，也能吸引更多学者同道和政策制定者的目光，因为它们实实在在关乎我们自己以及子孙后代共同体未来的幸福。

参考文献

〔英〕吉登斯，2009，《社会学》（第五版），李康译，北京：北京大学出版社。
〔英〕帕美拉·阿伯特、克莱尔·威莱丝、麦丽莎·泰勒，2022，《女性主义视角的社会学导论》，王金玲等译，北京：社会科学文献出版社。
〔英〕沙尼·奥加德，2021，《回归家庭？家庭、事业与难以实现的平等》，刘昱译，桂林：广西师范大学出版社。
董晨宇、丁依然、叶蓁，2021，《制造亲密：中国网络秀场直播中的商品化关系及其不稳定性》，《福建师范大学学报》（哲学社会科学版）第 3 期。
杜鹏、李永萍，2018，《新三代家庭：农民家庭的市场嵌入与转型路径》，《中共杭州市委党校学报》第 1 期。
付伟，2021，《家庭本位与村庄治理的底层逻辑》，《中国社会科学评价》第 4 期。
高碧叶，2021，《"羞耻感"的语言学超越：基于未婚妈妈的个案研究》，《天府新论》第 1 期。
高晓君、魏伟，2022，《女人当家？——单身生育和性别角色的重新协商》，《妇女研究论丛》第 3 期。
和文毓、刘爱玉，2021，《成家："不嫁不娶"婚姻关系下的家庭继替》，《中华女子学院学报》第 5 期。
黄亚慧，2013，《并家婚姻中女儿的身份与地位》，《妇女研究论丛》第 4 期。
纪芳，2020，《并家模式下的家庭权力重构及其实践逻辑——基于苏南农村的并家经验考察》，《天府新论》第 1 期。
刘汶蓉，2021，《活在心上：转型期的家庭代际关系与孝道实践》，上海：上海人民出版社。
刘亚秋，2022，《"家"何以成为基层社区治理的社会性基础》，《江苏社会科学》第 1 期。
齐鑫，2022，《"无后为大"：现代青年丁克家庭的成因、压力与对策》，见本书。
宋健、李建民、郑真真、李婷，2020，《中国家庭的"转变"与"不变"》，《中国社会科学评价》第 3 期。
田林楠，2021，《在自由与安全之间：社交媒体中介下的亲密关系》，《社会发展研究》第 2 期。
王宏燕，2022，《进阶的主妇：凝视视角下的"独立女性"——基于某化妆美甲培训机构的田野调查》，《中国青年研究》第 6 期。
吴小英，2022，《女性主义视角下的家庭：变革、争议与启示》，《山东女子学院学报》第 1 期。
肖索未，2013，《婚外包养与男性气质的关系化建构》，《社会学评论》第 5 期。
杨善华，2021，《关注家庭日常生活中的"恒常"——一个家庭制度变迁的视角》，《中华女子学院学报》第 2 期。
杨善华、孙飞宇，2015，《"社会底蕴"：田野经验与思考》，《社会》第 1 期。

于志强，2021，《"我的钱"还是"我们的钱"？——转型期中国城市青年同居的经济实践分析》，《中国青年研究》第 1 期。
袁明宝，2021，《并家婚姻下的家庭权力变迁与家庭关系理性化》，《兰州学刊》第 5 期。
赵璐，2018，《未婚同居：当代都市流动青年的亲密关系实践》，《宁夏社会科学》第 2 期。
张欢，2019，《苏南农村的"并家"婚姻模式及其新联合家庭结构》，《西北人口》第 2 期。
张亮，2021，《未婚怀孕：意外还是计划之内？》，《妇女研究论丛》第 1 期。
周飞舟，2021，《将心比心：论中国社会学的田野调查》，《中国社会科学》第 12 期。
Chang, Kyung-Sup, 2013, "Individualization without Individualism: Compressed Modernity and Obfuscated Family Crisis in East Asia", in Ochiai Emiko & Hosoya Leo Aoi eds. *Transformation of the Intimate and the Public in Asian Modernity*, Kyoto Univ. Press, pp. 37-62.
Saihanjuna（赛汉卓娜），2021, "Highly Educated Immigrant Women Who Become 'Housewives'", *Journal of Migration and Social Integration*, Vol. 6. No. 2.

第一部分

非常态婚姻家庭类型及其实践

成为"家庭主妇"的高学历移民女性

——基于在日中日跨国婚姻女性的访谈

赛汉卓娜 著　项江南 译　赛汉卓娜 校[*]

摘　要　在一项基于日本人口普查的研究中,已婚移民女性"家庭主妇化"的现象逐渐显现。而对跨国婚姻中高学历中国女性的调查则显示了不同的光景:她们并不是被"外籍女性对于中产家庭的向往"所感召而当全职或兼职家庭主妇。具体而言,在这些中国女性的观念中,她们既希望以"临时全职家庭主妇"的身份与社会接轨,又在"自我探索的兼职工作"中妥协。尽管教育背景和语言要求等人力资本对她们来说不再构成障碍,但她们却得不到自己想要的工作。她们想要一份全职的工作,却受困于无法充分发挥自己的能力,或者只能做一份兼职的工作。此外,成长于"性别角色共担社会"的中国移民女性如今被迫在"男人的人生"和"女人的人生"中做出选择,育儿时期尤其明显。为了重新定义"家庭主妇"在自己生活情境中的意涵,她们采纳了"家庭主妇之后的去主妇"、"建立各种社会连结"和"用高等教育背景克服劣势"等策略,在灵活应对社会给已婚妇女定义的"妻子"和"母亲"的角色期待过程中,突破了上述重重阻碍,证明了她们自身的价值。

关键词　"家庭主妇化"　移民女性　高学历女性　性别角色分工　日本的劳动性别分工

---

[*] 作者赛汉卓娜(Saihanjuna)现为日本长崎大学多文化社会学院副教授;译者项江南现为中国社会科学院大学社会与民族学院博士研究生。

一 引言："中国中年移民的女性化"和"家庭主妇化"

近年来，中日文化交流活动和春节等带有中国元素的节庆活动在日本遍地开花。在舞台中央，来自中国的中年女性们，身着绚丽服饰，引人关注。她们如痴如醉地表演着诗歌朗诵、合唱、舞蹈和旗袍秀等各种节目。在幕后，也有许多中国女性参与准备和接待的工作。在台下的观众中，还有许多带着孩子的中国女性，享受着表演、家乡美食和与旧友重逢。那些刚刚看起来还如典型日式"母亲"和"妻子"般娴静的女性，在这个时空"变身"了。她们表情丰富地用中文干脆响亮地表达着重逢的喜悦。如果你有机会去这些节庆场所，你可以"再次确认"有许多中国女性生活在日本社会中。

在跨境流动日益复杂的今天，由于全球范围内生产和再生产进程的变动，移居日本的外国人数量持续增加。截至2020年6月，居住在日本的外国人数量为288.6万（男性142.5万，女性146.1万）（法务省出入国在留管理厅，2020b），超过日本总人口的2%。[①] 此外，自1952年起，取得日本国籍的原外国人达到562022人（法务省民事局，2020）。[②]

在日外国人中，来自亚洲的移民占主流。与此同时，"移民的女性化"成为一个显著的特点。在日移民中，女性占50.6%，其中来自东欧、东南亚和哥伦比亚的移民中，女性占比非常高。截至2019年12月底，在日中国籍人口中，女性占54.5%（法务省出入国在留管理厅，2020a）。这个性别比例乍看相对平衡，但当考虑年龄结构时，失衡就显现出来（见图1）。0~29岁区间，男女比例平衡；但在30岁以上的中国移民中，女性多于男性；尤其是当年龄在40~59岁的区间时，女性几乎达到男性的两倍。后者的年龄段正好与中日跨国婚姻高发期吻合，女性人数大大多于男性的极大可能是受日本男性和中国女性的跨国婚姻的影响。

---

① 总务省根据基本居民登记册所做的人口、人口动态和家户数的调查，不包含那些加入日本籍的原外国人。
② 根据日本法务省的入籍许可申请人数趋势，即使仅限于2000年至2019年的20年间，也有25万人入籍，其中7.7万是中国公民。

图1 按年龄划分的在日中国人口

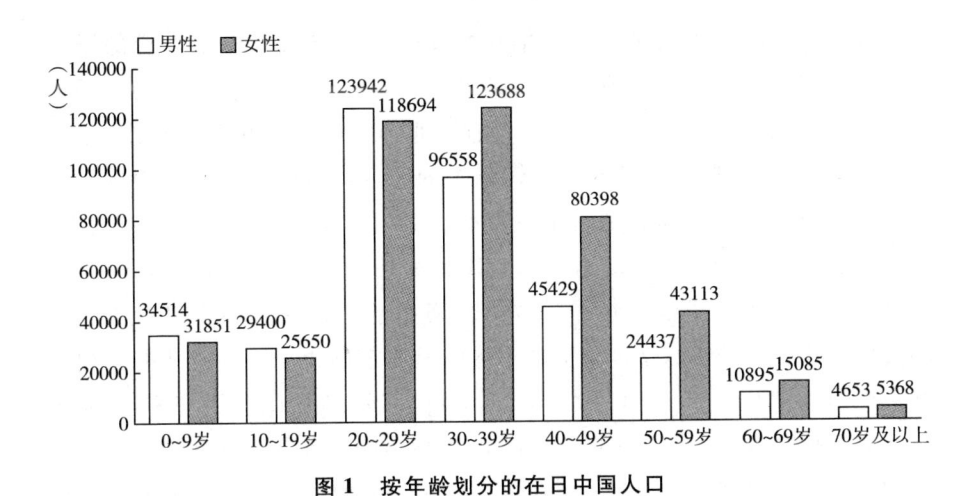

根据日本人口普查（2015年），在142673名已婚中国女性中，配偶为日本男性的占54.7%（77977人），配偶为中国男性的占44.2%（63097人）。另根据2010年的国籍调查，在日已婚中国女性中，也有一半以上的女性嫁给了日本男性（57.7%）。此外，还有已取得日本国籍的与日本人通婚的原中国籍女性。除此之外，另有一部分中国女性与日本男性离婚或丧偶之后，继续生活在日本。这两类人员均不在上述统计数字之内。因此，实际上，中日跨国婚姻的中国女性的比例更高。"移民的女性化"在此以"中年移民的女性化"来形容更加准确。

中国移民凭借各种形象活跃在日本社会中，如公司经理、工程师、研究人员、厨师等。当人们谈及在日中国移民的职业时，映入脑海的往往是男性形象。与之相对的，中国自1949年开始就形成以双职工家庭为典范的社会，故当中国女性在移民国家生活时，她们仍然怀着强烈的就业意愿，并且渴望在职场上获得成功。Tsuboya发现，有留学经历的中国女性即使移民到日本之后，仍奉行中国社会的"已婚女性工作模式"（Tsuboya，2008：145），因此对日本社会就业机会不足而感到不满。Tsuboya指出，这些中国女性因此不具备强烈的定居日本的意愿，对于她们来说，日本只是"暂住"地。不过，Tsuboya的研究对象为夫妻双方均为中国人的女性，因此具备进退的自由度。那么，对于那些占多数的定居在日本、配偶为日本人的已婚中国移民女性来说，她们的就业情况如何呢？

在日本，除了入籍之外，婚姻移民女性大多被授予基于身份的居留权，如"日本国民的配偶或子女"或"永久居民"。对于基于身份获得居留资格的人来说，其在就业问题上没有职业种类和就业单位的限制。根据Dakaya等人的一项基于2010年国籍调查的个人统计分析，在日中国女性的平均就业率为55.7%，虽然在外国女性中相对较高，但低于日本女性。但是，婚姻状况会影响劳动力的参与率，相较于离异、丧偶或未婚人群，已婚妇女的就业率更低。在与日本男性通婚的中国女性中，只有38.7%的女性就业，48.3%的女性为从事家务的全职家庭主妇。在就业的中国女性中，回答"以工作为主"的占23.0%，回答"做家务并工作"的占15.6%。换句话说，只有区区23.0%的已婚中国女性从事全职工作或类似性质的工作，67.0%是全职或兼职家庭主妇。同时，调查显示就业已婚中国女性所从事职业的比例由高至低为：生产制造业（10.4%）、服务业（6.6%）、办公室工作人员（5.0%）、送货和清洁业务（4.2%）、销售工作（3.2%）、专业技术工作者（2.5%）、农林牧渔业（1.3%）、管理职位（0.5%）。这些数据呈现了中国妻子做家庭主妇的高倾向和低就业率的图景，且大量女性从事兼职工作：其中从事蓝领工作的人居多，从事白领工作的女性比例不足10%。从中可以看出，大部分中日跨国婚姻家庭中的日本丈夫和中国妻子普遍实行"男主外、女主内"的性别分工模式。作为参照，2015年的国籍调查数据显示，在有职业的所有中国女性中，从事管理、专业/技术、白领等工作的人数略有增加，但总数不足20%（Dakaya et al.，2015：21-237）。

与此同时，存在于中国女性之间的多样性也不容忽视。除了反映中国社会巨大鸿沟的诸如她们父辈的职业、出生地、教育背景和职业经历等变量之外，中国女性在日本获得的教育背景和职业经历等因素也值得考量。此外，女性是否结婚以及与谁结婚也是定义她们社会地位的特别变量。与中国女性结婚的日本男性的职业显示出白领和蓝领职业的两极分化的倾向，前者多为"管理职位"和"专业技术工作者"，后者处在"生产制造业"（Takaya et al.，2015：89-107）。日本丈夫职业的两极分化恰好可以在两类中日婚姻中得到体现：留学生婚姻和中介婚姻。有留学生经历的中国女性，与拥有相对高收入、白领工作的日本男性结婚后，往往成为全职家庭主妇或兼职家庭主妇。他们被假定为是在实践不同的劳动性别分工观念："男主外、女主内"或者共同承担家务与工作。正如道格拉斯-有泽法则（Douglas and Arisawa Laws）所揭示的，受过高等教育的女性往往更有可能嫁给高薪的丈夫。中介婚姻则是指经由国际婚介机构或者类似的个人介绍而结婚的夫妇（赛汉卓娜，2017a：71-101）。总而言之，中日跨国婚姻移民内部存在阶层上的多样性。

居住在日本的各个移民群团中，中国人拥有最高的大学毕业率，留学生人数众多，伴之以很高的在日获得最终学历的比例。因此，应届毕业生可以加入日本的就业市场（Higuchi，2012：1-36）。在中国，女性普遍具有较强的就业意识和平等意识，出国被视为女性职业发展的一部分。然而，现实情况是，来到日本后只有一小部分已婚中国女性拥有全职工作。在本文中，我们将讨论：（1）当回国已经不是一个现实的选择时，如何解释已婚中国移民女性的"家庭主妇化"形态；（2）中国移民女性自身是如何思考并回应就业与否的问题的。在本文中，中国婚姻移民女性指在中国出生、成长，通过留学等形式赴日并与日本男性通婚后定居在日本的中国籍，或者是已经取得日本国籍的原中国籍女性。

二 为什么移民女性成了全职或兼职家庭主妇？

在既往研究中，婚姻移民女性往往被描绘为牺牲者。本文旨在澄清已有研究中与女性就业相关的定性特质，这些研究未能充分反映女性的实际境况以及围绕着她们发生的变化。通过提出一些假说，本文试图解释移民女性为何成了家庭主妇。

（一）迁入国结构与制度性障碍理论

原籍国获得的人力资本在迁入国失去价值的情况并不少见。此外，由于就业实践中现存的种族、性别和阶层的多重歧视，包括移民政策和职业认可制度等，移民女性往往只能进入低层次的劳动力市场。因此，她们只得在制造厂或便利店工作，甚至成为失业者。在日本，由于正规劳动力市场聘用应届毕业生是主流，跳槽等中途就业环节的求职人员所面对的招聘渠道有很大的局限。因此，对于职场人士来说，一旦她们的职业生涯因结婚或生育而中断，不仅外国人，日本本土女性也很难重新进入正规劳动力市场。

迄今为止，日本政府将移民控制体系分为两类：一类是"作为管理对象的外国劳工"，属于从事低端技能工作的"人手"；另一类是从事高度专业化工作的"人才"，属于"必须积极招募的高级人力资源"。然而，婚姻移民女性不属于以上任何一类，从最开始就不是政策对象人群（赛汉卓娜，2017a：71-101）。此外，由于这些女性跟随她们的丈夫居住，因此居住地不仅是大城市，往往有可能分散在日本各地。在这种情况下，即使移民女性强烈希望经济独立，地方上也只能提供有限的工作机会（Nan，2014：53-70）。

（二）性别规范理论

根据资本主义与父权制的结盟理论，女性的国际流动使她们"逃离了母国/家庭的父权制约束，但她们又遭遇了其他形式的不平等"（邱淑雯，2005）。把照料家人摆在首位的倾向让移民女性更容易失业。另外，一些学者认为与日本男性结婚的"外国女性自身对中产家庭的生活抱有期许"，此种对全职主妇生活的期待也是造成"家庭主妇化"的一个原因（Ohomagari et al.，2011：27-42）。有理论认为由于没有外出工作的压力，女性只需扮演依附者的角色。此外，作为一种结构制约理论，对日本东北地区婚姻移民女性的研究聚焦在给迁入国的社会同化带来压力的文化规范上。研究发现，为了让自己"同化"于保守社区，移民女性会刻意强化"媳妇的位置"或者让自己"战略性地隐身"（Fujita，2005：221-252）。这是一种处于社会边缘的女性的生存策略。但采取此种策略的同时，也意味着移民女性切断了通过就业与社会建立联系的机会，从而招致风险。综上，从表面上看，一个由亚洲女性和日本男性组成的家庭是"跨国家庭"，实际上，此类家庭沿袭了现有的"国民标准家庭"。传统性别分工并未远离，反而被国家和市场进一步强化（赛汉卓娜，2017a：71-101）。

（三）人力资本和社会资本短缺理论

移民的就业通常不经由聘用应届生的正式求职途径，而是依赖于社会网络。这使得缺乏社会资本的人群处于不利地位。分散居住的移民与聚居的移民相比，少了和同胞接触的机会，因此很难积累族群和社会资本。然而，也有必要考虑这种情况，即通过与代表大多数的日本人建立关系来补充社会资本，包括通过婚姻建立的亲属关系以及通过附近的机构和工作场所来建立社会联结，等等。婚姻是一个建立特定亲密关系的机会，能为跨国婚姻中的女性在找工作和创业时提供优势。一个有趣的现象是，与日本女性结婚的外国男性倾向于做与本民族相关的生意，而与日本男性结婚的外国女性倾向于做"家庭主妇"，初始就业率较低（Higuchi 2012：1-36）。与此同时，一批受过高等教育的中国已婚女性试图利用宗教网络、跨国网络、分层的族群网络和迁入国网络来克服她们在劳动力市场所经历的挫败感（Mika & Wang, 2013：38-48）。

基于以上三种假设，日本社会中的婚姻移民女性的"家庭主妇化"现象可以看作由于"移民迁入国的限制""父权社会的受害者"而导致的移民女性的"自我效能"出现了问题。值得重视的是，婚姻移民女性的"家庭主妇化"现象还受到"外国人"身份和"妻子"身份两者的复杂缠绕的影响。相对于其他外国移民，她们由于与日本人通婚，在日本社会中扎根更深，但她们很可能因此无法继续自己的事业或者获得就业机会。此外，还有两个问题以上文献未曾覆盖。首先，移民女性通常被简单地划分为"职场女性"和"家庭主妇"，这中间存在一定的不确定性。单从"雇员"与"非雇员"划分来看女性的就业问题也有待商榷。其次，移民这一经历不可避免地出现原籍国和迁入国之间的有关女性就业问题的主流观念与价值观的差异——你想要过什么样的生活，你如何定义自己以及如何回应社会角色的要求。基于以上两点，本文将通过与日本男性通婚并在日抚育子女的中国女性的述说来阐述"家庭主妇化"现象。此外，在既往研究中，缺乏人力资本往往被视为移民女性就业的"绊脚石"，而"受过高等教育的人具有创新性和灵活的价值观"（Blossfeld et al., 2005），因此本文的研究对象是具有大学本科及以上学历，并具有较高日语水平的中国女性。虽然本文的研究不包括受访人的日本丈夫，但需要提及的是，他们全都取得了大学本科及以上的学历。

三　调查方法

既往研究往往过于关注国籍或种族而忽略了研究对象在母国的阶层、教育背景和职业经历等变量。阶层问题可能是日本"跨国婚姻"研究中的一个潜在变量。Asano 指出："很难对'日本的少数族裔'和'同一个族裔'的人做出集体定义。确定为'不同阶级/阶层的人'是更为现实的选择。"(Asano, 2003: 59-67)值得一提的是,比起族裔差异,人群的不同特征主要取决于阶级和阶层等要素。因此,本文着眼于移民女性的阶层要素,将研究对象限于大学本科毕业、有一定专业性、运用日语无碍、配偶收入稳定的中国女性。

行动者的解释是"意义作为指导和塑造行动的工具被运用和修正的过程"(Blumer, 1991: 5)。这个"解释"过程被阿森斯进一步区分为定义和判断两个方面,强调了研究主题如何意味深长地对某一特定情境进行处置(Athens, 1980: 15-16)。在本研究中,生活史将被作为研究的主要方法。

本文的研究对象是中日跨国婚姻中的中国全职主妇和兼职主妇。调查的时间为2014年至2019年。10名受访者(详见表1)现居于日本的中部、关西和九州等地区,均有自己抚养孩子的经验。其中,4名受访者出生于20世纪60年代,6名受访者出生于20世纪70年代。其中7人以留学为初衷来到日本,随后结婚,另外3人是在中国与日本丈夫相识并在婚后来到日本。教育背景方面,5人完成了博士课程或获得了博士学位,2人从硕士课程中途退学或获得了硕士学位,3人获得本科或专科学位。职业方面,4人为全职主妇,6人为兼职主妇。[1] 受访者在接受采访时,已在日本生活8~29年不等,采访地点是受访者的家、餐馆、咖啡馆、作者的办公室等。

表1 受访者基本情况

编码	姓名	年龄	最后学历状况	最后学历地	国内职业	日本职业	雇用类型	就业细节	家庭成员
1	E	40s	博士研究生(结业)	日本	学生	兼职老师	兼职	教育	丈夫和两个孩子
2	F	40s	硕士研究生	日本	学生	兼职老师	兼职	教育	丈夫和两个孩子
3	G	40s	博士研究生(结业)	日本	学生	兼职老师/翻译	兼职	教育	丈夫和一个孩子
4	H	40s	博士研究生	日本	学生	合同工	兼职	办公室人员	丈夫和一个孩子

---

[1] 家庭主妇兼打零工,这一现象在日本很普遍,这一群体被称为"兼职主妇"。

续表

编码	姓名	年龄	最后学历状况	最后学历地	国内职业	日本职业	雇用类型	就业细节	家庭成员
5	I	50s	博士研究生	日本	学生	全职—家庭主妇—博士		家庭主妇	丈夫和两个孩子
6	J	50s	学士	日本	公务员	家庭主妇		家庭主妇	丈夫和一个孩子
7	K	40s	硕士研究生（退学）	中国	学生	合同工—家庭主妇		家庭主妇	丈夫和一个孩子
8	M	50s	博士研究生	日本	学生	家庭主妇—博士		家庭主妇	丈夫和两个孩子
9	N	50s	学士	中国	办公室人员	家庭主妇—兼职	兼职	服务业	公公、丈夫和两个孩子
10	O	40s	大专	中国	办公室人员	家庭主妇—兼职	兼职	翻译	丈夫和两个孩子

四 "可持续就业模式"和"女性劳动边缘化模式"的碰撞——跨国婚姻中高学历中国女性在就业问题上的冲突

受访者成长于计划经济或者市场经济时期初期，并在1990年代至2000年前后离开中国。她们都来自中国的一线大城市或省会城市。调查发现，这些"60后"到"70后"的受访者有个共同点，那就是初到日本时，坚信不论生活中发生什么，如结婚生子、照料儿女，她们都会持续工作。她们的日本丈夫收入都比较稳定，有大学教授、研究技术人员、公司管理层或公司经营者等。

（一）渴望与社会接轨——"按下暂停键的全职主妇"

这一组的四名受访人相对年长，以"60后"为主。她们曾在中国经历过高考的激烈角逐，并从中脱颖而出。她们相比同龄人拥有更为光鲜的履历。I女士20世纪90年代初考入一所北京外国语类大学并退学前往日本某大学深造，毕业后被聘为该校行政人员。几年后她与一位日本教授结婚生子，成为一名全职家庭主妇。当她的孩子上中学后，她重返校园从硕士念到博士，并在育儿和家务缠身中取得了博士学位。但是她抱怨道："我甚至找不到一个大学兼职教师的职位"；M女士在中国南方上大学时，与一名日本留学生相恋，成家后随之移居日本。因为她的学者丈夫期待她留在家中照顾孩子，她成了一名全职家庭主妇。与I女士一样，当子女成长后，她迅速进入研究生院，目前正在进行博士课程阶段的研究。

K女士在中国东北一所名校读硕士时，与一位来华工作的日本人相恋，她为了他中断了学业，来到日本九州。K女士说，"我不是要做普通的工作，我是要成为（高水平）大学教授的。我因与我丈夫来日本而退学的，所以他允许我工作"。通过她丈夫朋友的介绍，她被当地政府雇用为合同工，负责翻译和口译等文化交流工作。她一边养育孩子，一边工作，还经常国内外出差，每天都有令人眼花缭乱的工作时间表。最近，她的合同到期，不得不离职。但她马上开始学习，准备参加研究生入学考试。目前，她是一名正式的"家庭主妇"，但她同时在为职业生涯的下一阶段做准备。

J女士曾经做过很长时间的全职主妇，并在此之后成为一名业余体育教练，她向我分享了自己的心路历程。

> 在中国，做全职主妇就如同做保姆。中国女性是想要通过工作被社会所承认的。我曾问我的日本朋友（我孩子伙伴的母亲），孩子大了以后，会不会选择出去工作。她们居然说想一直当家庭主妇。怎么可以过这么没有意义的生活呢！我做了整整十四年的家庭主妇，全心全意地照料我的丈夫和孩子。我的丈夫完全不会烧饭，他也不想改变。如果我和熟人抱怨这些事，他们会说："你之所以可以安心地待在家里是因为你丈夫在外打拼，你太不知足了。"
>
> 结婚后不久，我就患上了抑郁症。我为了这段跨国婚姻从熟悉的城市（日本另一座城市）来到了这个没有朋友、亲人、同学的无依之地，生活里只有照顾小孩。仿佛我来到日本就是为了成为一名家庭主妇。我和我丈夫之间没有任何问题，我只是感觉很孤单。我曾经在中国做过很长一段时间的公务员，那是一段元气满满的生活，然后我出国深造赴日留学。不承想我最后成为一个困于琐事的"保姆"。回国的时候，当我说起每天所做的事情时，同学震惊地说："这都是保姆做的事，为什么都是你在干？"

在这之后，我一直在同自己做斗争。曾经尝试到丈夫公司打过工，但过于辛苦只好放弃。丈夫养着我，我劝说自己不可能平衡好家庭和事业，挣扎了两年，最后还是留在家中。现在我的孩子长大了，我说服我的丈夫给我开设了一个小小的体育俱乐部。这是我最开心的一段时光，我在其中实现了自身的价值。在县里的比赛中我们率领的团队连续三年获得了金牌。一直把体育作为自己的兴趣真是太好了。（访于2016年8月）

尽管上述四人在统计学意义上被归类为"全职家庭主妇"的范畴，然而她们并不认为自己是"全职家庭主妇"，更准确地说，她们认为她们的生活状态更接近"临时无业状态"。虽然她们倚仗丈夫稳定的经济基础过上了中产生活，但那种"成为全职主妇的渴望"和"对中产生活的憧憬"的形象描述并不适合她们。这些受访者受社会主义时期确立的已婚女性"连续就业模式"的观念影响颇深。当代中国所形塑的女性自立意识，产生于家庭责任感、就业意识和社会贡献意识，它与"全职主妇"所带来的非独立感产生了强烈的冲突。然而，为了满足她们出生于20世纪50、60年代的日本丈夫的期待或者其他原因，这些中国女性留在了家中。但是为了摆脱"非独立女性"的困境，她们在已有的环境和条件下不断寻求突破的办法。可能是日本社会中自我实现的地方是有限的，很多高学历女性最终聚集在大学这一超越种族和性别，而以能力相对获得承认的赛道上。

（二）与现实妥协——"在兼职中寻找自我"

这一组的受访者以"70后"为主，她们是在1980年代末至1990年代的留日潮和跨国婚姻热潮中来到日本的。不过，当她们来到日本时，跨国婚姻还未通过国际婚姻介绍所的普及而大众化，上海人在点燃中日跨国婚姻热潮中发挥了重要作用。婚后，在经历了各种跌宕起伏后，目前六名受访者都从事非正式的兼职工作，如大学的兼职中文讲师、学校的行政工作人员、旅店的清扫员、注册翻译等，但她们的工作频率不一而同。

N女士出生于上海。20世纪80年代从大学毕业之后，她就职于一家当时很前端的国际贸易公司。她和一位日本男性相识，并为这场跨国婚姻来到日本。她丈夫是家中长子，所以她与公婆同住在一个中部地区的小城市。按照当地风俗，媳妇应该管理好家务和孩子，加上城中几乎没有她施展才华的工作，她一直留在家中照顾3个孩子。待小女儿上初中后，N女士终于开始工作，每周两次到三次在一家旅店做清洁工。在十五年的跟踪调查中，她与笔者有过几次交谈。"其实我刚来日本时，上了一家日本语言学校，路途十分遥远。半年后我怀孕了，学业无法继续，唉，那时候我真应该像你一样坚持下来去读研究生。以前上海的同事们经常说，'你做家庭主妇真是浪费人才'。"她苦笑着说，"她们现在都非常出色"。N女士还谈到她回国后被朋友误解的情况，"当中国人听说我丈夫是'个体户'时，他们就认定妻子一定是'全职太太'，过着家里雇保姆做家务的生活。①就像那句话说的，'你负责挣钱养家，我负责貌美如花'"。

H女士在中国最顶尖的大学获得了物理学博士学位，目前是九州一所大学里兼职的合同制行政人员。她是这么描述她的经历的：

> 在高中的时候，我的物理很好，我的老师还鼓励我报考最顶尖大学。那时候大家对我期望很高，都说"（我会）得诺贝尔奖"。当我从大学毕业时，我导师把我视为接班人。在博士在读期间有去日本的大学进修的机会，在进修期间我遇见了我的丈夫。我的导师反对我结婚，他知道中国女性在日本生活会很艰难。但是，我回到大学取得博士学位后，再次前往日本与他成家。我这是因为"走错一步"而没回（中）国。
>
> （婚后）当我想要找一个全职工作时，我的日本丈夫反对，说刚找到工作如果怀孕，就要面临辞掉工作的局面，这可不好。（他们日本人）总是担心给他人带来麻烦。我被他说服了，没有找工作。我的孩子出生后，我也发生了变化。如果有条件我会工作，如果没有这个条件，那我就不工作。我把孩子放在第一位，尽可能地去陪伴孩子。孩子到一岁时，我开始在家中做一些翻译工作并赚取收入。当孩子快要四岁开始上幼儿园后，白天得以有了空闲。于是我在附近大学找到了一份办公室工作，因为我认为不管如何，我需要和社会有联系。

---

① 在中国，"全职太太"的说法蕴含中国市场经济带来的丰富且现代的都市形象。它与日本的三岁儿童神话（母亲必须在孩子三岁前全身心投入育儿，否则会对孩子的成长产生负面影响）这种要求"全职太太"在奉献母爱上有所不同。

我的公公婆婆住在附近，他们能帮一点忙。但育儿主要是我在做。如果我有一份正式的工作的话，比如在大学做助教，我会从早工作到晚，甚至加班到十一二点，那孩子怎么办？家里怎么办？我无法忍受这种情况。人在不同时期、年龄、环境时追求的东西不同。对于现在的我来说，养好孩子是主要任务。在日本找一份正规雇用的全职工作是很困难的，而做小时工或兼职没什么意义。① 在日本职场，领导通常是男性，女性是部下，哪怕他们在做同样的工作（取决于就业的类型），薪资也是截然不同的。如果我在中国，我想我会继续工作。当然啦，在中国，没听说过有人会因为照顾孩子而离职。你可以很轻易地雇一个保姆，或者从（孩子）祖父母那里得到帮助。这对职场妈妈非常有利。通常，职场妈妈也是全职女性。我的父母至今仍在感慨："这（指女儿在日本以育儿为主，未能从事专业技术职务）是一种浪费"，"如果你没有结这个婚，（你）将过一种完全不同的生活。我们辛苦培养的（女儿），在为别人而活。"如果未来有机会，我当然想去工作！可是我的孩子过几年上大学时，我已经年过五十，很难再找一份全职工作了。（访于2018年7月26日）

H女性本可以成为一名高水平专家人才，她曾被许诺在中国最顶尖大学任教。然而现在她不能利用她的专长，仅能做一个兼职的办公室行政人员。日本家庭被认为实行了较强的传统社会性别分工。另外，正如"相对资源理论"（Shelton & Daphne，1996：299-322）所说，收入、教育背景和职业等社会经济资源在家庭博弈中起着重要的作用。然而，社会经济资源中也存在着一个隐藏部分。那就是对于女性及移民而言，教育并不和收入与职业直接相关。以H女士为例，权衡夫妻各方面的能力和资源后，相对拥有资源更多的一方可以选择出去工作，避免家务和育儿之劳。

20世纪90年代，G、E、F女士们都年方二十，前往日本留学。她们三人都成绩优异，不断升学并考上了博士。此外，她们都和在打工时认识的日本男性结婚了。由于种种原因，她们完成了博士课程但未能取得博士

---

① 日语对在大学的非正式教员称为"非常勤讲师"，按课时得到报酬，收入较低。如果为了维持生计，需要在多所大学多课时授课。是英语Free和德语Arveiter的复合词。自由兼职是指大学毕业后没有固定工作的自由职业者，以兼职的方式生活，也简写为furita。

学位。她们都对不得不放弃自己的学术追求表示遗憾。好在她们丈夫和公婆对她们工作给予理解，在育儿方面支持合作，她们得以在大学里做兼职外语讲师教授汉语。此外，她们还利用业余时间从事翻译、文学绘画创作等活动。她们白天在大学教课，经常无法参加孩子所在学校在工作日举办的活动。日本社会始终有一种认为母亲应该负起教育抚养孩子责任的强烈取向，因此，忙于工作而无暇兼顾孩子学校活动的母亲通常会被认为是不称职的。这三位女士尽可能细致地和学校老师及其他孩子的母亲沟通来避免对孩子产生不利影响。

在日本，对于想要工作的女性来说，兼职被视为一种理想的工作方式，她们因此可以在工作和家庭之间寻找一种平衡。然而，E 女士提到了如下担忧：

> 说到底适应日本的方式是最简单的。或许是因为我婆婆什么都能自己扛下来，我的丈夫甚至认为"女人是无比坚强的存在"，他不理解我为什么会有不满和无助的时候。除了必要的事务性对话，现在我很少和丈夫说话。孩子们还小的时候，我因为太忙而无暇思考，现在孩子们长大了，我终于有时间思考了，我感到悲伤。我无法想象孩子独立后我的生活会变成什么样。这里有一个问题，我没有正式工作，（如果我和我丈夫分开）我将无法养活自己。这就是没有正式工作的危险之处。（访于 2018 年 3 月 9 日）

海外留学的女博士生通常面临着学业和婚育的双重困境，前者源于博士项目本身的艰难，特别是日本文科博士毕业遥遥无期。后者是因为婚姻和生育年龄的年龄限制。不少女生最终不得不放弃学位，步入婚姻殿堂。但是，即使她们结婚后丈夫有安定的职业，正如 E 女士所挣扎的那样，从事非正规工作的兼职人员收入低且不稳定，因此，一旦婚姻破裂，她们有可能无法在日本社会中自立。有时候即使遭遇家庭暴力，也很难下决心离婚。在日本，社会体系建立在基于性别角色分工的现代家庭模式上，妇女结婚后被纳为丈夫的抚养对象，并为家庭提供照顾责任。因此，没有配偶的妇女和儿童被遗漏在社会保障体系之外，很可能陷入贫困。没有配偶的非正规就业的女性，很容易处于"即使工作也难以摆脱贫困的母子家庭"的财务困境（Iwama，2015：49-75）。相比于比日本女性，外国女性更容易陷入此类困境。

据说日本妇女有时会自愿选择做兼职，以履行家务和照顾孩子等责任。尽管如此，对于承担主要育儿责任并仍然希望或需要在有偿职位上工作的妇女来说，这几乎没有选择的余地（Giddens，2009：746）。这一群体中计划从事专业技术性工作的移民妇女有可能在余生中从事非全日制工作。然而，这个以"70后"为主的群体，并不像全职家庭主妇群体那样独自承担家务和照料责任，而是以兼职就业为武器，在家庭和社会中获得"合适的位置"。她们不仅赢得了日本丈夫和家庭的理解，而且要求丈夫共同分担家务。可以说，由分担家务意识、就业意识和对社会的贡献意识所形成的现代中国女性的独立意识，在一定程度上得到了满足。

（三）"中年婚姻移民女性主妇化"的现实

如前所述，跨国婚姻中的高学历中国移民女性有较强的就业意愿，她们往往希望在社会上获得成功。尽管她们没有受到居留身份的就业限制，她们中很多还是成了"全职家庭主妇"和"兼职家庭主妇"。"60后"这批受访者因为与具有传统性别分工观念的丈夫发生冲突，在妥协中成为家庭主妇；"70后"这批受访者在结婚之初就说服丈夫让她们继续工作，她们的高学历足以使她们开展工作。然而，她们的丈夫期待妻子在做好工作的同时，扮演好贤妻良母的角色。对于这一点的分析超出了本文的研究范畴，将在另一篇文章中讨论。研究发现，本文所访谈的高学历女性在面临工作与家庭的选择时，会把照顾家庭放在第一位。然而，"把教育孩子作为自我实现的母亲"和"把教育孩子视为替代性工作"有所不同（Ryoo，2015：7-19）。本文所访谈的高学历女性，相夫教子的意愿尚未完全取代自我实现的意愿。从另一个方面来说，我认为她们仍然在渴求"与社会相连的自我，自我实现的自我"。

（四）选择"男人的人生"还是"女人的人生"

在中国，关于"妇女回家"的论争有过几轮。"就2010年代的中国而言，国家号召女性加入劳动大军的动员虽已消失，但双职工家庭是普遍的，全职家庭主妇只是个别现象"（Sechiyama，2017：5-40）。当今中国社会的确有"全职妈妈""全职太太"现象出现，但与之相反的一方势力绝对存在，即"赋予女性能够就业的环境"的论调。或许相较于现今市场经济影响下的性别观念,20世纪90年代离开中国的受访者可能有更强的工作意愿。受访者本人、父母、朋友都强烈鼓励女儿通过就业实现经济独立,尤其是受访者的母亲她们大多反对女儿成为全职家庭主妇或在日本做主妇。出生于1970年代前后的中国女性,她们的母亲那代已经彻底经历了社会主义改造,并从中形成了性别平等意识。她们也是接受了对"家庭主妇"批判的一代人。[①] 在日本,女性教育程度和就业率不一定成正比,受社会政策影响全职主妇的社会地位并不低;而在教育程度和就业率基本成正比的中国,家庭主妇的地位是相对较低的。另外,正如Sechiyama指出,在中国,女性在职场实现的成就被认为是理所应当的,而不像在日本,母亲被认为应该成天守着孩子。此外,在中国,由于生育等原因从劳动力市场中退出不会成为找下一份工作的阻碍,这被认为是符合"某种文化的或'制度性的'模式"(Sechiyama,2017:5-40)。由于中国的性别规范和劳动市场的特点,人们普遍认为只有通过高学历和好工作才能实现个人价值。十名受访者中有七人来日本是为了留学,她们的初衷是通过学业提高就业竞争力,以便在就业市场谋求更好的就业机会。

毋庸置疑,无论这些受访者当前是兼职家庭主妇还是全职主妇,她们在工作类型的选择上受到不同因素的制约。正如之前的研究所指出,尽管现实中双职工家庭的数量超过全职主妇家庭的数量已有二十多年之久,在政策上并没有对双职工家庭的数量增长作出回应。日本社会仍然是以全职主妇家庭为前提设计的(Nakano,2019)。男性承担养家糊口的巨大压力,意味着家中父亲/丈夫角色的缺失。这同样意味着没有家庭主妇就无法完成家务和照顾孩子,基于这种性别角色分工的意识,丈夫们不得不指望妻子做家庭主妇。由于正规全职工作需要占用大量时间,就算妻子想要工作,能让她在工作和家庭生活之间获得平衡的就业选择很有限。其他的重重阻碍也要面对——如就业机会的地区差异、教育背景与劳动力市场的不匹配,以及日本公司的企业内转勤习惯等导致女性中止工作。综上所述,我并不认为这些女性因为移民到日本而彻底转变了她们的就业观念,她们的现状更多是受社会条件制约所致。

[①] "家庭妇女"指的是专心做家务而不外出工作的妇女,在社会主义时代,"家庭妇女"有"寄生虫"的意思。

需要指出的是，许多中国女性来到日本后的确被"唤醒"或者"发现"了她们的"母性"。生活在日本社会的中国女性体验到了比中国更浓烈的"母爱"，这种将"母职"和"天性"两个词结合在一起的母爱是本能的。以"母职"为依据，她们开始接触定义了女性角色和作为母亲的生命周期的性别规范。像"男主外、女主内"或"女性兼顾家庭和工作"这样的劳动力分工性别规范仍然有很强的影响力。尤其当孩子幼小时，社会依然会有很强的意识导向要求母亲全身心地照顾孩子（Yonemura, 2015: 159-161）。受访者发现，成为一名"全职家庭主妇"或"全职妈妈"是被社会所期望的（Miyasaki, 2007: 115）。而这，对受访者而言，是一种不同于中国女性的"全新"的生活方式。然而，尽管她们有全职妈妈/家庭主妇的经历，但她们并不满意她们的失业状况，这从 J 女士与抑郁症的斗争中可见一斑。

当一个受过高等教育并且带有"连续就业模式"观念的中国移民女性走入"女性劳动边缘化"的日本社会时，她们自然会面临观念上的冲突，此种冲突经常给她们带来痛苦。她们对当前在劳动力市场中求职无果和她们需要独立养育孩子的义务感到不满，努力想要找到一条出路。在这样的社会中，全职工作和家庭的日常生活往往是难以平衡的，她们在像男人一样过着企业斗士的"男人的人生"和以家庭照料为中心的"女人的人生"这两条路之外，别无选择。如果选择"男人的人生"的话，除了能够获得代替母亲的强有力的育儿支持和家庭成员的理解以外，还需要个人做出许多牺牲。首先，挑战社会惯习是非常困难的，正如 E 女士所指出的，在日本过一个普通的"女人的人生"，即"习惯并适应日本人的生活"是最简单的办法。在缺乏政府主导的社会育儿资源和缺乏市场化育儿资源的情况下，对于远离母国亲属的育儿网络支持的移民女性来说，在接纳国最容易获得的育儿支持是来自日本丈夫的家庭成员的支持。如果无法从丈夫的亲属处获得全面的育儿网络支持，就意味着很难有机会选择"男人的人生"，即作为正式员工在职场奋斗。但是，如果选择了"女人的人生"，女性不得不在经济上依赖丈夫，当面对丈夫的疾病、离世、离职或离婚等问题时，女性同样会面临风险。

五 重新定义"主妇"——高学历中国女性的策略

（一）策略1："主妇"之后的"去主妇"——接受现实并灵活应对

采取同化策略来适应在迁入国生活的移民不在少数。生活在日本社会中的跨国婚姻家庭中，这些女性符合当地社会的文化习惯和文化意识，从而确保自己不和社会起冲突，不失为保护自己的良策。另外，这也是无意间遵循了"入乡随俗"的道理。即使她们有违和感，但她们选择了遵循家庭应该比工作更重要的刻板定型的观念，不在家庭生活中引起波澜。从某种意义上说，这也可能是一种来到不同文化圈的生存策略。特别是从婚姻移民的角度来看，对"移居＝进入日本人家庭"的考虑是使她们有别于其他移民的一个因素，并可被视为保护自己和尚未在当地社会扎根的年幼子女的策略。

当我们把目光放在结婚时间较长的"60后"身上时，我们能看到丈夫期望妻子扮演"致力于家庭"和"陪伴孩子"的形象。虽然和丈夫的期待有冲突，但是这些女性都接受并成为"为了家庭"和"为了孩子"的母亲。她们的丈夫出生于20世纪五六十年代，很可能遵循更为传统的性别角色分工观念。同时，如果涉及和公婆同住的情况，不仅因为如上所述的观念，儿媳妇对公婆负起的照料责任也成了女性就业的阻碍。

然而，尽管这些女性看上去暂时地适应了这些生活，但这与同化策略不同的是，这些妇女继续在其特定的环境和条件下不断摸索寻找方法，最终成为摆脱"依附型女性"的方式。她们通过体育活动以及选择在高等学府深造的方式，来增加与日本社会的曾经很稀疏的连结，以达到"脱离主妇"的目标。

（二）策略2：建立各种"社会连结"

移民初期，移民与接纳国社会连结纽带薄弱，容易陷入孤立无援的境地。他们通常需要经历过一番努力才能获得社会支持网络，从而在新的土地上扎根。外出工作可以为个体建立更广阔的社会和社区网络。对于与当地社会联系薄弱的移民女性来说，就业是她们积累社会资本的重要来源。

"传统来说，女性比男性在社会联系这件事上投入更多时间"，但"向有偿工作的转变使得对这种投入的程度正在减少"（Putnam，2006：237）。即便如此，受访者不仅通过工作，还通过她们的爱好和学校经历，在当地社区及相关组织中积极建立社会关系。获得一份工作对于形成"社会接触"和"个人身份"有重要作用。前者提供了参与不同活动的机会，后者为个体提供了稳定的自我认同感（Giddens，2009：766）。①

女性在外出工作的愿景和她们的家庭义务之间挣扎。兼职工作似乎成为能为她们留下一些余地的"缓冲方式"（Putnam，2006：243）。② 不仅在劳动力市场，我们看到移民女性在当地社区，或者在学界都有努力建立与社会联系的趋势。尤其是全职主妇或兼职主妇常常积极通过育儿、给外国人提供各种援助活动，以及通过口译、体育和学术活动等来建立与接纳国社会的牢固连结。

（三）策略3：用高等教育背景克服劣势

本研究的受访者中的全职家庭主妇们清晰地意识到当她们只有"母亲"与"妻子"身份的局限性。对于她们来说，接受更高层次的教育不仅仅是她们对自己感兴趣的领域深造，更是将家庭与外在的世界融合在一起，来发展她们的双重身份。当孩子长大后，已婚女性追求学业等可被视为兴趣爱好反倒容易被日本社会所接受，这些活动给予了她们重新审视自己境遇和身份的机会。通过高等教育，一些人可能在完成妻子和母亲的角色后寻求自我实现的机会，或者有希望结束经济上依赖他人的生活，实现独立的目标。增加自身的价值为她们带来自信，这包括赢得社会的尊重。然而，由于人到中年往往很难找到专业程度较高的工作，她们这种通过接受更高水平教育来改变命运的选择存在着不确定性。

---

① 吉登斯将劳动的社会意义归纳为六类：（1）金钱，这是一种工资或薪水，给人带来赖以满足需求的主要资源；（2）活动水平，为培训或获得技能或资格提供基础；（3）多样性，作为接触与家庭环境对比的情况的机会；（4）时间结构，通过工作节奏为日常生活提供方向感；（5）工作环境的特点是社会接触，提供与他人建立友谊和参与活动的机会；（6）个人身份，一般认为这对拥有稳定的社会身份意识很重要等（Giddens，2009：766）。
② 帕特南所描述的美国的情况有所不同。对于本论文中受过高等教育的中国女性婚姻移民来说，乍一看，最为平衡的兼职提供了与社会稳固关系的满足，特别是使得移民女性上升到一定的社会地位，如大学的兼职讲师。然而，我们不能忘记，她们没有得到预期的全职工作，有一种主观的失落感。

那么这类教育活动由于没有直接的经济产出，是否应该被视为次要的活动？这一问题还需要进一步考量。或许我们可以挖掘女性追求高层次教育的更深意涵。首先，女性仅仅作为母亲和妻子角色的事实将被颠覆。由于移民群体稍显弱势，她们需要很高的教育水平（研究生教育）来克服负面情境下不被接受的劣势（Portes & Rumbaut, 2014）。中国移民亦是如此，教育重新定义了接纳国赋予已婚女性在"母亲"和"妻子"之外角色的行动。她们不仅仅限于家庭之内的存在，而创造着自己在家庭以外的社会地位，这对于移民女性来说尤其重要。

六　结论

经过对婚姻移民受访者的质性研究分析，我们可以了解到统计数据中的"主妇化"现象并不是由于这些女性被全职主妇形象所倾倒，或者"外籍女性向往拥有自己的中产家庭"的结果。移民女性认为她们的"全职家庭主妇"是"临时的"，期待着和社会接轨。通过"兼职实现自我"，则是一种与现实生活达成的妥协。这是因为就算移民女性克服了教育或语言这些通常阻碍就业的原因，她们仍然很难找到自己想要的工作。虽然她们想得到一份全职工作，但大多数移民女性最终只能在兼职工作中部分发挥她们的能力。此外，生活在社会性别分工明确的日本，高学历已婚中国移民女性发现她们不得不在"男人的人生"和"女人的人生"中做出唯一的选择，尤其是在养育孩子的时期。然而，在"男人的人生"或"女人的人生"之间任何纯粹的一端都是不存在的，她们被定位在两点之间的某处。换句话说，在本文的研究对象中，无论是没有困惑的全职家庭主妇，还是把家务育儿责任完成拜托他人的职场女勇士都不存在。她们的最终目标是"有一份工作"，但这被认为是"男人的人生"，与此同时，她们以"全职主妇"或"兼职主妇"的形式完成"女人（母亲）的角色"。她们眼中的理想职业性别观是"连续就业模型"，这与现实相矛盾。她们积极地在自己情境中定义"家庭主妇"，并且采用"脱离主妇""建立各种'社会连结'""用高等教育背景克服劣势"的策略。在其中，她们灵活地探索"妻子"和"母亲"的社会角色，并且通过突破这些障碍证明了自身存在的意义。

20年前，日本双职工家庭的数量就已经超过了全职家庭主妇的数量，而且这个数字还在稳步上升。我认为,这一社会背景对于由日本男性和亚洲女性组成的跨国婚姻家庭中的女性就业产生了一定的影响。本文尚未对全职工作的双职工一代家庭进行深入梳理,留待未来进一步研究。

参考文献

何式凝,2012,《靓太不易做——香港"师太"的故事》,载何式凝、曾家达著《情欲、伦理与权力——香港两性问题研究报告》,北京:中国社会科学出版社,第121~139页。

——,2012,《永恒的母亲还是灵活的家庭主妇?——香港的中年已婚华人妇女》,载何式凝、曾家达,《情欲、伦理与权力——香港两性问题研究报告》,北京:中国社会科学出版社,第140~170页。

邱淑雯,2005,《性别与移动——日本与台湾的亚洲新娘》,台北:巨流图书有限公司。

王金玲主编,2002,《女性社会学的本土研究与经验》(上、下册),上海:上海人民出版社。

吴小英,2014,《主妇化的兴衰——来自个体化视角的阐释》,《南京社会科学》第2期。

杨慧,2013,《社会性别视角下"80后"就业率及其影响因素分析——基于中国妇女社会地位调查数据的实证研究》,《中国青年研究》第7期。

Asano, Shinichi. 2003, "Multicultural Society, Japanese Class and Hierarchical Structure, and Acculturation: Focusing on Research of Chinese, Vietnamese, Brazilian, Japanese", *Forum Contemporary Sociology* 2, World Thought Publish.

Athens, L. H. 1980, *Violent Criminal Acts and Actors*, Routledge & Kegan.

Blossfeld, H-P., E. Klijzing, M. Mills, and K. Kurz. 2005, *Globalization, Uncertainty and Youth in Society*, London: Routledge.

Blumer, H. 1991, *Symbolic Interactionism: Perspective and Method*, Prentice-Hall Inc..

Dakaya, Yuki. 2015, "Modern Family's Japanese International Marriage", *Iwanami Lecture Modern 7: The Transformation of the Body and the Right to Intimacy*, Iwanami Shoten Publishers.

Dakaya, Yuki, Yukico Ohomagari, Naoto Higuchi, Itaru Kaji, and Inaba, Nanako. 2015, "Marriage, Job and Housing of Foreign Women in Japan through 2010 Census", *Journal of Cultural Symbiosis Research*, No. 14.

Date, Heiwa. 2013, "Comparative Sociology of Effect of Higher Education on Patriarchal Consciousness", *Sociology Review* Vol. 64 no. 2: 187-204.

Fujita, Mika. 2005, "The Excommunication of 'Foreign Bride' Thrown into the Countryside: Rediscovery as a Living Person", *Sharing and Connecting People: A Challenge from Intercultural Education*, Nakashiya Publishing.

Giddens, Anthony, 2009, *Sociology*, Polity Press.

Higuchi, Naoto. 2012, "Aiming Japanese Ethnic and Business", *Japanese Ethnic & Business*, World Thought Publish.

Iwama, Akiko. 2015, "Family, Poverty and Welfare", *Family Sociology, Start with Question: For Inclusion of Diversifying Family*, Yuhikaku Publishing.

Zheng, Yang（郑杨）. 2012, "Gender Norms of Chinese Women Living in the Transition Period of the Market Economy: Through Interviews with Housewives in 3 Cities", *Asian Women and Labor of Intimacy*, Kyoto: Kyoto University Press, pp. 153-174.

Lee, Sean-Hue（李善姬）. 2012, " 'Multicultural Family's Experience of Earthquake and New Task: How to View the Transnationality of Marriage Migrant Women", *Migration Diaspora 2: The Great East Japan Earthquake and Foreign Immigrants*, Tokyo: Akashi Shoten, 88-103.

Mika, Hasebae and Wang, Arm. 2013, "Marriage Migration from Asian Developing Countries to Japan: Focusing on Migrant Women of Chinese Family and Vietnamese Refugee Family in Japan", *Journal of Asian Women Study* Vol. 22.

Ministry of Justice (Japan) Civil Affairs Bureau（法务省民事局）, 2020, "Number of Applicants for Naturalization Permit, Naturalized Permitted and not Permitted", accessed December 29, http://www.moj.go.jp/content/001333349.pdf.

Ministry of Justice Immigration Services Agency of Japan（法务省出入国在留管理厅）, 2020a, "Number of Foreign Residents in June 2019", accessed October 30, http://www.moj.go.jp/nyuukokukanri/kouhou/nyuukokukanri04_00018.html.

——, 2020b, "Total of Foreign Residents", e-Stat Government Statistics, accessed October 30, https://www.e-stat.go.jp/stat-search/files?page=1&layout=datalist&toukei=00250012&tstat=000001018034&cycle=1&year=2 0190&month=24101212&tclass1=000001060399&stat_infid=000031964914.

Miyasaki, Yasuko. 2007, "Parenting in China: Focusing on Gender and Kinship Networks", *Asian Family and Gender*, Keiso Shoten, pp. 100-120.

Nakano, Enka. 2019, *Why It is Difficult to Work Full-time or Dual-Income: A Structure That does not Work Without a Housewife*, PHP Shinsho.

Nan, Hongyu（南红玉）, 2014, "Participation in Society through Entrepreneurship of International Married Women", *Tohoku University Graduate School of Education Annual Bulletin*, Vol. 63 No. 1.

Ochiai, Emiko. 2004, *To the 21st Century Family: How to View and Exceed the Postwar System of the Family*, Yuhikaku Publishing.

Ohomagari, Yukico, Yuki Dakaya, Itaru Kaji, Nanako Inaba, and Higuchi, Naoto. 2011, "Foreigners' Job in Japan: from Data Analysis of Census 2000", *Ibaraki University Annual Report of Regional Research Institutes* no. 44.

Portes, Alejandro and Rumbaut, Ruben G. 2014, *Legacies: The Story of the Immigrant Second Generation*, University of California Press.

Putnam, Robert D. 2006, *Bowling Alone: The Collapse and Revival of American Community*,

Simon & Schuster.

Ryoo, Cheyon（柳采延）. 2015, "Educating Mothers as Self-Actualization: Education for Children of highly Educated Housewives in Korea", *Journal of Family sociology Research*, Vol. 27.

Sechiyama, Kaku. 2017, "East Asia with Low Birthrate and Aging Population: 20 Years from 'East Asia's Patriarchy'", *East Asia Seen through Gender and Sexuality*, Keiso Shoten.

Shelton, B. A. and J. Daphne. 1996, "The Division Household Labor," *Annual Review of Sociology*, No. 22.

Saihanjuna（赛汉卓娜）. 2011, *International Marriage of International Movement Age*, Kagehatsu Shoten.

——, 2017a, "'International Marriage as National Normal Family in Japan: Relation with Family, Society", *Meeting and Marriage*, *Japanese Economic Review*.

——, 2017b, "Support to Japan-China International Married Couples", *International Marriage and Multicultural Symbiosis: About Support to Multicutural Family*, Tokyo: Akashi Shoten, pp. 39-68.

——, 2020, "Highly Educated Married women's Full-time Challenge", *Journal of Comparative Family History Research*, Vol. 34: 25-48.

Tsuboya, Mioko. 2008, *The Identity of the "Persistent Sojourner" Chinese: The International Migration System in Chinese Students Studying in Japan*, Tokyo: Yushindo.

Wang, Arm（王岩）. 2010, "Chinese Migrant Woman as Agent: From the Life History of Migrant Women Accompanied by Professional Chinese Workers Living in Japan", *Journal of Suto University Tokyo Sociology Research*, Vol. 31: 29-56.

Yonemura, Chiyo. 2015, "Modern Family and Labor", *Modern Family Pedia*, Koubundou.

（本文最早以日文版首发于日本爱知大学现代中国学会编的期刊《中国 21》2021 年 3 月第 54 卷第 1 期，经作者同意修改后以英文版发表在韩国建国大学移民与社会融合研究所期刊 *Journal of Migration and Social Integration* 2021 年 8 月第 6 卷第 2 期。本文由英文版翻译成稿，并对照日文版修校而成。）

姻缘与利益：中越边境的跨国婚姻实践

——以广西宁明县 N 屯为例

胡静凝[*]

摘 要 经济社会发展和大规模的人口流动改变了边境农村社会的婚姻市场结构，婚姻挤压由内地向边疆再向国外转移，未婚男性借由跨国婚姻完成婚姻缔结和家庭组建。国家"在场"重新定义了跨国婚姻，自然延续的"族内婚"变成婚姻梯度中的"向下婚"。在婚姻市场要价的重压下，经济理性成为边民跨国婚姻实践的核心要义，婚姻的现实性和工具性日益增强。跨境而来的越南女性兼具家庭成员与移民双重身份：家庭为越南女性提供安居之所，但由于缺乏经济独立性和姻亲帮扶，只能高度依赖于家庭，面临主体性丧失的困境；村庄默许了越南女性的非法性存在和有限的社会融入，但"他者"身份建构了制度和生活层面的双重区隔。

关键词 跨国婚姻 婚姻市场 经济理性 越南女性 移民

一 研究背景

婚姻是人类社会延续的基础，也是人群流动的重要纽带，跨国婚姻在人口大流动时代成为一种蔓延全球的婚姻形式。自改革开放以来，伴随着

---

[*] 作者现为中国社会科学院大学社会与民族学院博士研究生。

现代化的浪潮，中国经济活力显著增强。中国-东盟自由贸易区的建立以及"一带一路"建设推进，使得中国与东南亚各国的经济贸易及人员往来日渐频繁，跨国流动与通婚人数也迅速增长。

中越两国由于地缘位置毗邻、文化相近和多民族跨境交往的事实，通婚历史由来已久。调查数据显示，在中国西南边境的村屯中，中越通婚比例可达10%~50%，追溯三代几乎100%的家庭都与越南有联姻关系（周建新，2002：224），目前生活在中国的"越南新娘"总数早已超过10万。① 跨国婚姻是边民社会的日常生活实践，建立在地缘、血缘、姻缘以及文化认同的基础上（周建新，2008a），"民族国家"话语角色的介入才使得族内通婚转变为"跨国婚姻"，缺少婚姻缔结的正当手续使其蒙上"非法"的阴影。"越南新娘"常以污名化的形象出现在媒体报道中，被贴上"贫困""落后""贪财""诈骗"等标签，甚至与走私贩毒、人口拐卖、卖淫嫖娼等犯罪行为相联系（刘计峰，2011）。

边疆民族地区的跨国婚姻既是跨国的又是同源的（杨青青、张梦妍，2020），不仅是社会和文化结构的产物，也是边民个体理性选择的结果。边境社会现代化过程中面临着民族国家、人口流动、市场经济等结构性力量的冲击，边民跨国通婚的实践逻辑在传统与现代的交织下也产生了新的变化。因此本文选择中越边境地区的跨国婚姻作为研究对象，将其作为探究现代化语境下边境地区跨国婚姻的本质性个案，也是我们讨论性别与移民问题的理想切入点。

二 文献综述与理论框架

跨国婚姻是指"一国公民和另一国公民（包括无国籍人、双重国籍人）之间的婚姻"，也被称为涉外婚姻（邹瑜、顾明，1991：1361）。如今，跨国婚姻已作为全球范围内的普遍"社会事实"，走入人们的日常交

---

① 中国青年网《图片故事：越南媳妇儿》中提到，广西民族大学罗文青教授论文引用的数据显示，2010年，在中国具有合法婚姻关系的越南新娘达到4.7万人；厦门大学社会学系博士刘计峰撰写的论文中提到，2011年广西壮族自治区公安厅统计的无证越南新娘人数保守估计在6.5万人以上。两者简单相加，粗略估计中国的越南新娘总数超出10万人。http://news.youth.cn/gn/201507/t20150722_6908348.htm，最后访问日期：2022年1月12日。

往和社会生活中，也逐渐进入学术研究视域。

20世纪70年代"邮购新娘"（Mail-order Bride）和"网络新娘"（Internet Bride）现象的出现将跨国婚姻问题引入学术视野。研究者们主要关注跨国婚介市场（王宏仁、张书铭，2003）、外籍新娘的社会融入和适应状况（Lin & Hung，2007）、婚姻上嫁（Sidharthan Maunaguru，2019：45；Chigusa Yamaura，2015）以及两性关系（谢卧龙等，2017）等内容，并由此产生对政府和社会责任的讨论（Patcharin Lapanun，2019）。"商品化婚姻"或"买卖婚姻"的出现与全球资本的结构性失衡以及非法婚姻中介的逐利行为紧密相关（夏晓鹃，2000），婚介的运作逻辑就是遵循市场原则（潘淑满，2004），将所有关系都转化为利益关系（王宏仁、张书铭，2003），因此在跨国婚介市场背后隐藏着赤裸裸的"全球女性的身体贸易"，甚至与人口贩卖、婚姻诈骗相关联（潘玥，2020）。近些年中国男子去老挝、越南等国家进行"非制度化相亲"（管成云、冯强，2017），其实也是买卖婚姻的一种，在婚介的运作下，打着婚姻自由的幌子，试图借助人际关系的连接和程序合法性摆脱政府监管（田丽娟，2020），女性一方面是婚姻的牺牲者，被"物化"成可以用货币购买的"商品"（田丽娟，2020），另一方面又是加害者，作为"职业新娘"与中介合谋诈骗男方的钱财。

女性是跨国婚姻移民的主体，存在着普遍的"全球上嫁"（Global Hypergamy）现象（Nicole Constable，2005：17），改善个人和家庭环境（Brenda et al.，2013）的动力驱使着她们将婚姻视作移民发达国家的有效途径（Elisabeth Beck-Gernsheim，2011），但这也让她们背负"灵魂之债"（李美贤，2006）、承受着"污名化"，遭遇到各种歧视、偏见以及权利漠视（夏晓鹃，2000）。女性婚姻移民往往难以融入当地生活，边缘化的"他者"身份（王欣、曹锦清，2016）令她们时常面临着被疏离与排斥的窘境（万蕙，2016），常常会产生社会文化适应困难（罗文青，2006）、国家归属感模糊（周建新，2008a）、身份认同冲突（罗柳宁，2010）等问题。"外籍新娘"的生活基本以家庭为重心（鱼耀，2020），"家"既是自我情感与认同的表达渠道，也是防御性的堡垒（万蕙、朱竑，2020），她们也会策略性地在朋辈群体的互助共谋和婆家的全方位支持下实现主体性重建（王欣、曹锦清，2016）。由于难以突破的政策、心理和文化身份（孙秋云、郑进，2017）的限制，这些"外籍妻子"的社会交往结构单一（庄红花等，2019），呈现脱嵌与悬浮相伴生的态势（郑进，2015），不过她们也会通过"拜后家"这种拟制姻亲关系来建构身份，拓展社会关系网络（王跃平，2010）。女性婚姻移民虽然外嫁，但仍承担着对原生家庭的责任和义务，通过汇款寄物、信息交流等跨国实践维持着家庭纽带（段晓红，2020），对娘家的"补贴"既是出于"补偿"心理和"面子"的考虑，也是为了提高其在娘家的地位（黄鹏丽、何式凝，2016）。

中国边境地区的跨国婚姻（也称"跨境婚姻"）是长久以来形成的历史事实，基于跨国民族"和平跨居"的文化模式（周建新，2008b：367）以及"跨疆界传统小社会"（张金鹏、保跃平，2013）的特殊场域，建立在地缘、族群以及文化认同（纪洪江，2016）的基础上，是边民"自愿"和"主动"交往的结果（王晓艳，2014）。近年来边境跨国婚姻数量增长迅猛，地域空间扩大，族际通婚比例快速上升（陆海发，2017），经历了从民族内婚到跨国婚姻的转变（王晓艳，2014），这与民族国家制度及政策差异（陆海发，2016）、婚姻市场挤压、婚姻主体理性动机以及跨境社会网络高度关联（陶自祥，2017）。有学者提出边境跨国婚姻的基础正在从传统社会文化向市场经济变迁（郑宇、杨红巧，2009），中国男性出于对自身支付能力的现实考量（白志红、李喜景，2011），而越南女性则以婚姻缔结作为谋生手段（鱼耀，2020）。

综上所述，已有研究立足于"国家视角"，主要关注买卖婚姻、外籍女性的身份认同及社会融入等问题，最终落脚于社会治理与国家安全层面，缺少对边民跨国通婚实践逻辑的关注，也忽略了以女性为主体的婚姻移民的性别化身份。对边境跨国婚姻的考察常局限于"跨疆界传统小社会"，关注地缘格局和民族文化上的特殊性，但边境地区经济社会结构乃至日常生活都与外部社会密切相关，故边民的婚姻问题早已被纳入全国统一婚姻市场。边民跨国婚姻问题从本质上讲是边境农村婚姻问题的特殊表现形式，内地农村普遍存在的"光棍儿"难题在边境借由跨国婚姻市场得到纾解。

因此本文试图将宏观社会结构变化与微观个体通婚实践有机结合起来，将边民婚姻问题嵌入全国婚姻市场中，思考当结构性困境映射到边民婚恋生活中时，边民如何借助跨国通婚完成婚姻缔结和家庭继替，试图展现边境跨国婚姻在现实情景中的实践逻辑转向。从"婚姻移民"的视角出发，关注跨国婚姻对越南女性身份调试和日常生活的影响，深描她们的家庭关系、姻亲关系以及村庄生活现状，分析"妻子"和"移民"两种角色如何相互纠缠，影响越南女性的社会融入。

三 田野点与研究方法

本文的田野点位于广西壮族自治区崇左市宁明县 N 屯，地处桂西，是中越边境沿边村屯之一，与越南禄平县接壤，边境线总长 12 千米，有公路穿村而过直达越南。N 屯主要以壮族人口为主，与越南一侧的岱依族、侬族为同源民族，具有相似的风俗信仰、生活习惯，世代保有通婚习俗。该村所在镇为国家一级口岸，在国家建设和发展政策的扶持下，边境贸易日渐兴盛，两国边民日常往来密切，但中国边民的生活水平远高于越南边民。N 屯存在中越跨国婚姻 9 户，[①] 年龄分布较为分散，上至 70 多岁，下至 20 多岁，绝大部分没有进行婚姻登记，只是在村里举办婚礼、宴请亲友。这些"越南新娘"与当地村民属于同源民族，日常沟通使用壮语，文化习俗大致相同，除个别年轻人外大部分不会讲普通话。

本研究的田野调查和资料搜集主要在 2018 年 7 月开展，主要通过深度访谈越南妻子和中国丈夫，了解跨国婚姻的生发过程、日常生活、亲属网络以及社会交往状况等，也收集了部分村民对跨国婚姻以及越南女性的看法和评价，从多元视角展示跨国婚姻的实践逻辑和越南女性的生活状况。在调研中，我们共接触越南女性 7 名，[②] 而真正调查的跨国婚姻家庭是 5 户，我们访谈了 1 位村干部、3 位越南女性、3 位中国丈夫以及 4 位村民，文中均为化名，部分访谈资料由翻译所得。

四 中越边境跨国婚姻的市场逻辑

随着现代化进程的加快，中越两国边疆建设不断推进且差异化日渐突出，边民国家意识不断增强，人口流动、商品经济的发展不断对传统婚嫁习惯产生冲击，并促使边境社会与边民个体对跨国通婚的认知逻辑发生转

[①] 也有村民说有十多户，此处采纳村干部的说法。

[②] 其中一位越南女性年纪过大，存在沟通问题，所以并未对其展开调研；另一位是前来姐姐家相亲的未婚越南女性，因身体原因存在沟通障碍。

变。国内婚姻市场中激烈的婚姻资源竞争不断抬高婚姻成本，婚姻挤压由内地向边疆传递，本地通婚圈外流的女性资源由边境线对侧的越南女性填补，底层男性的婚育需求借助跨国通道得到满足。

(一) 婚姻挤压：跨国婚姻市场

边疆民族地区虽远距现代化与城市化的中心，但打工经济的兴起和大规模的人口流动，加速了当地"传统小社会"的开放。农村社会分层和人口结构变化促使本地通婚圈被打破，不仅边民的婚姻问题融入了全国婚姻市场中，也改变了当地的婚配秩序和婚姻实践。

在全国婚姻市场中，重男轻女的传统观念导致人口性别比高度失衡，女性向上婚的文化传统以及婚姻市场"要价"，迫使"婚姻挤压"现象愈发严重。随着女性受教育程度的提高和打工经济的兴起，女性资源不断外流，改变了适龄婚育人口的性别结构，本地通婚圈内婚姻资源供需错位，进一步加剧了未婚男性的婚恋压力。边疆民族地区的经济发展水平相对落后，部分男性的家庭背景、教育水平以及经济地位等综合条件较差，难以与其他男性竞争。在这种弱竞争力下，底层男性既无法从全国婚姻市场上得到婚配机会，又难以在本地通婚圈内获得充沛的婚姻资源，其婚配概率受到双重挤压。"普婚制"的文化传统和家庭继替的观念深入人心，这些在国内婚姻市场上被"边缘化"的未婚男性，不得不向外谋求缔结婚姻的机会，其婚姻"寻觅"被迫走向跨国婚姻市场。由此可见，人口自由流动促使全国统一婚姻市场形成，婚姻挤压由内地向边疆转移，进而加剧了边境地区的婚姻压力，婚姻压力继续从国内向国外转移，导致大量边民跨国婚姻的持续存在。

> 我们这里越南婆比较多，以前我们都会去广东那边打工，深圳啊、广州啊、佛山啊，女孩一般去了就很少回来，外面能找到好的对象，男孩肯定要回来照顾父母，如果有运气能在打工的时候带一个媳妇回来，大多数找不到。年轻人都不想再到山里来，好多男的只能去越南找媳妇，那边也愿意过来。(资料来源：村民 HJ-M-45)

在全球人口流动中，女性移民不仅代表着劳动力，也是重要的婚配对象，具有人类婚姻自然属性且兼具社会再生产的重要功能。越南历史上战争因素造成的女多男少现象已经缓解，但是边境地区的越南女性仍然向往着边境另一侧中国的生活，经济理性推动着她们的跨国婚姻实践。随着中越边境经贸往来的密切，越南女性不断被卷入现代化、工业化和市场经济的浪潮中，她们走出世代生存的村寨小社会，流动到城镇、到口岸、到中国，经济建设和商贸发展不仅提供了就业岗位和工作机会，也搭建了进入中国社会的桥梁。这些越南女性往往家庭条件较差、受教育程度不高、工作能力有限，通过婚姻移民中国对她们有较强的吸引力。跨国婚姻被越南女性视作追求更好生活的便捷通道，也成为弥补和调节婚姻市场资源紧张、满足中国男性婚育需求的重要方式。

  我们家比较穷，家里孩子也多，所以我很小就没上学出来干活。越南那边发展不太好，也没什么工作机会，工资也很低……越南男人都很懒不干活，有的还打老婆，都是女人辛苦地干活挣钱，中国男人就好很多。（资料来源：越南妻子 LTX-F-47）

跨国婚姻将中越两国的婚姻市场勾连起来，越南女性资源向中国转移，并不局限于边境地区，在国内很多省市都出现了"越南新娘"的身影。边民跨国婚姻其实是"全球婚姻市场"的缩影，随着国际体系迈向全球化，国家之间和人与人之间的不平等加剧，催生了越来越多的"外籍新娘"，贫困女性总是试图通过婚姻途径向经济相对发达、国力相对较强的国家流动。随着女性受教育程度的提高和经济独立性的增强，女性地位取得了长足进步，较富裕国家的男性的优越位置不断受到日渐提升的女权的挑战和威胁。他们在社会经济场域和婚姻场域同样处于劣势地位，跨国婚姻为他们提供了转嫁婚姻风险的途径，也为他们提供了转向贫困地区寻找延续父权管制的通道。

（二）婚配梯度："向下的"跨国婚

西南边境地区边民通婚自古即有，是边民"习以为常"的日常生活实践（周宏、保跃平，2015），这种"族内婚"以亲属地缘关系为重，少有国家角色的出现。但随着"民族国家"的兴起及发展，"边境线"被确立并赋予国家内涵，界线两侧民众的婚嫁行为由此变为"跨国婚"。"跨国婚姻"在意义层面发生质的变化：藩属体系下的边民通婚实践是社会结构中的常态事实，是同源族群内部传统婚配模式的自然延续，更是婚姻主体的平等婚嫁；但在"民族国家"体系下，"国别"因素被纳入婚配秩序，与越南的"跨国婚"成为一种"向下婚配"，成为婚姻资源匮乏时的补充选项。

"民族国家"的概念不断深入边民的意识层面，以"国家在场"的形式出现在边民日常生活当中，并从实际层面影响个人与家庭的生活状态和发展际遇，"国别"超越地缘格局、民族文化成为边境生活的关键要义。改革开放以来，国家对边境地区的建设和政策扶持力度不断增强，边境线两侧中越经济社会差距逐渐拉大。民族国家建设和发展成果惠及边民，各项集体福利、政府补贴以及优惠政策仅限于国民，借助国家发展红利，边民的生活环境和家庭条件不断改善，国家认同和身份认同也日益增强。国家间综合实力的对比映射到婚姻市场，边民社会传统的婚配模式被瓦解，围绕"国别"建构起序列化的婚配体系。婚姻梯度的存在限制了部分未婚男性的婚配机会，但是跨国婚姻提供了通过降低婚配等级完成婚育需求的可能性。

> 我村4个自然屯，娶越南媳妇的有30多户，比较多，最多的屯有9个越南媳妇，年纪大的、年轻的都有。普遍家里条件都不是很好，很多都是村里的扶贫对象。（资料来源：村干部GSJ-M-41）
> 万不得已是不会去越南找媳妇的，村里娶越南媳妇的家里条件都不是很好，而且回娘家的话比较困难，办结婚证也很困难，这个屯有9户娶越南媳妇，但是没有人拿到结婚证。① 孩子以前也不能落户口，现在可以随着爸爸落了。（资料来源：村民NBL-M-30）

在边境村屯里，与越南的姻亲关系长期存在，亲缘与血缘组成的差序网络延续至今，边民的跨国通婚实践无须借助商业中介，依靠熟人社会的关系网络即可达成。不过现在边民普遍认为"国内娶不到媳妇才去越南找""越南媳妇比较便宜""没能力才买越南婆"，可见与越南女性的通婚行为在边民意识中已发生了质的变化，国家成为难以超越的话语性角色存

---

① 据后续调查，9户当中有1家拿到了结婚证，2018年才办下来的结婚证，但相对其他家户，他们夫妇的文化水平更高，经济条件也更优越。

在。同源民族的文化基础遭到侵蚀，在国家力量面前被削弱成单薄的"想象的共同体"（安德森，2011），边民意识层面已经形成序列化的婚配体系，越南被归类在劣势婚配地域等级中，成为无法在国内完成婚姻缔结时的"无奈之举"。

因此，"娶越南媳妇"也被村民看作"没有能力"和"丢面子"的事情，而实际情况也证实了这些中越跨国组合的家庭大多经济条件较差。在村民的生活叙事中，"越南婆"这样的戏谑称呼经常宣之于口，"国家"的象征意义成为贴在这些女性婚姻移民身上的标签符号，国家与个人紧密相连，不仅时刻彰显着跨国婚姻女性的"他者"身份，也在村庄的日常生活中建构起显性和隐性的双重区隔。

（三）姻缘与利益：跨国婚姻的"工具化"

现代化过程伴随着不可逆转的婚姻"祛魅"趋势（吴小英，2013），商品经济的逻辑从市场领域蔓延至婚姻家庭，个体权利意识不断增强，婚姻日益向现实主义和功利化转变。经济理性进一步推动了边民婚姻实践的发展，跨国婚姻的工具性色彩增强，从择偶观念到婚姻缔结都表现出有别于以往藩属体系下族内婚的特质。

边境跨国婚姻呈现以越南女性"输入性"为主的单向婚姻流动趋势，且婚姻对象的地域范围不断扩张，"越南新娘"的来源地由边界线附近村落向内地扩展。近年来边境地区的经济快速发展，基础设施建设逐步完善，工业化和城市化的水平不断提高，国家的扶持以及通商口岸的建设发展，使得边境地区的对外贸易如火如荼地发展起来，人口的流动速度加快、流动范围扩大，边境地区人口的异质化增强，由此导致边民婚姻对象的选择范围扩大、选择的自主性增强。边境跨国婚姻的缔结方式日渐多元化，在传统相亲、熟人介绍、参加文化活动等方式的基础上，增加了打工、做生意等经济活动。年轻的越南女性常常用"恋爱""喜欢"这类具有丰富情感意味的词汇来描述嫁入中国的婚姻选择，这是她们试图摆脱"灵魂之债"的自我合理化方式，也传达了对亲密关系的憧憬和对幸福的向往。

中国这边经济发展比较好，我就跟姐妹们一起来这边打工挣钱，就在爱店口岸，认识了我老公，谈恋爱后来就在这边结婚了。（资料来源：越南妻子 WLL-F-25）

之前我去越南做生意认识的她（越南妻子），在河内那边……她在越南上过学的，相当于咱这高中毕业吧，我们有结婚证，其他人都没有。不过也是今年（2018年）才办下来。（资料来源：中国丈夫HZD-M-59）

全球化浪潮裹挟着市场经济不断扩展，边境地区不可避免地被纳入全球经济体系当中，世界经济一体化程度增强的同时，经济差异化也日益突出。中越跨国婚姻建立的现实基础很大程度上源于两国边境地区发展差异的扩大，越南女性出于对边境对侧幸福生活的向往，以谋生的姿态寻求跨国结合，这构成推动越南女性借由婚姻移民中国的主要动力机制。而中国男性往往存在经济实力和个人情况上的不足，婚姻支付能力有限，难以应对高昂的婚姻成本和激烈的婚姻竞争，故而在国内婚恋市场中处于劣势地位，试图通过跨国婚姻实践来扭转婚恋失败的局面。因此中越跨国婚姻本质上是男女双方的理性合谋，男方试图以较小的经济成本达成婚育目的，女方以婚姻作为移民中国、改善个人和家庭生活的通道，这是一种基于经济利益的协商。边境跨国婚姻慢慢突破以往的文化逻辑，越来越多地受到商品经济的浸染，利益理性在婚姻缔结过程中发挥的作用持续增大。边境地区中越跨国婚姻的现实主义逻辑在于姻缘与利益的平衡，传统婚姻家庭伦理的神圣性正在消退，婚姻的功能性和工具性不断被强化。

我们家里有六七个兄弟姐妹，日子不好过，有人介绍到中国这边来，就嫁到这里来了。这里比我们那边好一些，丈夫前几年得病也去世了，我和两个孩子现在一起生活，在村里卖一些蒸糕，有收入。（资料来源：越南妻子NZY-F-48）

越南女性的叙事中，常常提到"中国的条件好""我们家里没有这边好"，这是她们对中国边境村屯生活的直观体验，也是嫁入中国的原生动力，即实现婚配效益的最大化。这种"女性向上婚"意味着男女双方在婚姻关系建立之初的价值走向和理性选择上是不对等的，铺垫了日后婚姻和家庭关系中的地位不平等，而这种不平等也会进一步扩展到双方亲属关系网络中。虽然边境地区的跨国婚姻有特定的文化基础和熟人网络的支持，并未借助于商业化中介，也有普通婚姻的表象和仪式，但是边民言谈中仍然会出现富含"经济交易"意味的说辞。

五　越南女性的身份迷思：妻子与移民

跨国婚姻不仅是结构意义上男女两性的结合，更是"跨国家庭"的组建和日常生活的经营过程。越南女性跨境而来，面临着新的身份调试和关系融合，"妻子"与"移民"双重身份背后是亲密性与排他性两种力量的相互拉扯。越南女性是"跨国家庭"里亲密的家庭成员，家庭构成其日常生活的核心要义，具有高度的情感依赖。但对村落社会而言，她们是外来者，国籍标签不仅在日常生活中建构起清晰的区隔边界，也生产着种种歧视和偏见。

（一）家庭关系：情感依赖与经济困境

越南女性借由婚姻单向性地流入中国，同源族群的身份特征降低了语言和文化障碍，婚姻缔结往往只按照当地传统习惯筹备酒席、招待宾客，即视为婚姻关系的建立，因此大多是缺乏法律保护的"非法"事实婚姻。我们调研的"跨国家庭"大多经济条件较差，住房较为破旧和简陋，但都收拾得干净整洁、条理有序，据悉这些都是越南女性精心维护的成果。在村民口中，越南女性常常被冠以"贤惠""顾家""勤劳"等形容词，她们以"家庭"为中心经营日常生活，从家务劳动到农业生产，承担了大部分的工作。可见越南女性十分珍视当下的生活，试图在家庭内部寻找情感归属和身份认同，家庭为她们提供了融入当地社会的支撑，但有时也是限制其主体性的枷锁。在中国丈夫眼中，越南妻子"踏实过日子""温顺"，符合他们对传统女性角色的想象，满足了他们对婚后体面男性地位的期待，选择更弱势和贫穷的越南女性作为妻子既满足了婚育需求，又重塑了婚姻家庭中的男性气概，延续了父权制权威。

> 我跟她们（越南新娘）接触不多，不知道名字，就知道是哪一家的。她们人挺好，勤劳、顾家，在家干很多家务。做饭、洗衣服、看孩子不用说，割胶这种又苦又累的活都能干。以前查得不严的时候（指二代身份证未普及前），也有人跑出去广东、南宁打工补贴家用。
> （资料来源：村民 HJL-F-40）

我觉得我们现在生活挺好的。我妻子性格很好,就是话不多,很少出门。是个踏实过日子的人,平时我出去做事,她就在家做家务,照顾孩子,孩子还小。(资料来源:中国丈夫 ZW-M-32)

可是家庭并不全然是亲密的情感生活单位,同时也是一个经济共同体(涂尔干,2006:130)。婚姻实践建构了亲密的家庭关系,但"非法性"在很大程度上削弱了情感强度,婚姻选择中的利益考量不仅"物化"女性,也很容易让这段关系背负上"买卖婚姻"的原罪。现代社会不断发展,家庭经营和抚育孩子的成本不断上涨,"男主外女主内"的传统性别分工模式被打破,商品化的压力使得男女两性都被期待成为家庭的供养者,尤其是对家庭积累能力较弱的家庭而言,更是需要动员全部的劳动力资源投入经济生产活动,以改善家庭经济状况,提高生活水平。

我们家条件不好,收入很少,两个孩子上学负担重。她没有户口,现在去哪都要身份证,哪都去不了,打工也要身份证,什么也干不了。我也没法出去打工,去了家里就没人。国家给的补贴和村子里福利都是按户口来的,她也分不到。新农合也没有,低保也没有。(资料来源:中国丈夫 HTF-M-41)

越南女性缺少合法身份,[①] 活动空间局限于家庭和村庄之中,在现代社会治理体系下备受掣肘,外出的风险和不确定性较强。越南女性作为非法移民,难以走出家门工作,获得较高经济收入,同时身份限制也阻碍了其参与集体经济和享受扶贫政策福利的机会。无酬的家务劳动和低收益回报率的农业生产使她们对家庭和社会的贡献总是被掩盖,也因此常常被认为是男性和家庭的附庸。越南女性较低的经济地位,导致了家庭内部不平等的权力地位,她们经济自由度较低,对家庭事务通常也没有话语权。她们缺乏独立身份,常常以"妻子"或"母亲"的身份存在,面临主体性

[①] 据调查得知,越南新娘在进入中国生活3个月左右后,如果没有办理合法手续或不返回原居住地,其在越南国内的户口即会被注销,变为"黑户"。尽管大部分村民已经知道办理婚姻登记手续的必要性,但是跨国婚姻的注册登记手续十分复杂,操作起来很麻烦且花费较大,办理起来难度较大,所以大部分跨国婚姻都没有合法手续,越南女性在中国也无法办理入籍手续。

丧失的困境。

（二）姻亲关系：单向性互动与娘家缺席

在市场经济和商品化逻辑的渗透下，依赖差序网络建立的边民婚姻实践日益受利益理性的影响，甚至反过来影响姻亲关系网络的互动往来。"从夫居"促使越南女性与原生社会关系网络剥离，通常情况下只有逢年过节才会"回娘家"，由于地理空间的隔离和边境管控的收紧，偷渡的成本和风险上升，双方往来频率非常有限。也正因为如此，每次"回娘家"对越南女性而言都是十分重要的生活事件，不仅需要提前规划好行程，更需要给家人精心准备礼物。一方面带有"补偿"心理，试图弥补远离娘家、不能照顾父母的愧疚感，以便回馈父母的教养之恩，也有对娘家的帮扶和改善生活之意；另一方面出于"面子"的考量，越南媳妇之间也会经常比较，这不仅代表了自己的生活水平和婆家的经济状况，也有利于提高自己在娘家的地位。

> 我们家离这不远，骑摩托车走小路半天就回去了。不经常回去，就过年过节的时候去，一般会住几天。会提前准备好礼品，买一些他们需要的东西，也会给些钱，爸妈年纪大了，希望他们过得好一点。他们很少来这边，平时我也没办法照顾他们。弟弟有时候过来干活，就农忙时候很多越南人会过来割胶、砍甘蔗挣钱。之前我们家盖房子的时候，弟弟也过来帮忙了。（资料来源：越南妻子 WLL-F-25）

> 基本上都是在春节的时候和媳妇回越南去，她家在河内那边，离这里远，每年回去先走小路到越南，再转车，需要的时间比较长。每年去拿很多东西，这几年拿的东西多了，村里的媳妇之间也要比较，毕竟也是一年一次，各家拿的东西比较好一些。虽然在我们这边来说不一定很好，但在越南都是很好的东西。以前花几百块钱，现在有时候两三千块钱很正常，有些可能比这还要多，没有仔细地算过账，大概就是这些。（资料来源：中国丈夫 HZD-M-59）

礼物的流动在姻亲关系中具有重要的仪式性，互惠原则是维持和强化社会连接的重要基础。随着中国一侧边民经济条件的改善，生活和消费水平逐渐超过越南边民，双方的交往方式出现分化，中方倾向于礼物式的直接支付，越方则常以帮工形式回馈。在市场经济和商品化压力的影响下，社会交往逻辑逐渐功利化，利益理性的考量在关系网络中日益凸显，以此思维审视姻亲关系的持续单向付出状态，必然滋生投入产出不平衡的心理。关系流动的互惠性降低，不免会导致男方的交往懈怠，产生不满情绪，有意识地降低互动频率以减少自己的利益损耗。长此以往，这种由跨国婚姻所建立起来的姻亲关系自然受到影响，越南女性与原生家庭的联系将在很大程度上被削弱。对于越南女性而言，娘家常常处于缺席状态，只是象征意义上的文化联结，难以提供现实层面的物质帮扶，且不对等的交往逻辑也造成了娘家权力地位的弱化。

> 平时也不太去越南，去一趟不方便，去的时候总要大包小包的拿，还要给钱。那边条件不好，也不指望回礼了。亲戚嘛肯定要来往的，有事的时候就互相帮忙啦，我们帮的时候总是多些。我老婆的妹妹现在就住在我家，家里想把她嫁出去，我们介绍她跟人相亲……（资料来源：中国丈夫HTF-M-41）

婚姻缔结本是"结两姓之好"，但跨国婚姻的"非法性"以及越南女性的移民身份造成了姻亲关系的先天性缺陷，而单向性的社会交往和娘家的弱势再次削弱了关系的稳定性。因此越南女性很难从姻亲关系那里得到帮扶，且在当地社会也很难获得外力支撑，只能全身心投入夫家，情感和物质需求都高度依赖核心家庭关系。

（三）村庄生活：有限的融入与清晰的边界

村庄是越南女性家庭之外的日常活动场域，也是社会关系网络的自然延伸。越南媳妇基于共同的语言文化和风俗习惯，能够较快地适应当地的生活，在村里的广场舞、流水席、传统文化仪式以及聚众闲谈中，都不乏越南女性的身影，虽然她们常作为聆听者保持"缄默"，但确也实现了有限的社会融入。

> 她（住在她家隔壁的越南媳妇）常来串门，人蛮好啊。以前还跟我们一起跳广场舞，你看那墙上还有照片。有时候也会在村里散步，我们在村里聊天她也会来，会讲壮话。她们越南婆之间也常聊

天，有时候还一起打麻将呢。（资料来源：村民 NHZ-F-61）

只不过她们与邻里和村民的交往都是浅尝辄止，更多的时候将自我隔离于家庭，繁忙的家务劳动编织着她们的日常生活。当地村民和越南女性之间的相互交往和沟通程度较浅，仅限于日常生活以及文化活动之中，在村庄集体经济和公共话语空间中，越南媳妇是被排斥在外的。

由于非公民身份以及受教育程度有限，越南女性普遍缺乏社会参与感，她们对国家政治和公共参与并不理解也不关心，在她们看来国家认同并不能改变当下的生活。年轻的"越南新娘"由于自我意识的觉醒和身份敏感性，更能体会到作为"无国籍女人"的尴尬处境，她们离开越南丧失了越南国籍，却也从未成为真正意义上的中国人。其实她们也并非完全不关心自身利益，只是清楚地知晓身份归属的模糊性无法让她们获得任何集体福利。

我也不知道自己是哪国人，我老公孩子都是中国人，但我不是，我的父母兄弟姐妹都是越南人，我也不是。户口都没了，离开越南时间长了，户口就会被注销掉。他们有的那些新农合啊啥的我都没有，村里分的东西就给村里人，也不会给我，我是外人嘛。你说的这些我也不关心，关心也没啥用。（资料来源：越南妻子 WLL-F-25）

受市场经济的影响，农村社会关系越发理性化，经济收入成为衡量个人能力的核心标准，利益理性成为人际交往的重要准则，家庭富裕程度决定了其在农村社区中所处的地位。娶越南女性的家庭大多家境较差，在村庄社会中处于弱势地位，跨国婚姻成为一种"弱弱组合"，这也是"娶越南婆"被村民所歧视的现实原因。非法跨国婚姻的隐患不仅是无法得到国家和政府制度的承认，更直接表现为现实利益的损失，如耕地和林地的份额、边民补贴、新农合以及村集体福利等均与越南女性无关。社会资源的匮乏以及集体福利的排他性，不仅无法改善越南女性的生存困境，反而加重了这些"跨国家庭"的生活压力。从国家政策、集体福利到日常生活，都在通过制度或非制度化的方式建构一条关于"我群"和"他者"的清晰边界。制度性的限制在村里人看来是理所当然的，就连越南女性自身也默认和接受，沉重的无力感背后反映了她们改变现状的内生动力不足。非制度性的歧视则渗透在日常生活中，对越南女性的污名化隐晦地在村民中传播，偏见和误解难以消解，制约了越南女性的社会融入。

跨国婚姻给大量未婚男性提供了转嫁婚姻危机、实现婚姻缔结的途径，越南女性嫁入中国，也为这些积累能力较弱的家庭增添了劳动力，给他们提供了迎接新生活的契机。村落社会一方面默许了跨国婚姻的事实性存在，接纳了越南女性的有限融入；另一方面又借由公共权力和集体制度生产着区隔，建构着偏见和歧视的藩篱。

六 结语

在流动的现代性之下，全球化与个体化两种社会进程汇流（Davis, 2013：2），个体的流动决策被置于全球自由市场经济的框架内，国际迁移的女性化趋势不断增强，就业和婚姻市场对劳动力的双重需求塑造了劳动移民与婚姻移民两种迁移通道。处于社会底层空间的女性移民常将跨国婚姻作为流动迁徙的现实选择，因为相比低技术性、缺乏保障的临时移工，婚姻更有助于获得居留权和家庭归属，也能更便捷地实现阶层化流动的目标。

改革开放以来，随着中国经济建设和社会发展的高速推进，现代性的革命力量逐渐渗透进边疆民族地区，不断冲击当地的社会结构和地缘政治格局。越南女性利用边境的地理优势、族群文化以及商贸往来，能够实现较低风险的跨国流动，婚姻选择与经济理性镶嵌在一起，越南女性甘愿投身"跨国婚姻市场"，谋求婚配效益最大化，姻缘背后彰显了情感与利益的纠缠。随着国家权力的下沉和边境管理制度的收紧，跨境婚姻的生存空间不断被压缩，越南女性以婚姻作为谋求幸福生活的途径，虽然迎来了新的生活和机遇，但仍难以摆脱社会结构造成的困境。跨国婚姻重塑着越南女性的身份和生活，她们在中国境内的发展境况值得更多的关注，在跨国流动和婚姻生活中的生存策略和主体性建构也值得更多的讨论。

参考文献

安德森，2011，《想象的共同体》，上海：上海人民出版社。
白志红、李喜景，2011，《中缅边境非法跨国婚姻对云南边境少数民族地区和谐稳定的影响分析》,《昆明理工大学学报》(社会科学版)第4期。

段晓红,2020,《中韩国际婚姻的跨国家庭纽带研究——以汉族婚姻移民女性为中心》,《华侨华人历史研究》第2期。

管成云、冯强,2017,《商品化婚姻与中国农村光棍非制度化相亲的婚姻风险——基于"越南新娘"报道(2010~2016)的内容分析》,《现代传播》第11期。

黄鹏丽、何式凝,2016,《有钱就有好女儿——越南新娘对"贴补娘家"行为的解释》,《妇女研究论丛》第1期。

纪洪江,2016,《中越边民通婚的促动因素研究——以云南麻栗坡县马崩村为例》,《云南民族大学学报》(哲学社会科学版)第4期。

李美贤,2006,《越南"好女性"的文化边界与"越南新娘":尊严 vs 灵魂之债》,《台湾东南亚学刊》第1期。

陆海发,2016,《边境跨国婚姻移民治理:挑战与破解之道》,《西南民族大学学报》(人文社科版)第3期。

陆海发,2017,《边境治理中的跨国婚姻移民:特征、动力及其影响——基于对云南两个边境县的调查与思考》,《云南民族大学学报》(哲学社会科学版)第5期。

刘计峰,2011,《中越边境跨国婚姻研究述评》,《西北人口》第6期。

罗柳宁,2010,《论中越边境跨国婚姻建立的基础:兼论"无国籍女人"的身份》,《广西民族研究》第1期。

罗文青,2006,《和平与交往:广西边境地区跨国婚姻问题初探》,《广西师范大学学报》(哲学社会科学版)第1期。

潘淑满,2004,《婚姻移民妇女、公民权与婚姻暴力》,《社会政策与社会工作学刊》第1期。

潘玥,2020,《在华的印尼新娘:商品化婚姻、人口贩卖与骗婚》,《南亚东南亚研究》第2期。

孙秋云、郑进,2017,《难以跨越的边界:中国中部山区跨国婚姻女性身份呈现——基于鄂东北红安、大悟两县越南媳妇的调查》,《广西民族大学学报》(哲学社会科学版)第1期。

涂尔干,2006,《职业伦理与公民道德》,渠敬东、付德根译,上海:上海人民出版社。

田丽娟,2020,《中国男性在老挝勐塞非制度化相亲研究》,《北方民族大学学报》第6期。

陶自祥,2017,《中越边境跨国婚姻产生的社会基础——以广西龙州县G村为例》,《人口与社会》第3期。

万蕙,2016,《跨国无证婚姻移民的生存困境及形塑机制——基于粤西7个乡村的调查》,《人口与社会》第4期。

万蕙、朱竑,2020,《女性跨国婚姻移民家空间的性别、资源与权力——粤西乡村案例》,《地理科学进展》第11期。

王宏仁、张书铭,2003,《商品化的台越跨国婚姻》,《台湾社会学》第6期。

王欣、曹锦清,2016,《"他者"身份的社会性建构与主体性重建——基于豫北林村越南籍媳妇日常生活实践的解读》,《妇女研究论丛》第5期。

王晓艳，2014，《从民族内婚到跨国婚姻：中缅边境少数民族通婚圈的变迁》，《思想战线》第6期。

王跃平，2010，《中越边境壮族跨国婚姻中的"拜后家"现象研究——以云南河口县中寨村为例》，《民族研究》第6期。

吴小英，2013，《婚姻的"祛魅"与家庭观的位移》，《探索与争鸣》第5期。

夏晓鹃，2000，《资本化下的国际婚姻：以台湾的"外籍新娘"现象为例》，《台湾社会研究季刊》第39期。

谢卧龙、刘惠婴、黄志中，2017，《解析跨国婚姻路上亲密暴力的婚姻本质与权力关系》，《高雄师范大学学报》（教育与社会科学类）第42期。

杨青青、张梦妍，2020，《"越界"和"隐身"的艺术——中缅跨境人口的社会调查》，《中国农业大学学报（社会科学版）》第3期。

鱼耀，2020，《生存有道：中越跨境婚姻中的嫁与家——以宁明县N村为例》，《广西民族研究》第5期。

张金鹏、保跃平，2013，《云南边疆民族地区跨境婚姻与社会稳定研究》，《云南民族大学学报》（哲学社会科学版）第1期。

郑进，2015，《脱嵌与悬浮：越南媳妇的关系网络的建构及其困境——以鄂东北四村为例》，《云南社会科学》第6期。

郑宇、杨红巧，2009，《跨国婚姻关系与边疆民族社会变迁——以中越边境红岩寨苗族为例》，《学术探索》第5期。

周建新，2002，《中越中老跨国民族及其族群关系研究》，北京：民族出版社。

周建新，2008a，《中越边境跨国婚姻中女性及其子女的身份困境》，《思想战线》第4期。

周建新，2008b，《和平跨居论：中国南方与大陆东南亚跨国民族"和平跨居"模式研究》，北京：民族出版社。

邹瑜、顾明，1991，《法学大辞典》，北京：中国政法大学出版社。

庄红花、杜国海、林怀满，2019，《云南边境跨国婚姻的现状与问题——基于云南省勐腊县勐满镇大广村委会的调查》，《云南农业大学学报》（社会科学版）第3期。

周宏、保跃平，2015，《边民跨境婚姻：走向结构论和互动论相融合的研究取向》，《广西民族研究》第2期。

Brenda S. A. Yeoh et al. 2013, "Between Two Families: the Social Meaning of Remittances for Vietnamese Marriage-Migrants in Singapore", *Global Networks* 13 (4).

Chigusa, Yamaura. 2015, "Marrying Transnational, Desiring Local: Making 'Marriageable Others' in Japanese-Chinese Cross-Border Matchmaking", *Anthropological Quarterly* 88 (4).

Davis, Mark, ed. 2013, *Liquid Sociology: Metaphor in Zygmunt Bauman's Analysis of Modernity*, Farnham: Ashgate.

Elisabeth Beck-Gernsheim. 2011, "The Marriage Route to Migration: of Border Artistes, Transnational Match making and Imported Spouses", *Nordic Journal of Migration Research* 1 (2).

Lin, L. H., Hung, C. H. 2007, "Vietnamese Women Immigrants' Life Adaptation, Social Support, and Depression", *The Journal of Nursing Research* 15 (4).

Nicole Constable ed. 2005, *Cross-Border Marriages: Gender and Mobility in Transnational Asia*. Philadelphia: University of Pennsylvania Press.

Patcharin Lapanun, 2019, *Love, Money and Obligation: Transnational Marriage in a Northeastern Thai Village*. Singapore: NUS Press.

Sidharthan Maunaguru, 2019, *Marrying for a Future: Transnational Sri Lankan Tamil Marriages in the Shadow of Wars*. Washington: University of Washington Press.

（原载《理论月刊》2022年第8期，本文在原基础上略有删改）

进阶的主妇：凝视视角下的"独立女性"

——基于某化妆美甲培训机构的田野调查

王宏燕[*]

摘　要　本文基于西南地区某化妆美甲培训机构的田野调查，关注流动家庭中的低学历全职主妇，试图借用凝视视角来揭示媒体与商业机构所大力推崇的"独立女性"价值观，其实是父权制与商业化的消费主义意识形态共同作用的一种结果。培训机构逐步诱导主妇对美妆消费产生认同、渴望并报名学习，她们由此反而被裹挟进消费主义与男性的凝视中。此类"独立女性"价值观合理化了女性所处的不平等地位。同时，这套话语又进一步对女性实施了多重压迫，即女性不仅需要履行好母职，还要拥有美丽的外貌与赚钱的能力。话语的本质实际上是拒绝询问女性在公共领域的价值，仍将女性的价值局限于家庭之中。

关键词　主妇　男性凝视　独立女性　美妆

一　研究背景与问题提出

近年来，化妆美甲培训机构迅速扩张，主营业务包括化妆、美甲、纹绣与皮肤管理等几门课程，通常化妆与美甲是其核心课程。报班人员以低学历的家庭主妇为主，宣传理念与学员的学习目标可以简化为两个：形象

---

[*] 作者现为南京大学新闻传播学院博士研究生。

改变和顺利就业。机构学员大多为流动人口中的女性群体，其就业选择面更窄，她们所从事的工作基本集中在制造业、家政、服务业等无须专业技术的行业。而一般愿意接纳此类女工的行业，普遍存在着工作时间长与工作压力大等问题。所以对于想要同时兼顾家庭的女性来说，暂且不工作是很多人的选择。《2020年第七次全国人口普查主要数据》显示，与2010年第六次全国人口普查相比，流动人口增加了69.73%（国务院第七次全国人口普查领导小组办公室，2021）。在已婚的新生代流动人口中，近90%是夫妻双方一起流动，共同生活在一起。部分外来人口家庭的女性群体，主动或被动地选择一种新角色，成为外来家庭全职主妇（刘金丽，2017）。

看似远离了职场竞争的全职主妇，在生活中过得其实并不轻松，她们在家庭中仍面临着不少困境，如家庭地位的性别不平等、被动陷入母职困境等。以往研究表明：家庭主妇在家庭中的地位与丈夫相比仍处于弱势（严世趁，2012）；全职妈妈回归家庭，看似是当代女性的一种自由的选择，背后却隐藏着深深的无奈，因为不辞职很难做一名称职的妈妈（陈琼璇，2014）；传统的性别角色分工意识使已婚女性更可能成为家庭主妇，从根本上限制了女性的个人发展和事业进步（尹木子，2016）。女性在第一个孩子出生后，其职业活动开始急剧减少，而男性在劳动力市场的参与程度并不受这种家庭周期的影响。随着孩子入学，女性在劳动力市场的参与水平会有所回升，但它已经回不到最初应有的水平（Bühlmann et al.，2010：49-66）。沙尼·奥加德指出，即便是高学历主妇也难以摆脱父权制与母职束缚的双重压迫，媒体对主妇迫于母职束缚、家庭与就业市场的压力不得已辞职回家的各种困难绝口不提，反而一味地宣扬女性的职责就是应该平衡好家庭和职场（奥加德，2021）。美国女权主义运动先驱贝蒂·弗里丹讽刺道，很多美国姑娘直到长大成人，都没有在家庭之外干过活。同时，社会普遍认为家务劳动并不创造价值，不属于国民生产总值的一部分，故全职主妇通常不被列为社会劳动力的范畴，得不到社会的认可（弗里丹，1999：3）。

遵循福柯的思想，男权的凝视就是使女性自觉将自己规训于男权的规范下。这是一种非暴力、非物质的规训方式，即使女性已在政治、经济地位上取得独立，也难以逃脱深深根植在社会文化生活中的男权阴影（杨先顺、潘莹耀，2012）。女性承载了男性的欲望，男性在对女性的凝视中构建了自己的主体地位，也使一种性别的等级秩序由此确立起来（朱晓兰，2011）。在福柯看来，观看者可以通过"凝视"来建构自身的主体身份，而被观看者的行为和心理就会在被"凝视"的过程中受到"规训"，会被动地接受和内化观看者的价值判断。处于男权文化体系中的女性就是这"全景敞式监狱"里被凝视的囚禁者，而男性则是高高在上、掌控一切的凝视者（吴颖，2012）。在当今社会，因容貌焦虑进行整容消费的人群也主要是女性。人们谈论自己如何被改变的身体所包围，从而产生整容的愿望。到底是女性自己选择了美容外科手术，还是她的这一"选择"被一个更大的男权结构所包裹。美容整形并不是在一个人的物质身体上做手术，而是"在重塑我们对自己的幻想"（维根斯坦，2021）。

没有经济来源也无暇管理个人形象的全职主妇很容易将自己在家庭中所遭遇的困境归咎于外貌条件与经济不独立等个体原因，而忽略了背后的结构性制约。因此，她们寻求个体化的解决途径以摆脱困境。本文采用凝视视角，关注化妆美甲培训机构的学员，特别是流动家庭中的低学历全职主妇这个群体，试图从她们的个人角度出发，理解全职主妇是如何在化妆美甲培训机构与媒体的引导下，对美妆消费产生认同与渴望，走出家庭，花钱甚至不惜借钱报名来参加技能培训。媒体与商业机构所大力推崇的"独立女性"价值观，鼓励主妇外出培训与就业，给她们的生活与思想带来了怎样的改变？是否真的为她们带来了独立？

二　田野概况

笔者于2018年7月至8月在西南地区X市某化妆美甲学校的美甲班进行了为期两个月的连续学习并顺利结业，然后分别于2019年8月、2021年7月再度以学员身份返回培训机构进行田野调查并收集资料。其间参与过该机构的年度酒会、董事长宣讲及王牌化妆师讲座等活动。选择该机构的原因是这家机构不仅有自己的百度百科和股票代码，并且以非常惊人的速度在开设分校，进行扩张。2019年1月4日，全国分校的具体数量已达到201家。截至2021年2月，其海报上的数据已变为"300家分校"。笔者甚至在湖北省公安县的某个村里，也见到了该培训机构的招生广告。该机构承诺学员结业后可在全国任何一家分校终生免费进修其结业课程，这也是它在众多培训机构中格外吸引学员的原因之一。

这家培训机构在 X 市的分校总共有 5 个常规班,包括化妆的 3 个班(初级班、中级班、高级班)与美甲班、纹绣班,皮肤管理班、美睫班等常常因为招不满人而只能不定时开班。美甲班里包括笔者总共有 26 名学员,除了一名 16 岁刚毕业的初中生、一名建筑专业的 23 岁大专毕业生外,其余 23 人中只有两名学员为未婚,剩下的 21 名女性皆为全职主妇(见表 1)。因此常能在过道看见奔跑的孩子,也能看见推着婴儿车来上课的主妇。机构学员的年龄均在 16~40 岁的范围内,大部分集中在二三十岁。已婚学员中除个别上过初中以外,其余基本为小学毕业或肄业,化妆班与纹绣班的学员构成皆是如此。笔者所在美甲班的同学大多报的是半年的全科班(即化妆初级、中级、高级 3 个班,加上美甲班,共 4 个班),其中大部分学员受到营销影响,会接着再报一个纹绣班或皮肤管理班,5 个班或 6 个班(8~12 个月)全部结业之后就算完成了所有学业,至此不留下来任教的学员会离开培训结构。

表 1 已婚学员的个人情况

序号	年龄(岁)	做主妇的时长(年)	孩子数量(个)	婚姻状态	学历	文中提到的被访者
1	21	1	1	已婚	初中肄业	
2	22	3	0	已婚	小学毕业	
3	22	2	1	已婚	小学毕业	
4	23	3	1	已婚	小学肄业	YXQ
5	23	4	1	已婚	小学肄业	
6	23	5	2	离异	小学毕业	
7	23	2	1	已婚	小学毕业	
8	24	5	1	离异	小学肄业	SCF
9	26	3	1	已婚	小学肄业	
10	26	7	2	离异	小学肄业	
11	26	4	0	已婚	小学毕业	WXP
12	28	5	2	已婚	小学毕业	
13	28	7	3	已婚	小学肄业	
14	28	9	1	已婚	小学肄业	
15	28	8	2	离异	小学肄业	YF
16	29	7	1	已婚	小学肄业	

续表

序号	年龄（岁）	做主妇的时长（年）	孩子数量（个）	婚姻状态	学历	文中提到的被访者
17	29	8	2	离异	小学毕业	
18	31	5	1	已婚	小学肄业	
19	32	6	2	已婚	小学肄业	LYM
20	35	7	2	离异	小学肄业	
21	37	15	3	已婚	小学毕业	
总数			30			
平均数	26.9	5.5				

上课期间，许多学员只完成一个班便开始接单工作，有的甚至没学完就已经开店做生意。她们遇到问题也会随时与任课老师沟通，一边赚钱一边学习。因此经常需要请假的学员，所花费的学习时间也会远超过一年，属于机构里的老学员。全职主妇不同于其他类型培训班的学员，她们在学习的同时，还需要兼顾公婆、丈夫、子女等家庭关系。相比之下，受过高等教育的女性即便收入不高，基本也不愿意从事该行业，觉得不"体面"；而流动人口中的未婚女性，同保罗·威利斯研究中的工人子弟一样，追求尽快工作挣钱，不愿再花时间进行学习（威利斯，2012）。更重要的是，培训机构所招收的家庭主妇，绝大多数都经历过丈夫与公婆的"白眼"和不公待遇，多少都会萌生想要改变现状的心理需求。这也使得主妇最容易受到宣传的鼓动与诱惑，成为培训机构的主要消费者与潜在客户。

三 被凝视的女性价值：渴望成为"独立女性"的全职主妇

母职认同、经济独立、男性凝视，是化妆美甲培训机构宣传的三个主要策略，即文案中的"可带娃、有钱、变美"，是报名的动员话语中最核心的三要素。由于宣传时常要兼顾其他类型的女性，比如受过高等教育的女性、单身女性以及单亲妈妈等不同分类标准下的女性群体，三要素中的"变美"就成了宣传中最核心与最重要的部分。同时，这也是对主妇最具吸引力的部分。

（一）通过"变美变富"来反抗

化妆美甲培训机构的学员主要是来自流动家庭的低学历全职主妇，通常是在采购或出行时看到的招生广告。同其他学员一样，美甲班的班长LYM（32岁，6年主妇，2个孩子）明确表示过，自己的报名动机与其说是为了学习，倒不如说是为了一个能逃离压迫的未来。

> 等你结婚以后就会知道，照顾孩子操劳家务就是会变成人老珠黄的黄脸婆，你老公不仅不感激你的付出，还会联合他妈一起对你指指点点的，觉得他们家是在好心养着你，他不在外找小三就算对得起你了。这不是我想要的生活，我不想一直做一个伸手要钱的人。

虽然家务劳动非常烦琐并且费时费力，但无论是丈夫还是班长自己，都认为家务是拿不上台面的低等工作。因此在面对其他家庭成员的轻视时，她的回答只是"这不是我想要的生活"。因为需要"伸手要钱"，她也认为自己没有资本去谈判家庭地位，丈夫挣钱就意味着拥有权力。她的愤怒仅仅是针对自己所处的形势，而非其他家庭成员所持有的价值观，她为他们的"不感激"而感到不满。班长相信，夫妻之间谈判"忠诚"的权利与丈夫对自己外貌的认可程度尤为相关。同时为了能结束伸手要钱的生活，自己个人的经济条件也很重要。

除了"变富"以外，学员最重要的学习动机是"变美"。主妇们似乎认为"变美"更能为她们争取到在家庭中的合法地位，以及与男性谈判的话语权。"黄脸婆""人老珠黄"这些形容，都暗示了主妇对当前状态的不满。她们认为自身的人生价值与社会价值没能实现的原因，首先是容貌，其次是经济。主妇YXQ（23岁，3年主妇，1个孩子）说：

> 如果老公对你好，为家庭牺牲自己的事业是可以理解的。我才结婚几年就这样，以后日子那么长怎么办，难道要去给人家做一辈子的保姆。我就是要像校长和老师们一样，光鲜美丽自由自在，想做什么就做什么。不仅不被老公管教，还能反过来教训他们，你美了他还能放心你一个人待着？

虽然结婚时间不长，YXQ还是很快就意识到自己不想给丈夫一家"做一辈子的保姆"，她想要通过变得"光鲜美丽"来获得"自由自在"，从而"不被老公管教"，甚至还可以"教训"对方，相信只要提升外貌、改变形象就能为自己带来自由与权力。这样不仅能改善家庭地位，还能得到丈夫全天候的"无条件关注"，随时注意不让她"一个人待着"。但YXQ并没有意识到自己要通过"变美"才能得到的"自由"与"话语权"仍然是男性所给予的，而这种看似能跟对方叫板的"权力"也并不意味着自由。

与高学历主妇不同，流动主妇并没有很明确的意识去表达压迫自己的究竟是什么。由于社会对全职主妇的认同度普遍较低，并且她们常常得不到家庭成员的理解和支持，主妇学员同样也深刻体会到了在家里所受到的不公正待遇，并萌生了想要改变现状并获得自主权的想法，她们希望能成为像丈夫那样"自由"的人。如班长所说，班里的其他同学跟我也差不多，都是当妈妈的人了，还不能做自己喜欢的事情。趁现在还年轻我才要改变自己，还有机会。主妇只知道很多事情"不能做"，并不明白到底是什么束缚住了自己。针对这样的迷茫，机构为她们提供了答案和出路，因为她们都"还年轻"，还有机构指明的"变美变富"的"机会"。机构的招生广告所描绘的"变美、有钱、独立"的形象，之所以能够抓住主妇的眼球，是因为她们被美妆培训所建构的"独立女性"这个美好前景所吸引，希望能通过参加培训获得经济独立，同时通过提升形象与经济独立来改变自己在家庭中的弱势地位，这是主妇们对家庭中父权制压迫的一种反抗。但这也将女性反复置于男性凝视之下，进一步巩固了父权制的结构。

（二）在机构的"思想开悟"之旅

机构一周上五天半的课，周六下午与周日休息。课业虽然繁忙，但学员随时可以请假与休学，这一点对于要兼顾家庭的主妇来说尤为重要。所有代课老师包括校长，每天只能穿着黑白两种典型职业装的颜色，且必须化妆上班。她们在成为老师之前，也是该机构在各地分校的学员。除了学技术之外，机构时常训练学员仪态要落落大方，表达要优雅自信，待人接物要热情。每隔一段时间，机构就会举办成功人士的展演活动，即董事长宣讲与王牌化妆师讲座。董事长与王牌化妆师两位皆为40岁左右的男性，宣讲内容一般分为企业的创业历程、个人的创业故事，接着是其他分校的校长或老师的经历分享。课程内容多是鼓励大家跟其一样，只有学好技术，先变美后变富，才能在家庭、社会以及事业上拥有话语权，获得他人的尊重与认可。

董事长与王牌化妆师的认可对主妇们的"思想开悟"起到了很大的激励作用，主妇SCF（24岁，5年主妇，1个孩子，已离异）不止一次地感叹：

>我要是能早一点听到（宣讲的）这些话就好了，董事长说得对，男人就是比较现实，要想他对你好，除非你比较优秀。学校有很多跟我情况差不多的同学，最后都被老公抛弃了。

SCF认为得到尊重与认可的原因，是也只能是因为自己"优秀"。想要男性"对你好"就要更优秀（够美、够富），否则还是可能会"被老公抛弃"。虽然需要付出努力的是自己，但能将自己从苦难中拯救出来的人却是丈夫。而所谓的变优秀，首要的就是提升自己的外貌和形象，因为这是"现实"。"早一点"说明SCF之前并未考虑过这样一条"独立"的出路，也许她以为这套论调是因为自己常年封闭在家而无缘接触，事实上这是父权制与消费主义合谋的结果。每次宣讲结束之后，很多主妇都会纷纷表示，董事长作为一名男性都这么说，我们怎能再执迷不悟。不能再逆来顺受委屈自己，要学习改变。能否通过"变美变富"获得成功这点，光是女性成功人士如此说还不够，男性的认同起到了更根本的激励与验证作用，毕竟男性的"他"更能代表"他们"。

除了日常教学与成功人士的展演之外，每年还会有一场最盛大的活动——年度酒会，一般在8月底举行。这一天会要求所有学员进行作品展示，并且可以邀请自己的亲朋好友来参加，参加的亲友还能得到机构的周边产品（比如印有机构logo和标语的马克杯）作为礼物。因此，这是能让所有主妇们最直观证明自己的一天，通常提前一个月就会火热地准备起来。每天下课后，主妇就会主动积极地开始排练节目，为了能把自己最好的一面在酒会当天展示出来。酒会还会为优秀作品举行一个颁奖典礼，校长会亲自颁发证书和奖杯，让主妇在亲友面前挣足面子。在这里，主妇们似乎找到了自己存在的价值，获得了久违的认可与尊重。至少在这样的场景中,尚且不能明显看到"经济独立"这个收益点,更多的是成功"被他人凝视"的美妆展演。如拉康所说,这种被人所欲望的欲望就是社会性别的建构、男女关系的基础。比如,女人的女性性别角色是特地为燃起男性欲望而编排的表演(转引自柏棣,2007:213)。

主妇 YF(28 岁,8 年主妇,2 个孩子,已离异)作为一名单亲妈妈,为了能更快地进入人生新阶段,在家里安装了监控,有时没带孩子来上课,她就会一边上课一边通过手机全程关注孩子在家的状态,还会让大女儿去幼儿园接小女儿放学。她说:

> 在老师们的影响下我的状态比以前好多了,感觉这里的人都特别好,还是女人最体贴女人。我现在比以前漂亮,有好多人追我。女人还是要独立,男的都靠不住。我前夫看到我现在状态不错,还想复合来的,哼!

YF 将前夫的"靠不住"归咎于自己的形象问题,因此想要在亲密关系中重新掌权的方式就是她必须要"独立"起来。自己变漂亮后,众多的追求者又进一步强化了她的这个信念,她相信只要能一直"比以前漂亮",收获更多男性的目光就能获得自主权,更重要的是得到拒绝前夫的"权利"。单亲妈妈抚养两个未成年孩子的艰辛常人难以想象,从 YF 的口气也可以看出她对前夫"抛妻弃子"的不满与怨气。YF 表示,之所以有底气拒绝前夫复合的要求,主要是因为自己已经获得了更多追求自己的男性。她坚信前夫复合主要是为了"变美"的自己,并不是为了她现在的收入或者两人的孩子,而这一切都少不了"老师们的影响"。

"思想开悟"后的主妇仍然难以放弃通过顺从男权凝视而可能获得的奖赏,比如男性的认可与爱情。因此有研究者指出,许多和美容相关的广告,其战略是提醒或暗示女性,她们的身体是有缺陷的。妇女被教会在男人的凝视下生活,成为男性凝视的恰到好处的对象。女性和身体的战争总是周而复始,无穷无尽。只需要一个凝视,每个人就会在这一凝视的重压之下变得卑微,使她成为自身的监视者。父权社会建构了女性的身体,女性在无意识中会顺从规范从而获得奖赏(得到赞成、提升,甚至爱情),这是界定她们的自我个性的身份认同(沈奕斐,2005:157-167)。

(三) 男权凝视下的女性价值

从生活上看，有不少主妇提到了自己比以前会打扮，更"放得下"孩子，而且开始尽可能多找机会待在外面，以避免与其他家庭成员产生过多摩擦。主妇 WXP（26 岁，4 年主妇，没有孩子）刚流产便来上课了，其他有经验的主妇急切地告诉她流产也要坐小月子，建议她回家休养。她无奈地回答：

> 在这里我还能得到家人们（机构里对老师和其他学员的统称）的关心，我如果在家不仅会被我婆婆骂，还会被逼着做家务，以前我还以为我只要做个好妻子、好妈妈就能得到他们的认可。现在看来我错了，我吵不过他们家，来这里我就是休养。没事，就让我这么待着吧。以前我老公都不怎么正眼看我，我现在漂亮多了还能强迫他干点事，他对我好像比以前好一点，等以后我有钱了应该会更好吧。

WXP 认为自己因为"漂亮多了"而得到丈夫的"正眼"。对美妆的消费都有了回报，如果以后"有钱"还能锦上添花。同 YF 一样，逃离家庭的主妇，本身就是一种无声的反抗。为了改善自己的社会地位与家庭地位，主妇们做出了不懈努力。虽说主妇报名学技术是为了自己"自由"的未来，但还是难逃需要男性认可这一点，她们在言语间都提到了之所以想要获得丈夫更多的关注，是为了能在男性面前拥有更多主动权，而非完全考虑个人事业发展。

从思想上看，主妇们都提到自己变得更有决断与勇气，并且拓宽了实现自我价值的认可维度。以前把相夫教子看作唯一准则，但没有得到家庭的认可，这从机构得到了新的解释，那就是自己不够漂亮，也不够富有。并且所有人都能从其他学员身上看到"变美"之后所带来的收益，前夫想要复合或者追求者增多。男性的目光与认可，在自我价值的实现中至关重要。然而，真的只要走出家庭去工作，女性就能获得独立吗？对于这种"就业解放女性"的号召，贝尔·胡克斯批评道："女权主义者声称，走出家庭去工作是获得解放的关键。但在很多情况下，她们是在为维持'不再单单依靠男人的收入来供养她们'的中产阶级的生活方式而奋斗。"（胡克斯，2001：112-113）

对于想要从家庭后台走出来的主妇来说，培训机构建构了一个"温暖的家"，即便机构如此规划的目的只是招揽更多的学员前来报名：不仅同学都是同性，更能了解自己的处境，且待人接物十分友好。培训机构所建构的家园文化，也的确为主妇们提供了一个家庭之外的避风港，并且这里有她们在家中难以获得的温暖，因此她们对机构有很强的信任感和认同感，非常认同机构所灌输的一套观念。培训机构的"独立女性"话语，利用男权凝视的话语，打着"独立女性"的旗号，合理化女性目前所处的社会地位，即女性在家庭中没有地位是因为"不美""没钱"等等。这套话语看似是在呼吁女性走出家庭通过就业来解放自己，实际是拒绝询问女性在公共领域的价值，仍将女性的价值局限在家庭中。

（四）美貌、母职与事业的多重压迫

关于对女性独立的理解，班长 LYM 回答：

> 我觉得独立就是要在老公和公公、婆婆这些人面前能说上话，免得他们总觉得你笨头笨脑的什么都不会。最重要的是让老公对你刮目相看，我现在在他面前已经能说上话了。所以让自己变漂亮和挣大钱是非常重要的，优秀了才有底气，我的那些姐妹都很羡慕我。

说到女性独立，除了方法是"学技术"、途径是"变美变富"外，都提到了丈夫以及其他家庭成员的看法，其中丈夫的态度至关重要，因为"最重要的是让老公对你刮目相看"。"笨头笨脑""优秀""刮目相看""说上话""羡慕我"无一不是在他人眼光中呈现的自己，其中每一条都少不了男性的视角，即便是在姐妹羡慕的目光里，她们羡慕的也是那个在丈夫面前有"话语权"的自己。不少学员聊到对自己另眼相看的丈夫时，会略带报复性的口吻，觉得自己俨然是个胜利者，全然没有察觉到这种胜利其实是由对方决定的，男性仍然掌控一切。机构声称美妆行业能让她们"变美"又"变富"，从而摆脱被"忽视"的苦海，成功获得关注，通过取悦男性来实现自我价值。同机构的校长与老师一样，不少主妇非常乐于现身说法，向他人展现自己的蜕变，成为刺激他人"渴望被凝视"的活广告。让更多的主妇心甘情愿地参与美妆消费，披上"独立女性"的"精神画皮"。

社会呼吁女性要一边兼顾家庭一边走出去工作。媒体报道的事业有成的时尚辣妈形象，刻意忽视了家务劳动背后的艰辛与混乱，向女性展示了美貌、母职、事业多重压迫的形象，并倡导这是所有女性都应追求且平衡好的生活。男性可以不注重外貌，只负责挣钱养家，而女性从来都不可以。培训机构顺应时势，在"努力就能改变人生"的说辞下，把不平等地位归因于外貌并对她们进行强化，并将其延伸解释为缺乏对男性凝视的追求。

主妇在接受了机构的"独立女性"话语后，不仅要做好全职主妇的工作，还要同时兼顾家庭和事业。学员在机构里最多只待一年多，所以无法追踪是否所有人都在"变美变富"后"重获新生"。但根据仍有联络的主妇反馈，在培训机构的学习阶段其实才是她们最幸福的时光。美甲班毕业的学员的确有不少人自己开了店开始挣钱，经济上变得更独立，同时因为职业要求每天都可以"美美的"带妆上班，成为姐妹圈里人人羡慕的辣妈。然而她们无法回避的问题是孩子依然要带，丈夫也未必都"浪子回头"，且所承受的工作压力远不是培训阶段的学习压力可以相提并论的。她们想要通过自己的努力让下一代摆脱与自己相同的命运，很难说自己一直梦寐以求的"下一阶段"，不会是《回归家庭》里的那些高学历离职妈妈。培训机构建构了一种"家庭事业双丰收"的新女性形象：自信迷人并且能够兼顾家庭和事业，鼓励主妇都要以这种优秀的"平衡型"女性形象为目标。这套"独立女性"的话语导致她们面临多重压力——女性不仅要履行好母职，要拥有美貌，同时还要能赚钱，这套新女性形象实际上是父权制和消费主义共同作用的结果。

四 结论与讨论

本文基于西南地区某化妆美甲培训机构的田野调查，关注流动家庭中的低学历全职主妇，试图借用凝视视角来揭示媒体与商业机构所大力推崇的女性独立价值观，其实是父权制与商业化的消费主义意识形态共同作用的一种结果。商业机构借用"独立女性"话语的外壳建构了一套消费主义意识形态，逐步诱导主妇对美妆消费产生认同与渴望，以此吸引学员前来报名培训。在此过程中主妇反而被裹挟进消费主义与男性的凝视中。此类"独立女性"价值观，打着女性独立的旗号，利用男权凝视，合理化女性所处的不平等地位，将其只归因于外貌因素。同时，这套话语导致女性面临多重压力，即女性不仅需要履行好母职，还要拥有美丽的外貌与赚钱的能力。

受到父权制的压制，主妇被美妆培训所建构的美好前景所吸引，希望通过参加培训获得美貌与经济独立来改变自己在家庭中的弱势地位，这本身是对父权制的一种反抗。主妇从家庭之外找到了新的"归属"，在这个过程中加速了自己的城市社会化进程，从而更好地适应迁移目的地，融入当地生活。对于需要兼顾家庭的主妇来说，相比于其他高压工作（工厂打工、送外卖等），进入美妆行业或许是她们最好的选择。但与此同时，她们也一直处在想象中的他人凝视中，认为变美的首要目的是从与男性的交往中夺回话语权，但又不自觉地认可了这种"需要通过取悦男性来达成目的"的方式。

在凝视的想象中，主妇无意识地将自己规训于男权的规范之下，渴望成为"被他人所欲望"的人，巩固了"为了能在两性关系中拿到更多话语权，女性就必须要增加求偶资本"的逻辑。从家庭后台挣扎着走出来的主妇，又心甘情愿地帮助"想象中的他人"，共同描绘着美妆的"精神画皮"。各种各样的化妆美甲机构之所以能以如此迅猛的速度进行扩张，是因为它们成功打造了一个凝视的想象世界：被他人所凝视，也通过凝视他人而想象"自我可以被如何凝视"。

从更宏观的层面上看，培训机构在个体层面上帮助流动主妇加速进行了身份重塑，提高她们的市场劳动力价值，并在群体层面上起到了帮助流动人口完成城市社会化的推动作用。同时这些机构的兴起，巩固了"女性都应追求凝视并喜爱被凝视"的看法，为物化女性的环境培育了继续生根发芽的土壤。本文所关注的低学历流动主妇，其实都是些坚强又乐观的女性，她们一直在摸索如何对自己所遭遇的不平等待遇进行反抗，并为此做出了不懈的努力。然而对于努力进阶以追求更好未来的她们来说，等待她们的又是什么呢？

参考文献

沙尼·奥加德，2021，《回归家庭？家庭、事业与难以实现的平等》，刘昱译，桂林：广西师范大学出版社。

柏棣，2007，《西方女性主义文学理论》，桂林：广西师范大学出版社。

陈琼璇，2014，《社会工作对城市"全职妈妈"角色失调的介入探索》，郑州大学公共管理学系硕士学位论文。

贝蒂·弗里丹，1999，《女性的奥秘》，程锡麟、朱徽、王晓路译，哈尔滨：北方文艺出版社。

国务院第七次全国人口普查领导小组办公室，2021，《2020年第七次全国人口普查主要数据》，北京：中国统计出版社。

贝尔·胡克斯，2001，《女权主义理论：从边缘到中心》，晓征、平林译，南京：江苏人民出版社。

刘金丽，2017《外来家庭全职主妇的社会工作服务研究》，江西财经大学人文学系硕士学位论文。

沈奕斐，2005，《被建构的女性：当代社会性别理论》，上海：上海人民出版社。

伯娜德·维根斯坦，2021，《美妆的凝视：如何改造身体与构建美丽》，张小平译，北京：中国工人出版社。

保罗·威利斯，2012，《学做工：工人阶级子弟为何继承父业》，秘舒、凌旻华译，南京：译林出版社。

吴颖，2012，《"看"与"被看"的女性——论影视凝视的性别意识及女性主义表达的困境》，《浙江社会科学》第5期。

严世趁，2012，《现代都市家庭主妇家庭地位研究》，中国青年政治学院社会工作学系硕士学位论文。

杨先顺、潘莹耀，2012，《被凝视的女权奇观——后现代视野中的女权广告解读》，《现代传播（中国传媒大学学报）》第2期。

尹木子，2016，《女性主妇化的影响因素——基于中国社会状况综合调查数据的研究》，《人口与发展》第1期。

朱晓兰，2011，《"凝视"理论研究》，南京大学文学博士学位论文。

Bühlmann, F., Elcheroth, G., & Tettamanti, M. 2010, "The Division of Labour among European Couples: The Effects of Life Course and Welfare Policy on Value-Practice Configurations", *European Sociological Review* 26（1）.

（原载《中国青年研究》2022年第6期）

并家模式下的家庭权力重构及其实践逻辑

——基于苏南农村的并家经验考察

纪 芳[*]

摘 要 苏南地区的并家对传统父权制结构造成冲击的同时，也重塑了新的家庭权力结构，并直接影响子代小家庭的发展。并家作为一种双系婚姻策略，以满足父代纵向情感需求为导向，客观上形塑了新的父权形态。"新父权"遵循"情感—资源—权力"的实践逻辑，本质上是父代参与子家庭事务的权力，具有隐匿性和不稳定性、权力相对性等特点。"新父权"客观上破坏了小家庭的边界，对小家庭造成挤压，但其权力实践因小家庭自主性强弱而呈现不同形态。

关键词 并家 新父权 家庭权力 家庭转型 婚姻

一 问题的提出

婚姻家庭不仅是一种制度设计，更是人们的自主性实践，其实践形态受国家政策与社会发展变迁的影响。我国传统的婚姻模式是嫁娶婚和入赘婚，本质上都是男权制主导。近年来，一种被称为"两家并一家"的新婚姻模式在苏南地区流行起来，突破了由男权主导的传统婚姻模式，形塑了新的家庭关系结构。由于"并家"主要发生在独生子女家庭，因此也

---

[*] 作者现为武汉大学社会学院讲师。

被视为国家计划生育政策的产物（王琳，2019）。"并家"反映了我国婚姻模式与家庭结构的时代变迁，具有重要的研究意义。

苏南的"并家"引起了学者们的关注，并形成了比较丰富的研究成果。大体而言，相关研究主要从两个方面展开：一是关于并家的形成原因。沈燕认为"并家"的形成是出于传宗接代的需要，后者在生死之间、阴阳之间发挥重要的连结作用（沈燕，2018）。黄亚慧认为独生子女家庭作为一种资源稀缺性家庭，要通过婚姻实现家庭资源的重新分配，并家作为一种婚姻策略由此形成（黄亚慧，2012）。王会、李宽则认为苏南的并家是本地青年为了规避与外地人结婚的各种风险与维持其中产化的身份地位而理性选择的结果（王会、李宽，2017）。何绍辉对苏南并家的形成机制进行了全面系统的分析，认为其宏观背景在于独生子女政策与新型城镇化，中观机制是村庄低度分化、村民价值观念变迁以及相对封闭的通婚圈，微观基础则是维持家庭完整性的本体性需求与确保家庭养老的功能性需要（何绍辉，2019）。二是关于并家的功能影响。主要有两种视角：一种是家庭权力的视角，认为并家婚姻从家庭制度上赋予女儿继嗣与继承家产的权利，提高了女性的家庭地位，从而对传统的父权制产生不小的冲击（黄亚慧，2013）；另一种是家庭结构转型的视角，认为并家形塑了以子家庭为公共家庭联结男方和女方父家庭的"新联合家庭"（齐燕，2019），以实现子家庭彻底城市化和社会阶层向上流动，但同时也隐含着子家庭趋于啃老的可能性后果（张欢，2019）。

并家作为一种新的婚姻模式，形塑了不同于传统婚姻模式下的家庭关系结构，并对传统父权制主导的家庭权力关系造成冲击。然而，传统父权制主导的家庭权力以年长男性为权力主体，包括男性对女性的支配和年长男性对年轻男性的支配，即性别和辈分两个维度（沈奕斐，2009）。既有研究大多是从女性视角关注并家对父权制家庭权力的冲击，而忽视了家庭权力变迁的代际维度。代际父权不仅是理解并家模式下家庭权力关系的另一种视角，而且直接影响"新联合家庭"的功能发挥。"新联合家庭"能否将代际整合的资源优势转化为发展优势、发挥积极的发展性功能，很大程度上取决于父代与子代的权力关系与互动模式。经验调查发现，苏南的并家一方面通过双系婚姻实践冲击着男性单系偏重的传统父权制，形塑了平等的家庭关系形态；另一方面在并家所形成的家庭结构中，父代通过向子家庭输送资源而全方位介入和渗透到子家庭内部，甚至造成代际关系的不平等。如何理解并家模式所形成的这种悖论性现象？通过并家形成的新联合家庭是否能够整合父代资源实现家庭的发展性目标？本文基于苏南农村的经验调查，从代际父权的视角考察并家模式下的家庭权力关系，分析并家所形塑的新父权形态的实践逻辑、特征及其权力实践对子代小家庭的影响，以透视转型期家庭权力关系的微观实践。

笔者及所在团队于2019年7月5日至25日在江苏省苏州市G社区开展了为期20天的田野调查，访谈对象包括村干部和普通村民。G社区位于苏州市吴中区，是一个拆迁安置的农村社区。该社区共有本地人口8803人，外来流动人口2万多人，其中党员310人，下设8个党支部。该社区已没有土地，本地居民都是以务工为生，年轻人到附近的工业园区就业，中老年人主要从事保洁、保安、绿化等非正规就业。当地农民通过拆迁安置基本上实现了就地城镇化，但仍然面临彻底融入城市的发展性压力。由于计划生育政策执行比较彻底，当地的独生子女家庭较为普遍，并从第一代独生子女开始形成了并家的婚姻模式。并家作为当地独生子女的婚姻形式已经成为地方性共识。

二　并家与家庭权力重构

（一）并家的实践内涵

苏南农村的并家在当地也称为"两家并一家"，其字面意思就是男方与女方两个家庭随着两个年轻人的婚姻结合而合并为"一家人"，两家人的关系更加亲密。从形式上看，并家有三个方面的要求。一是婚姻结合形式上实行男不娶女不嫁，即男方不用给彩礼、女方不用置嫁妆，双方各办酒席、合买或各买新房，这是并家区别于其他婚姻形式的首要方面。二是婚后居住的流动性，即婚后的子家庭并非长期固定住在男方或女方家，一般是两边家庭各住一段时间，通过频繁流动保持男方家庭、女方家庭和子代小家庭三方之间的情感互动。三是在小孩姓氏方面，一般要求生两个小孩，一个随母姓，一个随父姓，以满足独生子女家庭姓氏延续的需求。

并家不仅是一种新的婚姻形式，而且代表一种新的家庭关系结构，重塑了传统婚姻模式下家庭成员的权利义务关系。从这个角度而言，并家不同于湘北、川西、江汉平原等地的"两头走"。尽管并家与"两头走"有某些共性特征，比如二者在婚姻形式上都是不嫁不娶且婚后两边居住，都是为了解决独生子女家庭的养老问题，都呈现双系并重的特点，因此有研究者将其统称为"并家婚"（庄孔韶、张静，2019）。但不同的是，"两头走"主要是年轻夫妇在男方和女方家庭之间不定期地来回居住以更好地解决双方父母照顾需求的流动性婚居模式（李永萍、慈勤英，2015），而不涉及对整个家庭关系结构及其权利义务关系的重塑。也就是说，"两头走"主要还是子代家庭分别与两个父家庭之间的互动，没有直接涉及男方家庭与女方家庭之间的互动；而并家所形成的新联合家庭结构则是男方父家庭、女方父家庭和子家庭三者之间的直接互动，不仅代际关系更加亲密，姻亲关系也更加紧密，三者通过紧密的情感互动形成了"一个家庭"。因此，并家有三个层面的内涵：一是男女之并，即男方和女方作为平等独立的个体组成新的家庭；二是父家庭与子家庭之并，即并家所形成的新联合家庭通过代际合力实现家庭的发展性目标；三是男方家庭与女方家庭之并，即男方父家庭和女方父家庭对子代小家庭进行相对等量的资源投入，从而平等参与小家庭互动，并通过情感融合实现"两家并一家"。

（二）并家模式下的家庭权力结构与特征

苏南地区的并家作为独生子女家庭解决养老和家系延续的一种婚姻策略，是计划生育政策的衍生物，这已经成为研究者的共识。独生子女尤其是独生女家庭的出现赋予女儿新的权利义务，并相应地改变了年轻女性在家庭中的角色地位。年轻女性地位的凸显形成了双系并重的婚姻家庭形态，并对男性单系偏重的传统父权造成一定的冲击。从性别的角度说，并家确实改变了传统男权社会下各种不平等的关系形态，尤其是夫妻关系。然而，女性角色地位的凸显并不必然意味着父权的没落，或者说并家这种新联合家庭的结构为父权保留了某些生存空间，使后者能够以隐匿的形态存续。从某种程度上说，并家重构了一种新的父权形态，即双方父代通过对子家庭进行持续性的资源输送获得参与子家庭事务的权力，以尽可能获得子代更多的情感回馈。但与传统父权不同的是，"新父权"的目的在于满足父代的纵向情感需求，而非主导家庭的资源分配，因而具有与传统父权不同的特点。

1. 形式上具有隐匿性和不稳定性

父权制是传统中国农村社会家庭权力结构的主要形态，其突出特点是集中和专制（郝亚光，2008）。传统的父权是家庭成员都可以感受到的公共权力，并通过一系列伦理纲领和行为准则为其"保驾护航"，如"夫为妻纲""父为子纲""三从四德"等，因而具有较强的稳定性。相比之下，"新父权"则是一种隐匿的存在，它渗透在家庭的日常生活当中，而且是以代际支持这种温情脉脉的方式展现出来，尽可能不让家庭成员尤其是年轻子代感受到这种权力的存在。因此，父代作为新联合家庭名义上的"大家长"，其权力地位并不明显，无法公然对家庭事务做出决策并要求强制执行，而只能通过生活上细致入微的照料将其作为家长的意志和角色身份融入子家庭中。同时，在子代发展主义话语的主导下，家庭资源配置与家庭成员的行动逻辑都必须服务于子代的发展性目标，"新父权"缺乏相应的伦理保障，因而具有不稳定性。

2. 以资源投入为基础形成的相对权力

从产生方式来看，"新父权"不是以年龄和辈分为基础所形成的绝对权威，而是以充分的资源投入为基础形成的相对权威。实际上，随着市场经济的发展、社会分工的精细化以及社会保障体系的完善，由父权主导的家庭权力结构逐渐被打破，家庭内部呈现平权化的特点（亢林贵，2011）。与此同时，老年人的家庭地位日渐式微，甚至被边缘化（郝亚光，2011）。因此，随着家庭关系民主化，家庭内部实际上没有绝对的权力主体。在这种情况下，父代要重新获得其在家庭中的权力地位（即便这种权力不具有实质上的意义），就必须投入更多时间、精力和资源参与到以子家庭为核心的家庭发展上，以获取子代对其在家庭中的角色功能和地位的认可，从而成为子家庭内部分工体系中不可或缺的一环。因此，"新父权"服务于子家庭的发展性目标，是作为年长者的父代为子代提供支持的逻辑，而非控制家庭成员的行为规范以维持家庭秩序的逻辑。"新父权"不是一种绝对权力，而是在父代相对于子代资源优势基础上所形成的相对权力形态，当父代不具备这种资源优势时，"新父权"就面临消解的风险。

3. 以获取情感反馈为目的

"新父权"以满足父代的纵向情感需求为目的，而非通过权力行使分配家庭资源和维护家庭内部的公共秩序，这是"新父权"区别于传统父权的重要方面。从这个角度而言,"新父权"不是一种公共权力,而是以父代的主体性需求为导向的私人权力形态。在实践中,"新父权"的主体是双方父家庭,这就意味着其中一方不可能获得子家庭的全部情感资源。但父代也清楚地意识到子代所给予的情感反馈总体而言与父代的资源投入具有高度相关性。父代通过向子代提供尽可能多的资源支持,最大限度地参与子家庭的发展过程,甚至与子家庭融为一体时,父代与子家庭的互动最为频繁,从子家庭中所获得的情感资源也最多。因此,对父代来说,他们希望在参与子家庭发展的过程中重新感受家庭的温情,而不会因为子代成家后忙于家庭生活和工作而被子代所抛弃和遗忘。

三 "新父权"的实践逻辑

并家的一个主要目的是解决独生子女家庭的养老问题。这里的养老,具体而言,不是对父母的经济支持或生活照料,更多是一种情感需求。苏南地区工业经济发达,中老年人可以获得充分的非正规就业机会,比如保洁、保安、绿化等,每个月有 1000~2000 元的收入。同时,当地农民因征地拆迁获得相应的社保和安置房补偿,拆迁安置一般可以补偿三四套房,多余的房屋可以用于出租。因此,当地老年人的养老资源相对充裕,基本上不需要子女给钱,他们甚至会把务工和房屋出租所得收入用于支持子代。对父代而言,他们更需要的是与子代的情感互动,是一种纵向的情感需求。在独生子女家庭中,子女作为家里唯一的小孩,都是父母的"心头肉",在长期的生活中父母与子女形成了难以割舍的感情。对父母而言,他们最不能接受的不是老了没有人照顾,而是子女成家后没有人说话、交流而成为"空巢老人",尤其是女方父母。"过去家庭子女多,女儿嫁了还有儿子,(女方)父母也不会感到空落。现在都是独生子女,女儿嫁出去,女方父母就会很寂寞。同样,若男方上门到女方家庭,男方父母也不能接受。并家的方式方便两边走动,双方都愿意。"因此,父代的纵向情感需求是推动并家的一个重要因素。

然而,并家不能确保双方父代能从子家庭中获得平等的情感资源反馈。子家庭作为一种具有稀缺性的公共资源,要同时与双方父家庭保持情感互动,承担双方父母的养老责任,这就意味着每一方的父母都要与对方争夺有限的养老资源。由于这种养老资源主要是情感性的,体现为子代身体力行的日常实践，因而具有强烈的主观性和不稳定性。也就是说，当父代为子代提供的资源和帮助越多，与子代互动越频繁，就越可能获得子代更多的情感性资源。父代与子代甚至孙辈的感情更加融洽，在情感互动上也就更加自然和顺畅，情感性需求就更可能得到充分的满足。反之，若父代不能为子代提供充分的资源支持，子代就会将更多的时间和精力投入到市场竞争中，与父代的互动会相应减少，情感交流也会减弱，久而久之关系也就可能变得疏远了。所以，在男女双方家庭经济实力相当的情况下，双方父代都会不甘示弱，尽可能为子家庭提供更多的资源支持。

双方父家庭通过向子家庭提供持续性的资源支持满足其纵向情感需求，同时也高度参与了子家庭的经营和发展过程。苏南地区父代对子家庭的资源支持主要体现在三个方面：一是提供住房。住房有几种形式：条件好的双方父母分别给各自的子女买一套房；条件一般的就把家里原来的房子装修，年轻夫妇若要买房，双方父母各出一部分资金；条件差的就用家里的房子。G社区由于拆迁安置，农民户均都有几套安置房，所以普通家庭并家后都是用安置房，少数家庭条件比较好的会买商品房。二是帮忙带孙子。如果有两个小孩，一般是双方的母亲同时照顾；若只有一个小孩，则根据双方家庭的条件以及父母的职业进行灵活选择，父母一般都会积极配合。三是日常生活方面。子代一般会根据工作需要、小孩上学以及家庭条件等方面综合选择住在男方或女方家，周末时再去看望另一方的父母。子代住在哪一方，其日常生活的成本以及洗衣、做饭、打扫卫生等家务事基本上是由这一方的父母承担。父代承包了子代所有的"后勤事务"，子代只需负责工作上班。除了工作，父代几乎参与了子家庭事务的所有方面，资源投入较多的父代相对于另一方在以子家庭为核心的家庭共同体中就获得更多话语权，同时他们也相应获得年轻子代的依赖和需要，从而在小家庭中获得无形的权力地位。这种无形的权力地位使他们更容易获得子代的情感反馈，在小家庭事务处理方面游刃有余，解决了子代的后顾之忧，使子代能够全身心投入工作和发展事业。

四 "新父权"的权力实践及其对小家庭的影响

在并家模式下，双方父代通过向子家庭投入尽可能多的资源，最大限度参与子家庭的发展过程，增加与子家庭的互动，获得子代的情感回馈，同时也在客观上形塑了双方父代在子代小家庭中的权力地位。伴随代际支持不断增强、纵向情感关联不断强化、父代资源不断流向子代小家庭的同时，小家庭的边界也不断受到原生家庭的破坏，进而影响家庭发展性功能的实践。然而，当小家庭具有较强的经济能力与自主性时，能够对父代的权力渗透进行回应，并有效吸收与整合父代资源，服务于小家庭的发展性目标，从而消解了"新父权"的权力实践。当小家庭经济能力和自主性较弱时，难以抵挡来自父代的权力资源渗透，子代与父代的资源依赖会强化父代在新联合家庭中的权力地位，并造成小家庭的不稳定与生存危机。因此，子家庭的自主发展能力直接影响"新父权"的权力实践，进而影响小家庭的发展乃至维系。

（一）强父弱子与小家庭的生存性危机

并家通过不嫁不娶在一定程度上保留了双方原生家庭的完整性，为双方父代提供了参与小家庭事务的机会和空间。由于双方父母在小家庭中有着相对等量的资源投入与平等的权力地位，双方都与小家庭建立了平等、自然的情感互动模式，可以很容易地参与和介入小家庭事务。这就很容易造成两个大家庭对小家庭的挤压，尤其是在小家庭经济能力不强、自主能力比较弱的情况下，会使小家庭面临生存危机。在高度城镇化的苏南地区，农民生活高度市场化，家庭再生产的成本大大提高。当子代收入水平不高时，就很容易对父代产生资源依赖，这就会强化父代在小家庭的权力地位，子代就会更加依赖父母，认同父母的安排。同时，子代的依赖和认同会不断强化父代对小家庭的参与和介入。当父代对小家庭进行事无巨细的介入时，小家庭的自主能力被消解，小家庭受到两个大家庭的拉扯，最终难以为继而走向分裂。

案例1 小蒋今年26岁，是G社区的一名办事员，于2019年5月完婚。老婆是隔壁小区的，通过邻居介绍认识，谈恋爱两三个月就结了婚。夫妻二人都是独生子女，所以实行并家。两家的家庭条件相当，都是拆迁安置户，也算是"门当户对"。小蒋家有四套安置房，其中两套出租，房租归父母，其余的两套，一套用于父母住，另一套用于小蒋夫妇住。女方家也有两套安置房，其中一套出租，房租归女儿；另一套用于小蒋夫妇回去的时候住（女方母亲去世，父亲则住一楼车库)。由于两家隔得很近,而且两边都有房子,所以他们平时可以想住哪边就住哪边。如果在男方家住,小蒋夫妇就和父母住一起,家庭生活开支都由父母承担,洗衣、做饭等家务事也是由父母处理,他们就可以过得很轻松。如果是在女方家住,他们就可以有自己的单独空间,但由于二人的独立性比较差,都不会做家务,所以经常出去吃饭。但是小蒋说还是更喜欢住老婆家,这样可以有他们自己的独立空间,一些小事不用被父母知道,也不用他们管那么多,自己可以处理。

在经济方面,小蒋夫妇二人的收入都不高,还需要父母支持。小蒋在社区工作,每个月只有3000多元收入。老婆婚前在奶茶店打工,现在怀孕也没有工作,每个月只有1800元的房租收入,平时她父亲也会给一些(她父亲在派出所上班)。而小蒋婚前买辆摩托车贷款9万多元,用结婚的礼钱还了3万多元,还欠6万多元,现在小蒋每年要从工资中抽取1万~2万元用于还款。所以他们小夫妻基本上没有余钱,生活开支完全是由父母承担。

在家庭事务决策上基本上以父母的意见为主。小蒋说:"大事要以父母的意见为主,不能气他们。他们把我养大不容易,让他们哭死哭活不好。结婚也主要是出于考虑父母的感受,相亲结婚算是给父母一个交代,差不多就可以了。"

在感情上,由于小蒋与老婆是通过介绍认识,而且很快就结婚,两个人没有对性格经过完全了解,感情基础不牢固,婚后经常因为性格不合、生活习惯不同等闹矛盾,吵架了双方父母都会帮忙调解。小蒋有时候会因父母管得太多而感到烦躁,"最烦他们问工作的事、生活的事、感情的事,感觉自己长大了,但在他们眼里还像个孩子,还说我乱花钱,管得太细了……"但小蒋也意识到"如果两边父母都不管,自己的婚姻可能也不会维持这么久"。每次感情不和的时候,小蒋和老婆就"各回各家",他认为这是最理想的居住模式。(来自G社区的访谈记录)

由此可见,当小家庭经济能力比较弱、自主性不强时,会形成父代对子家庭的强干预以及子家庭对父代的强依赖。父代不仅在婚前对子代进行婚恋上的干预(如安排相亲),而且婚后承担子代的基本生活与孙辈抚育责任，导致子代的家庭责任意识没有充分成长起来，也相应缺乏承担家庭责任的能力。基于对父代资源的习惯性依赖，子代很难从父代的资源结构和话语权力中解脱出来，导致小家庭缺乏自主经营能力，纵向的代际情感过于发达，并造成对横向夫妻情感的冲击。当小夫妻的情感难以维系，小家庭也就面临瓦解的风险。正如一位受访者所言，"儿子、媳妇能挣钱，能力强一点，可以（把父母的干涉）挡回去，就没有关系；能力弱的，家庭由父母主导，就会出问题"。

（二）强子弱父与小家庭的功能性整合

并家作为苏南地区农村一种新型的婚姻策略，主要有三个方面的功能：一是传宗接代，二是满足父代的情感需求，三是形成以子家庭为核心的家庭资源聚集。从父代的角度来说，父代通过向子代提供支持和帮助获得子代的情感反馈。但对子代而言，父代将大量时间、金钱和精力投入子家庭，为子家庭提供了潜在的资源优势。并家为子家庭所创造的潜在资源优势能否转化为发展优势，关键在于子代的自主性能力及其发展性意识。当年轻子代具有较强的经济能力时，小家庭自主性得到充分发育，具有较强的自主决策能力与承担家庭责任的能力，年轻子代而非父代成为家庭的核心。子代具有较强的发展性意识、明确的发展性目标和较强的发展性能力，从而能够突破父代大家庭对小家庭的权力结构，并整合父代资源服务于小家庭的发展。

案例 2 顾某，58 岁，有一个女儿，通过并家结婚，有了一个小孙子。女儿是苏州大学本科毕业，现在某机场担任管理岗位；女婿是南京工业大学毕业，做消防工程，夫妻俩的收入水平都很高。女儿他们家现在有一辆宝马汽车、两套商品房，平时主要是住在顾某家（顾某因拆迁安置了一栋小别墅，精装修后与商品房差不多），也会经常去看望男方父母；男方父母有时间也过来看望孙子。逢年过节双方父母和女儿女婿一家都要聚一下，过年也是两边轮流。

小外孙今年 11 岁，从小就由顾某夫妇照顾（由于男方父母年龄比较大，女婿不放心让他们照顾小孩），现在读小学五年级，在全苏州市最好的小学——苏州市实验小学就读。顾某的妻子（已退休）负责专职照顾小孙子，包括上下学接送、买菜做饭和打扫卫生。而顾某则在附近某工厂做基建维修，每个月收入8000多元。平时生活开支基本上由顾某承担，他们的主要任务就是照顾好小孙子，"孙子做作业的时候，我们不能看电视，屋里不能有声音，万一影响他学习。他写作业时，我们就在旁边陪着，看报纸，督促他"。小孩教育以及买房买车等大额开支则是由女儿夫妻俩自己承担。虽然女儿每天晚上都会回来，但是基本上没有时间教育孩子，女婿的工作也很忙，隔段时间才回来。总之，女儿和女婿的精力主要是在工作和事业上，只有放假时才有时间陪孩子。顾某说他们的生活中心就是小孙子，"现在一切都要围绕小孩转，没办法，这是必须的！一切为了小孩，其他都要让步，我们就是要做好后勤保障"。

在感情上，女儿和女婿是自己谈的，感情不错。"虽然女婿很忙，但是对女儿很好，每次回来看到他们俩开心，我们就满足了。"所以顾某基本上不会过多介入女儿的感情，"原则上不干预，即使有小事情也只是说女儿，要促进他们的感情。小家庭和睦大家庭才能好"。（来自G社区的访谈记录）

因此，当子代经济能力比较强时，他们就有能力承担家庭的事务和责任，父母也相信他们有足够的能力，所以不会管得太多。即使父代参与过多，也会被具有较强自主性的年轻子代挡回去，从而避免父家庭对子代小家庭权力地位的替代以及对子家庭自主性的消解。子代围绕其核心家庭的发展性目标，在更大范围内对家庭的劳动力资源进行整合与优化配置，形成精细化的分工体系，使每个人都成为家庭发展齿轮上的一颗螺丝钉，从而最大限度地释放家庭发展能量，以实现家庭的发展性目标。同时，以子代为核心的家庭情感互动促进了家庭和谐，成为小家庭发展的推动力和润滑剂。

五 结论

并家作为苏南地区农村兴起的一种婚姻模式，形塑了与传统婚姻模式下不同的家庭结构与家庭权力关系。作为一种双系婚姻实践，并家因女性地位提升所形成的双系并重对男性单系偏重的传统父权造成一定冲击，使家庭关系更加平等和民主化。但并家作为独生子女家庭满足父代纵向情感需求的方式，客观上也重塑了新的父权形态，即父代通过对子家庭进行持续性的资源供给获得参与子家庭事务的权力。尽管"新父权"不是一种强制性权力，而是以温情脉脉的方式向子代提供持续性的资源支持，但"新父权"客观上使父代更多地参与子家庭并使子家庭更加依赖父代，导致子代小家庭的边界不断受到原生家庭的破坏，双方父代的权力渗透造成对子代小家庭的挤压。子代小家庭根据其经济实力以及自主性的强弱对"新父权"做出不同的回应，形塑了两种不同的权力实践与家庭发展形态。由此可见，并家对家庭权力结构的重塑不仅是指家庭关系逐渐平权化，而且是指传统父权制主导下的家庭权力关系逐渐解体。从代际父权的角度看，以并家为基础的家庭现代化实践形塑了另一种父权形态，丰富了对转型期家庭权力关系的认识。

参考文献

何绍辉，2019，《论"两家并一家"婚居模式的形成机制》，《中国青年研究》第1期。

黄亚慧，2012，《独生子女家庭的资源稀缺性与婚姻形式》，《广东工业大学学报》（社会科学版）第4期。

黄亚慧，2013，《并家婚姻中女儿的身份与地位》，《妇女研究论丛》第4期。

郝亚光，2008，《家庭权力结构：从垄断到平权——劳动力社会化对农村家庭权力结构的冲击》，《华中师范大学研究生学报》第2期。

郝亚光，2011，《孝道嬗变：农村老人家庭地位的式微——以农业生产社会化为分析视角》，《道德与文明》第1期。

李永萍、慈勤英，2015，《"两头走"：一种流动性婚居模式及其隐忧——基于对江汉平原J村的考察》，《南方人口》第4期。

亢林贵，2011，《从父权到平权——中国家庭中权力变迁问题探讨》，《山西青年管理干部学院学报》第1期。

齐燕，2019，《新联合家庭：农村家庭的转型路径》，《华南农业大学学报》（社会科学版）第5期。

沈奕斐，2009，《"后父权制时代"的中国——城市家庭内部权力关系变迁与社会》，《广西民族大学学报》（哲学社会科学版）第6期。

沈燕，2018，《"两家并一家"之传宗接代的另类解读——阴间与阳间的连结》，《民俗研究》第1期。

王琳，2019，《婚姻形态与权责义务边界——基于苏南农村并家婚的经验考察》，《南方人口》第2期。

王会、李宽，2017，《风险规避与身份维持：苏南农村并家婚居模式》，《当代青年研究》第 4 期。
张欢,2019,《苏南农村的"并家"婚姻模式及其新联合家庭结构》,《西北人口》第 2 期。
庄孔韶、张静,2019,《"并家婚"家庭策略的"双系"实践》,《贵州民族研究》第 3 期。

(原载《天府新论》2020 年第 1 期)

成家:"不娶不嫁"婚姻关系下的家庭继替

——基于丽江坝区的案例分析

和文毓 刘爱玉[*]

摘 要 本文以居住安排、姓氏归属、财产权定义家庭继替的内涵,以家庭继替为研究视角,说明丽江坝区"不娶不嫁"的制度实践。研究发现,在这种婚姻关系中,年轻夫妇在双边流动居住,孙辈姓氏各随一边,夫妇以父子关系为轴心各自继承原生家庭的财产。子代的日常性流动形成了相对模糊的家庭边界,双边家庭在日常生活中难免处于博弈状态。尽管在这种婚姻实践中女性的主体性有所彰显,但新的制度安排仍是以男性继承人缺位为前提,以实现双边家庭继替为目的,婚姻的实践价值并未颠覆传统伦理,而是以新的形式延续父系家庭结构,这种婚姻关系对文化秩序可能产生的影响值得关注。

关键词 不娶不嫁 家庭继替 制度安排 传统伦理

一 研究背景与问题提出

中国的婚俗文化与社会形态、经济结构、传统风俗等息息相关,丽江

---

[*] 作者和文毓为北京大学社会学系2020级硕士研究生,刘爱玉为北京大学社会学系教授、博士生导师。

作为少数民族聚居地，婚俗具有一定独特性。不少研究和报道关注到纳西摩梭人的阿夏婚，[1] 探究了阿夏婚的起源和特征、延续的原因、背后的制度逻辑（张恺悌，1989；杨德广，1997），以及当前面临的危机和挑战（王贤全、石高峰，2019）。摩梭人的走婚制被人类学家广为传播，被大众认为是纳西族的婚俗。但实际上摩梭人的族群归属存在一定的争议，在民族识别中，国家有关部门将居住在四川盐源等地的摩梭人归为蒙古族，将居住在云南宁蒗等地的摩梭人归为纳西族，但摩梭人和纳西族的语言、服饰、婚姻习俗存在差异，摩梭人和丽江当地日常所指的纳西族是两个稍有区别的群体，摩梭人主要聚居于宁蒗泸沽湖附近（金沙江东部），而金沙江西部纳西族主要聚居于丽江坝。事实上，自明朝以来丽江坝就不断有汉族迁入，清代的改土归流更是推动了纳西族地区婚姻形态的"撕裂"式变革，丽江坝区基本实行汉式婚制，婚姻形式以男娶女嫁为主，男方入赘作为补充。

计划生育的普遍实施使得丽江大部分城市户口的家庭独子化，当这些独生子女陆续进入适婚年龄，不少家庭结合现实对已有的汉式婚俗进行了调整，"不娶不嫁"[2] 兴起，即婚后子代和双方父辈形成两个互相包含的主干家庭，以解决两家嫁娶的矛盾。目前在丽江坝区各民族之间的通婚并不罕见，相比走婚制中强烈的摩梭人色彩，"不娶不嫁"的婚姻模式更倾向为一种区域现象被各民族所共同实践，但不可否认的是，丽江坝区以纳西文化为主导，纳西族在"不娶不嫁"的制度生产中发挥着主要作用。

而在丽江之外，研究者也在各自的调研中发现了越来越多的"双栖居"现象，这与计划生育政策不无关系（王会、狄金华，2011）。20世纪70年代以来，我国生育率大幅下降，计划生育政策下中国家庭呈现小型化的特征（曾毅、李伟、梁志武，1992）。王跃生发现尽管在不同时期，中国的核心家庭总是占多数的家庭形态，但是计划生育促成了相对多数到绝对多数的变化（王跃生，2003）。在此背景下，婚姻制度安排也呈现了

---

[1] 泸沽湖边的摩梭人实行的是阿夏婚，阿夏异居婚中男女双方各居自家，男方仅仅在女方家过夜，所生子女由女方抚养，男女双方一生可以交结多个阿夏。阿夏同居婚是男女双方同居一家，男到女家，或者女到男家，双方一旦终止关系，各自回原来的家庭。家庭成员的血统完全以母系计算，财产按母系继承，家庭权力分工形式为舅掌礼、母掌财。参见李群育《新编丽江风物志》，昆明：云南人民出版社，1999，第9页。

[2] 关于这类婚姻形式的称呼较多，丽江称之为不娶不嫁，其他地区称其为两头婚、两头住、并婚、两边走、做两头家、两可居，等等。

诸多新的特征,"两头婚"的婚姻形式尤其突出,引起了多方讨论。那么"不娶不嫁"在哪些核心维度进行了新的制度安排?新的婚姻制度安排真的改变了父系家长制,走向西方所谓夫妇式家庭吗?

二 文献回顾

(一) 传统婚姻制度中的核心原则

社会学围绕婚姻制度有着比较热烈的讨论。费孝通先生在《生育制度》一书中指出婚姻最重要的功能就在于确定两性分工和抚育的责任,后代遵循父系偏重的原则交接财产、权利、地位,以实现家庭中的新陈代谢(费孝通,1998:240-246)。以往文献以从夫居、随父姓、父系财产继承为核心原则,讨论了父系家长制中的家庭继替。

在诸多家庭制度中居住安排始终被关注,居住安排与夫妻地位、亲子关系、代际关系、家庭支持等息息相关,传统中国婚后女子从夫居,孩子随父居被普遍接受,男性入赘从妻居也只是从夫居的补充(许烺光,2001:84-88)。费孝通认为,从夫居有助于保持稳定的单系的亲属关系,便于共同经营生活(费孝通,1998:182-186)。苏力则从制度理性的角度说明了从父居相比其他居住安排有着更大的制度收益,认为传统家庭制度中随父姓的原则更生动地体现了家庭继替中的单系偏重,使得父子和兄弟关系一纵一横构成了中国农耕村落秩序的支架。从夫居加随父姓有效延续了单姓村落组织,减少了外部成员对原有组织结构的冲击、家庭内的财产纷争以及不同村庄之间的矛盾,为父系单一继替原则提供秩序基础(苏力,2016)。在父系家长制下,女性不具备继替原生家庭财产的资格,而是随从丈夫分割夫家财产,分家的制度安排直接影响到亲属关系的稳定与和谐,社会学尤其关注财产分割行为背后的文化意义(麻国庆,1999)。一些研究普遍认为当前的分家中父母一代权威日益下降,祖先崇拜和孝道均衰落,分家目的变为服务子代家庭利益最大化(阎云翔,2006:157-167)。

父子关系是家庭的核心,这种"伦"有对应的情谊行为,人们以父子关系为轴,可层层外推延伸出其他社会关系(翟学伟,2016)。传统婚制所对应的从夫居、随父姓和父系财产继替等制度安排保证了家庭继替中的父系偏重，维护了父子同一的家庭结构。

（二）"不娶不嫁"的实证研究

多地"不娶不嫁"的婚姻实践也引起了学者对这种婚姻制度的关注和讨论，已有研究多从以下三个方向展开。

第一是讨论这种婚居实践的本质。高万芹认为，双系并重的婚姻背后是低度均衡的代际关系模式，单系偏重被打破，家庭价值以夫妻为核心，新的社会继替模式、生育伦理观念被确立（高万芹，2018）。王欣等人认同深层的伦理内涵被逐渐瓦解，但倾向于认为这种婚姻是基于现实需求的权变策略，是否改写了男性单系继嗣的家庭制度还未可知（王欣、马流辉、伍嘉冀，2017）。

第二是讨论这种婚姻制度安排对家庭结构与代际关系造成的影响。黄亚慧认为，女儿作为赡养人和继承人的身份在两头婚中被强调，对父权制产生冲击（黄亚慧，2013）。也有学者提出这种婚姻转向血亲-姻亲并重的双系化养老，造成养老质量下降，养老责任分散（赵方杜、杨丽珍，2020）。魏程琳等则认为两头婚为赘婿去标签化，提高了赘婿地位（魏程琳、刘燕舞，2014）。

第三是剖析两头婚的形成机制。赵方杜等认为，兼顾双方父母的养老需求是直接原因（赵方杜、杨丽珍，2020）。魏程琳等认为，国家计划生育政策、女性婚姻自主权提高、子代和父代的理性考量等因素的共同作用催生了这种婚姻模式（魏程琳、刘燕舞，2014）。高万芹还注意到，村庄社会结构的原子化与代际关系的弱化也推动了家庭组织原则走向双系并重（高万芹，2018）。何绍辉结合以往研究进行了总结，认为独生子女政策提供宏观背景，低度分化的村庄、村民价值观念变迁和较为封闭的通婚圈是中观机制，维持家庭完整和确保家庭养老是微观基础（何绍辉，2019）。

综合来看，近期的研究倾向于认为计划生育政策的实施为"不娶不嫁"的出现提供了时空背景。这种婚姻模式打破了原有的制度安排，传统的伦理道德对家庭子代成员所起到的约束作用有所减小，新的继替原则逐步形成，父母一代的权威日益下降，形成以子代为核心的家庭权力关系，但对"不娶不嫁"的实质讨论还存在争议。已有研究多从实践结果来反观两头婚的本质，但婚姻制度与家庭继替息息相关。如果不讨论

"两头婚"中家庭继替的核心原则是否发生了变化,那么对这种婚姻关系实质的解释就不够深入。关注制度安排背后的行动逻辑,会为理解社会变迁下中国家庭的维系能力和分化能力提供重要的依据。

三 分析框架及研究方法

有学者曾将家庭继替分解为财产权、家庭伦理责任和社区性的家(陶自祥、桂华,2014)。结合已有文献和在丽江坝区获得的田野资料,本文将家庭继替的内涵定义为居住安排、姓氏归属、财产权,从三方面说明"不娶不嫁"的婚姻实践样态、制度安排在模式化过程中所遇到的问题。在此基础上,本文主要阐述接受制度调整的个体驱动力为何,由此窥探个体对家庭继替核心原则的感知及态度,以进一步讨论"不娶不嫁"的制度实践,是意味着出现了新的家庭形态和伦理观念,还是在某种程度上再生产了父系家庭结构。

为此,本文采用定性研究法,对研究对象的筛选综合考虑了性别、家庭角色、"不娶不嫁"的具体情况等因素,以体现访谈对象内部的差异性与多样性。本研究于2020年2月至4月通过电话访谈陆续收集资料,访谈围绕婚后日常生活安排、子女姓氏、代际关系、财产继承等内容展开,并及时整理录音稿和田野笔记,了解所获信息的指向和充分程度。根据整理结果,总结"不娶不嫁"在不同调查单位中的存在形式和日常实践中的共性特征,再根据已有资料补充访谈对象,减少研究对象选择中的不均衡,最终半结构式访谈17人。访谈对象的基本情况如表1所示。

表1 访谈对象的基本情况

编号	年龄(岁)	家庭身份	职业	家庭情况
A女	28	独生女	旅行社职员	汉族,2017年结婚,孩子随父亲姓,之后考虑再生一个孩子。男方家有宅基地,女方父母和夫妇一起购买了目前居住的公寓
B女	27	独生女	教师	纳西族,2018年结婚,育有一女随男方姓,目前主要生活在女方家中。双边家庭在城区均有房产
C女	29	二女儿	农贸市场个体户	纳西族,2016年结婚,姐姐出嫁,丈夫有一个妹妹。儿子随男方姓,第二个孩子会随女方姓。夫妇打工租房住。双边家庭均在宅基地建房

续表

编号	年龄（岁）	家庭身份	职业	家庭情况
D男	41	大儿子	教师	纳西族，2007年结婚，家中有弟弟妹妹，妻子为独生女，育有一子，大名随妻子姓，小名随男方姓，双方均有房产
E男	35	独生子	事业单位工作	纳西族，2014年结婚，妻子是独生女，儿子随父姓。即将有第二个孩子随母姓。双边家庭均有房产
F女	58	女方母亲	退休	汉族，女儿女婿均为独生子女，现有一孙女随女婿姓，第二个孩子将随女方姓。双边家庭均有房产
G男	51	女方父亲	教师	纳西族，有一独生女将结婚，确定会不娶不嫁
H女	22	二女儿	大学生	汉族，未婚，亲姐姐即将嫁出，基本确定会不娶不嫁
I女	23	独生女	大学生	纳西族，未婚，独生女，基本确定会不娶不嫁，农村宅基地已建房，在城中还有一套公寓
J女	24	小女儿	大学毕业	纳西族，未婚，有一个哥哥，确定会出嫁
K女	21	大女儿	会计	纳西族，未婚。有一个妹妹，未来要结合妹妹的婚姻情况考虑，目前在城内公寓居住，农村宅基地已建房
L/M女	80多	村中老人	务农	对于村庄中不娶不嫁的情况比较熟悉，可确认所获资料的真实性
N男	23	独生子	研究生在读	纳西族，未婚。不接受上门，大概率会接受不娶不嫁，家中城内有房产
O女	54	男方母亲	个体户	纳西族，有一未婚独生子，需结合女方家庭情况考虑，城内有房产
P女	50	女方母亲	公务员	纳西族，有一未婚独生女，未来需结合男方家庭情况考虑，城内有房产
R男	54	男方母亲	城内务工	纳西族，有两个儿子，大儿子不娶不嫁，儿媳是独生女。二儿子未婚，家中宅基地已建房

四 双边居：义务和情感的流动迁就

通常而言，女方在丽江结婚之后要与男方父母同住。但在"不娶不嫁"的婚姻中，双边父母都会给子女准备婚房，大部分夫妇婚后在两边父母家中流动居住，少部分夫妇不与父母合住，但要与双方家庭频繁来往。

婚姻关系是从个人间的感情和爱好扩大为各种复杂的社会联系（费孝通，1998：131）。传统嫁娶主要依赖于女性对男方家庭环境的适应来稳定家庭秩序，而双边流动居住延缓了家庭融合的时间。双方家庭对于夫妇关系的确认不够完全和稳定，夫妇在婚后一段时间里并未从原生家庭中分离出去。在孩子出生前，A女说"我结婚感觉和没结婚差不多"。她的感受是很多人共有的。日常流动的居住使得男女双方习惯用"我家""你家"来区别自己和配偶的原生家庭。尽管夫妇的日常流动突破了双边家庭的边界，但相互区别的界限感会更加强烈。

> 我感觉不娶不嫁的话，保留自己原生的家庭成分更重一些。我们说话都会说你家、我家。对于两边家庭的话，始终还是有点外人的感觉，或者说我是无意识地在"划清界限"。（B女）

通常而言，生子之后的从父居使得孙辈通常和爷爷奶奶生活在一起，外祖父母不具备同等教养资格。但对"不娶不嫁"的家庭而言，双边父母都被称呼为爷爷奶奶，流动居住说明抚育的过程中并不能借助血缘关系来决定双边家庭教养的优先顺序，也不能削弱任何一方父母对孙辈的管教，名义上双方都具有平等的抚育权利和义务。事实上，生子前的流动居住比较容易实现，生子之后大部分女性都选择让女方父母照顾孩子，多居于女方家，照料责任往往落到了女方父母身上。"不娶不嫁"要求双方父母对子女的投入对等，然而大部分的投入实际上无法用经济指标衡量，尤其抚育孙辈是一个长期的过程，对孩子的日常照料和情感投入更为重要，部分男方家庭也会对女方做一些补偿以弥补前期抚育中的缺位。但双方家庭难免会将自家的投入与对方家庭做比较，凭借个人主观经验和立场对对方做出的评价自然难以客观，何况父辈的权力实施对象都限于儿女，不大可能影响对方家庭的决策，难以消解的不满容易扩大双方家庭的矛盾。

> 在怀孕之前是两边都住，有了孩子之后，因为我的父母比较清闲，他们就能够多照顾孩子，是在我家为主，我能感觉到公公婆婆是有点意见的。（A女）
>
> 我作为男方家长，肯定是希望清爽一点，娶就是娶，嫁就是嫁，哪边舒服去哪边这也不好，尤其有孩子以后老是往一边跑，那和我们

的愿望是有差距的。(O女)

很多人都提到"不娶不嫁就是有点乱"(F女),这种混乱说明了年轻夫妇想要在日常流动的生活中找到平衡点是比较困难的。在繁杂的家庭事务下,知识层次、教育理念的不同,考验着三方对不同生活方式的忍耐度和理解力。年轻夫妇也有分离原生家庭、独立居住的想法,但抚育子代任务繁重,情理上又难获支持,这使得独立居住并不现实。

一代和一代思想观念都不同,我们要把两边老人的照顾好,夫妻关系搞好,不娶不嫁任务是比较重的。(E男)

有了孩子以后,我公公婆婆再开明,心里面难免会不舒服,自己的父母也会抱怨,为什么天天都是他们带孩子。我们觉得唯一的方法就是自己出去住,但可行性现在还比较低。(B女)

居住的聚散直接影响家庭成员行为上的相互依赖程度以及感情交流上的深浅,也对应着代际的责任。人们对于居住安排的在意不仅仅是希望在共同生活的空间里收获亲密关系,更是清楚这种安排所对应的义务。父辈为子代提供支持,子代赡养父辈是传统伦理下的天然选择。但是不同代际伦理责任的履行是一个长期的过程,日常的居住安排是在确保伦理责任能够自然地达成。"不娶不嫁"模糊了从父居、从母居的界限,也是为了实现伦理责任。

我们当然还是希望清爽地和自己的孩子过,但是人家女方父母也是一样的啊,不娶不嫁两边住,那就是要两边都赡养。(O女)

像我们这种只有女儿的家庭,如果出嫁了,肯定是以婆家为主。但不娶不嫁就让我们这些女子名正言顺在家(赡养父母)。(P女)

居住安排与不同代际的情感要求、义务履行息息相关。就丽江坝区的婚俗来看,偏向于将独生女或是两个女儿都外嫁被称为是"心硬""想得开"的表现。如果女儿外嫁,男方父母对小家庭的帮扶是义务性的。女方家庭的付出就变为了额外的关爱,"讨巧"的行为表面上是女方父母的退让,事实上却削弱了男方父母的价值,因而人们也为男方父母感到不快,"就是想要去贪男方家",是一种明显带有贬义的评价。尤其在农村地区,这种行为不被认同,以至于在本文的田野经验中几乎不存在。父系家庭结构的完整暗含着义务和权利的对等,传统的家庭伦理观念还在影响着人们对于婚姻关系的解读,居住安排借助空间表达着伦理规则。

五 两家姓:传统伦理下的现实选择

"全面二孩"政策的实施在很大程度上缓解了双方家庭为争夺孩子姓氏归属而产生的矛盾。通常而言,双方家庭口头上承诺,孙辈不分性别。根据出生顺序,第一个孩子随父亲姓,第二个孩子随母亲姓,双边父母都被称呼为爷爷奶奶。

> 我们在婚前就已经说好了,不论男女,第一个孩子跟爸爸姓,第二个孩子跟我姓。(B女)

从传统上说,妻子生育男性后嗣,维持父系家族的延续是必须的,没有后代被理解为割断了与祖先的联系。姓氏不仅仅涉及称呼,更包含着人们对血脉延续的愿景。许烺光先生是这样解释求子之心的,生了儿子就意味着祖宗牌位前的香火永不间断,香火不断就意味着这一宗族能够传宗接代(许烺光,2001:65)。但在计划生育政策下,两边家庭传宗接代的愿望难以通过之前的婚俗实现,"不娶不嫁"下姓氏各随一边的安排,出世的孩子均称呼双方的父母为爷爷奶奶,能够有效缓解家庭继替的矛盾,使双边家庭结构保持完整。

> 我女儿嫁出去的话,我家的坟地怎么办,祖先牌位谁来供奉。独生子女的政策,家家一个(孩子),没有办法了,这个地方的香火还是要继承下去,要后继有人。(G男)
>
> 叫爷爷奶奶、还是阿公阿婆,他们真的太在意了。周围的人不小心说成外公外婆,我爸妈火气就会很大。(B女)

延续香火的重要性在人们心中不言而喻。因此,个人在选择婚姻关系时并不是凭个人偏好而定，而是考虑家庭结构，以繁衍后代为目的。① 首先，结合子代的性别和数目进行考量，所有子代男性天然获得优先继承的资格，仅仅当家中没有子代男性时，才会考虑由一名子代女性替代。其次，根据双边子代成员的婚配状况来进一步确定，家中有二女时，往往要在一人结婚之后才清楚自己的婚姻选择。从事实来看，婚姻发生在生子之前，但从逻辑上说，婚姻关系的确定仍是为家庭延续考虑，大多数家庭在结婚之前就能根据上述信息预判婚姻形式。"不娶不嫁"对于双边家庭而言，都不是最理想的婚姻关系，但却是能够被双方理解、接受的结果。

我们家两个女儿，上门也可以，不娶不嫁也可以，但是要留一个在家照顾父母。我和我妹妹得看谁先结婚，一个人定了以后，另一个才能定下来。（K女）

姓氏的归属意味着内外之别。纳西族俗语中说，"女方一出嫁，娘家事可不知"。但在"不娶不嫁"下，一个孩子随女方姓，意味着女性并没有被排除在原生家庭的谱系之外，夫妇并不像普通嫁娶一样减少与女方家族的联系，双边五服内的亲戚都被纳入走动的范围，亲属范围在事实上扩大了。尤其在丽江地区，宗族观念又比较强，各类家族活动较多，春节祭祖、清明扫墓、红白事等都是具有代表意义的场合，有一个同姓氏的孙辈在场，意味着后继有人。祭拜祖先的过程更是将顺亲属关系、实现家庭整体化的重要步骤，双边姓中的夫妇和孩子就需要两边跑，祭拜祖先、走动亲戚，以强调血脉身份。

外人看来，和谁姓就是哪家的人，内孙和外孙那也不是一码事，对待是一样地对待，但外孙不是这边的人，不可能回到我家的坟墓啊。（P女）

---

① 丽江的婚嫁大致可以归类为以下几种情况：对于有儿有女的人家，女儿必然出嫁，儿子娶妻或"不娶不嫁"；对于有两个儿子的人家，两人都会娶妻或是"不娶不嫁"，特殊情况下，可允许一儿离家上门，但往往发生在男女双方家庭经济条件差距悬殊的情况中；对于有两个女儿的人家，一女必然出嫁，一女"不娶不嫁"或招上门女婿；对于只有一子的人家，娶妻或是"不娶不嫁"；对于只有一女的人家，基本为"不娶不嫁"，特殊情况可招到上门女婿。

> 过节是两边都走，春节大年初一是先去拉市，古城那边初二或者初三不一定。清明也是先去拉市，之后一天再去古城那边。（D男）

姓氏对于家族而言还有更为现实的意义。一方面，农村的很多事务并不在正式制度的管辖范围内，一个有威望和势力的宗族能够保护成员的利益。而获得威望和势力的前提是宗族中保留足够多的人，以便获得更广泛的帮助，与外人发生冲突时也能联合起来；另一方面，乡村不同于城市，对人际关系的使用比较频繁，依赖程度也比较高。面对抬头不见低头见的村民，"不受气"和"说得上话"非常重要，以至于生活小事都可以与脸面联系起来，影响生活质量。上门对于男性及其原生家庭有着侵犯尊严的意味，选择这种婚姻关系意味着承认自身家庭经济状况与女方家存在着较大的差距。大部分男性及其家庭都对上门有着比较强烈的抗拒。因此，即便男性家中还有亲兄弟做继替者，女方家是独女户或是双女户，但男方家也不肯轻易让男性上门。访谈中的诸多男性都再三强调不是上门，只是迫于现实选择"不娶不嫁"，重要的论据就是有一个孩子随父姓。

> 农村里面的家族观念影响大，很多时候是以村规民约为主，人多力量大，特别是纳西族也希望男的都待在家，上门的话家族的力量就削弱了一些。（D男）

> 以前的话，坝子里的男孩子是不可能来上门的，大部分独生女只能找贫困、落后的山区男孩子。所以上门是容易被别人看轻的。（G男）

尽管姓氏归属有了比较公平的实现可能，但是男性优先继承的观念还是使得姓氏按出生顺序各随一方姓的安排面临诸多挑战。不少被访者提到，当两个孩子性别不同时，身边不少"不娶不嫁"的家庭因为姓氏归属闹得不可开交。部分父辈对于男性继承人的坚持还是会让他们否认之前的约定。

> 两个都是男的或者两个都是女的还好说，但是一男一女就不行了，我们村里也有人为了争孩子的姓氏就闹起来的。（K女）

六 合情理：财产继承中的父子一体

一般的婚姻关系以彩礼和嫁妆为起点，父辈逐步向夫妇转移财产。从人类学解释来看，赠送彩礼实际上是由新郎家向新娘家转移财富，女方陪送嫁妆则是由新娘家向未来的小家庭转移财富（阎云翔，2000：190）。之后随着夫妇关系的确立，男方父母还需要考虑正义原则和生存逻辑，在子代之间较为平均地分配各种资源和福利。伴随着分家的过程，家庭内部的权力结构也被重新界定。尽管分家并不能让父母和子女之间的经济联系完全结束，但伴随子代的婚姻过程，子家庭和母家庭存在一种逐步分离的趋势。而"不娶不嫁"默认的是短暂的双系继替，夫妇替代父母两边的角色，继承两边的财产、地位、社会关系，第二个孩子出生后，孩子姓氏各随一边，由孩子分别做两边家庭的继替者，将继替矛盾在名义上下移至孙辈一代解决，但"不娶不嫁"的婚姻还未进入财产继替的阶段，因此这种安排在实践过程中会遭遇什么样的难题尚未可知。

不过从社区层面来看，以"不娶不嫁"来继替双边财产是被接受的。按照丽江当地的风俗习惯，女性出嫁或是男方上门，其户口必须迁出，既不能分到宅基地建房，也不能参与农村土地征收、买卖补偿款的分红。在城市中，财产受到法律保护，但在农村，乡规乡约的力量远远大于法律的约束。一旦女性出嫁，女方家不可流动的财产就不再属于女性所有，集体在名义上有权收回宅基地等集体财产。尽管这种事件还没有发生过，但"祖祖辈辈的房子怎么办"是很多人的担忧。在"不娶不嫁"下，女性作为男性继承人缺位时的补充，在不破坏现有父系继承观念的情况下，农村内部可按照村规民约自然地认可继承人的资格。

> 如果是在城里，房子可以买卖，但是在农村不行，现在我们村宅基地的买卖也是只能卖给同村的人，一旦嫁出去，这个院子村里可能会拿回去的。我们祖祖辈辈住在这里的，家没有了也不行嘛。（G男）

在这样的继替逻辑之下，小家庭财产的获得并不是单系的。夫妇各自继替父辈的财产，以两个相对独立的方向分别实现对母家庭财产的继承，父母和子代之间的财产关系并不随着婚姻关系的确立而逐步分离，反而更被捆绑对应起来。子女与父母在财产上的一体关系远远强于夫妇一体，姻缘并未在经济层面取代血缘成为主要关系，家庭经济关系在较长的一段时间内仍会以纵向的亲子关系为轴心，横向的夫妻轴心被弱化。权威资源与经济资源的分布将会在较长的一段时间内比较集中于父辈，以保持双边家庭经济的相对独立。

财产的继承不仅依靠法律法规等正式制度的运作，还常常受非正式制度的约束。家庭结构变化的同时，传统父系继承观念却没有发生变化，只能通过改变婚姻关系的形式来适应传统伦理。可见，"不娶不嫁"没有冲击传统的父系财产继承观念，甚至恰恰表现为对这种继承观念的维护。

七　少约束：制度实践中的保守与张力

在最近的讨论中，一些人认为江浙沪的两头模式可以算是现代婚姻模式的一种雏形和预演，以"两头"结婚实现了平等，打破了从夫居，以及男性对财产继承权和冠姓权的垄断。但从丽江坝区的婚姻实践来看，"不娶不嫁"对原有婚姻制度的调整并没有颠覆家庭继替的核心原则，制度实践目的仍然是维持传统意义下家庭结构的完整。恰恰是人们对传统伦理下意识的坚守，使得看似开明的制度面临不少实践困境。

尽管"不娶不嫁"突破了固有的家庭边界，不轻易界定内外差别，家庭角色的双重性弱化了家庭关系带来的约束，以适应家庭成员的常态化流动，但子代需要承担双倍的责任和义务，同等亲密的血缘由于相对抽离的交往，使得这种婚姻实践难以明确日常生活中的规则。对于"不娶不嫁"的夫妇来说，婚后是两种角色的叠加。夫妇二人既是原生家庭的"儿子"，又是对方家庭的"儿媳"。对于孙辈而言，双边都是爷爷奶奶，角色的翻转是一个长期的、动态的过程。

> 我感觉双方家庭都想做我们两个的主。我们就不管他们的意见，自己处理，各自父母的工作各自去做。能谈得好就谈得好，谈不好也就算了。（B女）

> 他们精力有限，我们的要求也就不能太高。两边父母都要照顾，负担还是很重的，时间精力上也不可能像其他人一样。（F女）

这种婚姻关系的实践意义仍与生育行为紧紧联系。生育被视作家庭合作中必须完成的事项。"不娶不嫁"的首要目的是保证双边家庭实现后代繁育。如果婚姻中不发生生育行为，那么"不娶不嫁"也就不具有必要性。这种婚姻具有可协商性的前提在于，双方对生育意义有着高度一致的认同。

> 结婚和生子没法分开来说，在丽江不生孩子好像是不会生（生理性问题），更不要说现在是大家基本都生两个了。（O女）
> 不娶不嫁那些都是因为要生孩子所以才有意义，不生孩子的话，不娶不嫁也没有讨论的价值了，两边都绝后了还谈什么。（P女）

不同代际、性别接受"不娶不嫁"的驱动力呈现一定的差异。对年轻一代而言，接受这种制度安排的原因较为复杂分散。部分女性强调日常赡养资格的重要性，另一部分女性则是为了完成血脉延续的心愿。年轻一代的男性接受"不娶不嫁"或是为了避免入赘，或是体谅女方家庭的求子之心。可以发现，年轻一代的婚恋观与父辈已有较大差异，对婚姻的理解更注重情感上的支持和依赖，但一旦接受"不娶不嫁"，也会以具体行动实践传统伦理，文化系统的作用力量仍然强烈。

> 结不结婚是一码事，生不生孩子是一码事，但是我肯定会屈服的，不结婚生子，我爸妈怎么可能同意。（I女）
> 其实我觉得不娶不嫁还行吧，感觉爹妈就是传统的，姓氏啥的不能丢呀啥的，我结婚不出意外可能会，生孩子是真的不想，但我爹妈是不可能接受我不生孩子的。（N男）

但仅仅由于生育在这种婚姻关系中的必要性，而将其归结为"父母为了传宗接代，利用经济手段干预子女的生育"[①] 并不妥当。首先，养儿防老的观念作用于所有的婚姻。"不娶不嫁"作为婚姻形式之一，也从未试图摆脱家庭继替的功能。持这种观点的人将父母和子女的关系视为是对

---

① 参见《传宗接代的产物"两头婚"，也吹成进步典范?》，《凤凰网》，https://news.ifeng.com/c/82O6koRFuGg，最后访问日期：2020年12月21日。

立的，否定了家庭合作的意义。其次，这种观点忽视了女性从婚姻中获得良好的自我观感的可能。在这种婚姻中，女方父母也有抚育孩子的名义正当性，女性在分配抚育责任上比起传统婚嫁有更大的选择权，这减轻了女性在养育过程中的压力。

  坦白说，带孩子很苦的，但是我们在能帮忙带的时候带一下，他们压力就少一点，以后我们老了才生，我们想帮忙也是力不从心。（O女）
  我以前不想生，现在生了觉得真好，孩子就是爱情的结晶，和任何婚姻形式都没有关系。可能也因为我在基层上班，这一年来陪孩子的重任移交给了我父母，所以我不知道其中的辛苦。（B女）

尽管"不娶不嫁"的婚姻安排还远远不够具体成熟，但在现实意义上增大了女性个人意识实践的自由。在单系继替的社会中，女子的权利难以从抚育自己的父母手中获得，而须向配偶的家中去承继（费孝通，1998：243）。但在"不娶不嫁"的婚姻关系中，来自原生家庭的经济和社会支持为女性追求独立、自主和平等的家庭生活提供了更切实的可能。众多访谈对象强调了在这种婚姻中所获得的自由。即便面对存有家长权威的公婆，女性也有条件表达自己的意见。不同的婚姻实践也给未婚的女性提供了参照，更倾向借"不娶不嫁"来保护自己的权益。

  听到嫁出去的朋友说的一些话，我就觉得好难过，她们说不知道为什么结婚之后，回自己的家还要得到别人的允许，不像我们就想走就走。（B女）
  我不愿意嫁，我的两个表姐结婚了，一个受委屈也不能想回家就走，不娶不嫁的姐姐跟婆婆说一声就可以走了。（I女）

八　总结与讨论

"不娶不嫁"婚姻关系的形成是计划生育政策的实施，使得独女户、双女户中的男性继承人缺位。迫于社会现实、传统观念、风俗习惯的考虑，女性占据本属于男性的位置，并在居住安排、姓氏归属、财产继承等方面做出调整，以满足双边家庭继替的需求。尽管制度安排模式化的过程还面临着种种困境，但在实践中呈现一定的张力。

首先，从居住安排上看，夫妇婚后在双边家庭中流动居住，迁就双边家庭的情感需要，履行家庭义务，尽可能在双边流动出场以保持互动均衡。这种居住安排要求双边父母较为平等地帮扶子代，抚育孙辈。流动居住使得夫妇关系在未生育子女之前并不完全明确，双方各自为家的倾向比较明显。而夫妇生子后多居于女方家，双边家庭在空间上被区隔，心理上相互区别。在长期的比较中如何实现平衡还需要不断实践。其次，从姓氏归属上看，"不娶不嫁"的家庭中孙辈姓氏各随一边。姓氏归属实践着血脉延续这一传统的父系家庭伦理观念。"不娶不嫁"利用子代婚后身份的重叠，以及"二孩"政策的实施，将继替矛盾下移孙辈。在第二个孩子出生之前，实行名义上的暂时的双系继替，第二个孩子出生后又做出了单系继替的安排。但是这样的安排还不够稳定，当孙辈性别有所不同时，男性优先的继替传统会影响姓氏归属的实践。最后，从财产继替上看，由于"不娶不嫁"的家庭周期还未进入财产处理阶段，单系继替财产的安排如何落实尚未可知。但在父子一体观念的影响下，社区已经认可女性的继承资格。目前来看，子女对父辈的经济依赖更强，子家庭从母家庭中分裂的趋势被削弱，父子一体的伦理反而被强化，财产继承并没有颠覆以往家庭更新和替代的内容。

在这种婚姻实践中，宽泛的制度安排已经形成，但是制度如何实践于日常家庭生活还具有较强的协商性。比起传统的婚嫁，不同角色所对应的权利和义务存在冲突，双方父母的权威并未下放，因此夫妇作为双边唯一的继承人需要调和双方家庭的矛盾。尽管目前的制度安排还存在着种种问题而有待解决，但从女性自主权的实践来看，女性在婚姻中有了更大的话语权。家庭地位的提升，驱动了不少未婚女性更倾向于选择"不娶不嫁"的婚姻关系，从原生家庭中继替财产和资源，减少对丈夫家庭的依赖。

与当前关于两头婚的实证研究普遍认为这种婚姻模式削弱了传统伦理的结论有所不同。从制度调整的目的和结果来看，本文认为，尽管"不娶不嫁"挑战了以往传统婚姻关系的某些制度安排，但新的制度仍然顺应父系家庭继承观念，父系家长制的核心原则仍被践行。"不娶不嫁"的前提是女方在家庭继替中不可或缺，从未否认男性的优先继承资格。生育子女仍是制度调整的主要意义所在，在这种婚姻形式中生育的必要性更被强调、重视。即便女性在婚姻中的生存语境有所不同，但话语权的获得仍然强烈依赖其父系家庭的支持，并未跳脱既有框架。此外，有关传统家庭伦理、分家行为的相关研究认为，当前婚姻的行动策略多以子女利益最大化为标准，代际的经济资源支配能力有所逆转，老人的权威全面失落，经济利益为先强化了亲代的生存困境，以"孝"为核心的道德教化及其社会评价弱化。但"不娶不嫁"的婚姻形式却在建构传统伦理的合法性，父辈仍主导代际交换的物质流向，父辈需求在新的婚制中得以满足。这与当前实证研究强调的结论有所出入，说明传统文化的意义系统仍具有生命力，父系继替规则在家庭和社区中还在延续。

此外，本研究的调研开展于新冠肺炎疫情期间，存在以下局限与不足。第一，特殊时期访谈对象的可及性大大受限，尽管考虑到信息饱和原则，对访谈对象进行了筛选，但访谈对象的选择仍不够严谨。第二，本研究多采用电话访谈的方式，因此未能实现对访谈对象的有效观察。第三，更为理想的调研应以家庭为单位，但访谈涉及家庭生活，访谈对象的顾虑比较多，设想难以实现。第四，未能掌握双方家庭矛盾中的具体细节以丰富论据。最后需要指出的是，虽然丽江坝区受汉文化的影响较深，但少数民族聚居区还存在一定的封闭性，本文的研究结论具有多大程度的普遍意义还有待进一步研究并加以说明。"不娶不嫁"作为双边家庭延续父系家庭制度的一种适应性调整，其婚姻实践对文化秩序所产生的影响值得持续关注。

参考文献

费孝通，1998，《生育制度》，北京：北京大学出版社。
高万芹，2018，《双系并重下农村代际关系的演变与重构——基于农村"两头走"婚居习俗的调查》，《中国青年研究》第 2 期。
何绍辉，2019，《论"两家并一家"婚居模式的形成机制》，《中国青年研究》第 1 期。
黄亚慧，2013，《并家婚姻中女儿的身份与地位》，《妇女研究论丛》第 4 期。
麻国庆，1999，《分家：分中有继也有合——中国分家制度研究》，《中国社会科学》第 1 期。
苏力，2016，《齐家：父慈子孝与长幼有序》，《法制与社会发展》第 2 期。
陶自祥、桂华，2014，《论家庭继替——兼论中国农村家庭区域类型》，《思想战线》

第 3 期。

王会、狄金华，2011，《"两头走"：双独子女婚后家庭居住的新模式》，《中国青年研究》第 5 期。

王贤全、石高峰，2019，《嬗变与复兴：一个母系文化村落的人类学考察——以丽江宁蒗县瓦拉别村为例》，《云南社会科学》第 2 期。

王欣、马流辉、伍嘉冀，2017，《农村独生子女家庭的现代权变与制度隐忧——以苏北鱼村"一子两挑"的家庭为例》，《吉首大学学报》（社会科学版）第 1 期。

王跃生，2003，《华北农村家庭结构变动研究——立足于冀南地区的分析》，《中国社会科学》第 4 期。

魏程琳、刘燕舞，2014，《从招郎到"两头住"：招赘婚姻变迁研究》，《南方人口》第 1 期。

许烺光，2001，《祖荫下：中国乡村的亲属、人格与社会流动》，王芃、徐隆德译，台北：南天书局有限公司。

阎云翔，2000，《礼物的流动：一个中国村庄中的互惠原则与社会网络》，上海：上海人民出版社。

——，2006，《私人生活的变革：一个中国村庄里的爱情、家庭与亲密关系》，上海：上海书店出版社。

杨德广，1997，《当今摩梭人的"走婚"》，《社会》第 10 期。

曾毅、李伟、梁志武，1992，《中国家庭结构的现状、区域差异及变动趋势》，《中国人口科学》第 2 期。

翟学伟，2016，《伦：中国人之思想与社会的共同基础》，《社会》第 5 期。

张恺悌，1989，《一个母系社会的家庭婚姻与生育——云南省宁蒗县纳西族社会调查》，《中国人口科学》第 4 期。

赵方杜、杨丽珍，2020，《双系制养老："半招娶"婚姻中家庭养老的选择与风险——基于闽南后村的考察》，《新视野》第 6 期。

（原载《中华女子学院学报》2021 年第 5 期）

第二部分

非常态亲密关系及其实践

未婚同居：当代都市流动青年的亲密关系实践

赵 璐[*]

摘 要 本研究以80后、90后都市流动青年为研究对象，采用"主体建构"视角，通过调研35位受访者的未婚同居实践，阐述他们对自身同居关系实践的体会和解读，探究未婚同居这一亲密关系的实践方式在当代社会、经济、文化情境下的多重意涵。研究发现，在当代亲密关系的缔结、维系和转化的过程中，未婚同居实践领域至少存在以下三种动机倾向：工具主义的（性、物质、情感方面的暂时满足）、理想主义的（因崇尚爱情而抗拒婚姻制度的"不婚"）和规范主义的（遵循传统角色规范但由于种种结构性压力而被迫"等婚"）。在第一种倾向中，我们看到了未婚同居关系在全球化和城市化的时空剧变中对"工具性"功能的满足；在第二种倾向中，我们看到了亲密关系实践在商业化逻辑冲击下依然保持"理想性"基底的可能性；在第三种倾向中，我们看到了在"家庭主义"文化价值观的统摄下，一些亲密关系实践实际上隐含地表达了对"规范性"目标的追求。因此，从人类能动性的视角来看，未婚同居关系使得都市流动青年成为主动追求欲望满足的自发主体；同时也成为其完成城市身份认同转型的适应性策略，成为其自我性赋权的一个重要场域，成为其遵循传统婚姻规范的一种特殊形式。

关键词 未婚同居 都市流动青年 主体建构 适应策略

---

[*] 作者现为北京市社会科学院社会学研究所助理研究员。

一 研究缘起

> 2016年12月23日清晨4点,意识还未清醒的我接到朋友B先生的电话。电话里他声音颤抖地说:"救救我,我动不了,帮我打120。"我惊慌失措地一边拨着急救电话,一边飞速赶往他的住所,那是一间和三四个同龄人合租的公寓。他见到我第一句话说的是:"我不知道找谁,如果她(女朋友)在这儿,我就不会这样。"空洞绝望的眼神望着我,让我始终不能平静。
> ——摘自田野日志

"如果她在这儿,我就不会这样。"当面对病痛的折磨、生命受到威胁的那一刻,远在家乡的父母是无法求助的,同租房的陌生房友是无法开口的。他认为生命中最重要的女朋友离开了,才会给朋友打电话求助。如果他和女友共同居住在一起,陪伴他左右的一定不是远路赶来的"我"。

B先生,男,27岁,江西人,北京工作3年,与女友未婚同居半年后分手。这一案例也使笔者思考:两性关系的亲密度相比于"血浓于水"的亲属关系,更具高度不确定性;同时,同居在一起是无法律保障的亲密关系,更具不稳定性。为什么"此时此刻"如此重要?是暂时性的本能需求,还是这种看似"不稳定"的两性关系对于个体需求的功能性发挥更具实践性意义?都市流动青年们选择共同居住在一起的实践背后究竟有着怎样的缘由,他们面对的不同生活情境如何影响其自身的选择与策略?

二 文献回顾

(一)"未婚同居":从文化制裁到文化许可

两性关系对于人来说,是人与人之间最根本的、最自然的关系类型(马克思,1972:119)。"一夫一妻"制家庭是两性关系维系中最符合资本主义私有制发展的生产配套模式。而两性关系的维系形式本身是多种多样的,如果将法律视角引入,两性关系的合法存在是婚姻关系——"一种不可商谈的性的独占性义务"(Hirschman and Larson,1998:285),合法婚约可以将两性关系从夫妻关系与通奸、卖淫、婚外情等关系形式得以区分开来。但是,找不到充分理由来解释未婚同居这种非婚姻性关系的存在是一种怎样的"公平交易"以及相应的权利与义务的匹配;甚至从社会规范及法律调节的发展历程来看,未婚同居关系在中国婚姻文化中也是模糊地带,关系性质不容易划分边界。

首先,未婚同居涉及的第一个层面是婚前性行为的文化包容性问题。婚前性行为在中国文化中经历了从"禁欲"到"纵欲"的观念转变:在古代儒家"克己复礼""男女授受不亲"思想的熏陶下,性行为只有与婚姻相连才合乎社会规范,婚前性行为是道德禁忌,破坏婚姻家庭的性关系必定会受到谴责和禁止;1949年后,禁欲主义在特殊社会结构和文化伦理背景之下,未婚同居等同于不正当的男女关系,是伤风败俗和道德败坏的典型,会被政治处分和舆论批斗;改革开放以后,学界主流论断中国经历了积极的"性革命"(潘绥铭,2003;李银河,2003;刘汶蓉,2010):以快乐主义为旗帜、自然主义为基础的性革命基本破除了精神禁欲主义,社会上不反对性革命的力量与日俱增(潘绥铭,2006)。

其次,未婚同居涉及第二个层面——未婚同居的合法性问题。从立法层面来看,在2001年修订的《婚姻法》中则把"非法同居"限定为"有配偶者与他人同居"[①] 的情况,区别于未婚同居;同时,在1994年中国便不再承认事实婚姻,[②] 即使符合事实婚姻的同居关系也只是非婚同居,不再受法律保护。所以,在我国的成文法中,并没有否定和禁止未婚男女的非婚同居(魏清沂,2005;张楠、潘绥铭,2016)。

从现有数据来看,西方国家同居现象从1980年代开始流行(Smock,2000)。在美国,到2010年,同居男女已经达到770万对(U.S Census Bureau,2010);在欧洲,同居比例有相同的增长趋势(Kasearu and Kutsar,2011),在北欧,超过80%的男女在结婚前有过同居经历(Kalmijn,2011)。在东亚地区,未婚同居比例相比于西方发达国家盛行程度较低(Johnson,2010),如日本1970年后出生的女性20%有过同居

---

① 第三条和第三十一条,《中华人民共和国婚姻法》(2001年修正),全国人民代表大会常务委员会,主席令9届第51号,2001-04-28。
② 具体来看,"事实婚姻,指没有配偶的男女,未进行结婚登记,便以夫妻关系同居生活,群众也认为是夫妻关系的两性结合",参见 http://china.findlaw.cn/info/hy/shishihunyin/414664.html。

经历。

在中国，中国家庭动态研究（CFPS）显示："我国居民中具有初婚前同居经历的比例约为10%，且这一比例在较年轻的群体中更高。尤其是在80后群体中，男性与女性有过初婚前同居经历的比例超过了25%。根据之前出生世代同居率的变化趋势可以预计90后群体在未来几年全部进入婚恋周期后，同居的比例可能会更高甚至过半。"（於嘉、谢宇，2017）

可见未婚同居在我国的社会环境及制度变迁下是从文化制裁到文化合则的态势发展，同时，这种亲密关系的形态在不同的历史时期存在都是有一定的社会需求和特殊存在意义。

（二）研究现状：结构—个人视角

未婚同居研究主要从社会变迁的视角进行结构性解释，具体涉及西方同居率的增长与第二次人口转型的关系，未婚同居现象出现与发展中国家现代化转型的关系探讨，以及西方发达国家对未婚同居现象出现的个体因素探讨。

1. 社会变迁与同居率增长：结构性解释

主要涉及两大视角：其一是第二次人口转型（Lesthaeghe，1983，2010）对同居率的提高有重要影响，发达国家学者把同居关系的出现放入家庭变迁的宏大过程中理解，将同居出现视为对传统家庭形式的挑战，是作为一种自由生活方式的选择。美国学者（Smock，2000）近年来对美国同居现象的出现进行总结和归纳，其指出：一方面，个体主义价值观念的普及和宗教世俗化导致美国社会的价值观念发生了重大变化；另一方面，现代化以及现代化过程中女性社会经济地位的提高和性别观念的变化也是导致同居率上升的重要原因（Bumpass，1990）。其二是从现代化转型中的经济发展劣势视角来看，同居这种不稳定的状态出现更是经济因素的不确定性决定的（Perelli-Harris and Gerber，2011），由于在经济发展伴随的工业化、高等教育扩招、人口迁移，孩子脱离父母的约束下，同居成为年轻一代的被动选择（Sweeney，2002）；同时，当生育作为社会规范进行约束、养育子女的成本升高，更多的年轻人选择不结婚、不生育（Cleland，1985；Becker，1981）。

2. 个体选择同居：能动性解释

西方经验研究显示当问及个体如何开始同居关系，很少人是有深思熟虑的决定或动机，随着感情渐进发展滑入同居关系（Manning and Smock, 2005），也没有结婚计划（Sassler, 2004）；同居成为流行趋势，使得年轻人相信同居是一种很好的试婚方式（Johnson et al., 2002）；进入同居关系是考虑金钱、交通方便、房屋安排需要等因素（Sassler, 2004）；依恋安全感缺乏等人格特征的人会更容易进入同居（Rhoades, Stanley and Markman, 2009）；也有实证研究显示（Stanley, Whitton and Markman, 2004），同居的动机可能是"同居效应"影响，即结婚高压力和离婚高风险使得同居者选择同居而不进入婚姻。

（三）现有文献呈现出的研究特点

第一，研究视角：结构—个人。已有研究侧重于从各种社会环境或社会变迁来分析同居率提升的社会性成因，或者仅从同居者自身能动性选择的角度，但个体选择的动机只是告诉我们同居关系如何开始（how），有哪些因素使得同居者进入同居关系，并没有告诉我们为什么进入同居关系（why）。

第二，研究内容与研究方法。我国研究群体主要数据多来源于改革开放前后，未婚同居的群体（大学生、农民工、城市试婚青年）的态度及接受程度等观念的小规模定量调查（袁浩淇，2003；许传新、王平，2002；刘志翔、毛丹，2005；宋月萍等，2012），但对于当代80后、90后成长起来的青年群体关注过少；研究方法多以定量研究为主，定性研究较少。

国际调查显示：同居通常处于变动状态（dissolve or marriage）（Bumpass and Lu, 2000）。这也说明这种短暂的亲密关系实践具有"差异化"的动机取向及实践策略。未婚同居的动机的复杂性与实践的丰富性，不仅涉及居住安排，还涉及是否涉婚性；再结合青年都市生活的流动性，需要探究的不仅是未婚同居的主体含义，理论上，笔者要追问：差异化动机取向的维度是怎样的连续统一，有哪几类倾向？不同动机倾向和实践策略的背后是怎样的行动逻辑？在差异化动机倾向选择下的同居实践使得未婚同居关系维系具有怎样的功能含义，又会怎样影响中国当下的亲密关系形态发展趋势？

因此，本研究试图从当代80后、90后都市青年在社会变迁环境中采取未婚同居的不同动机、策略出发，来探索未婚同居这种亲密关系实践存在的意义。

三 研究视角与研究方法

（一）理论视角："主体建构"

本研究试图从同居这种亲密关系形态的缔结、维系、转变进行探究，从同居者本身的主体性叙述中勾勒这种亲密关系实践存在的含义，运用 Patricia R. Pessar 和 Sarah J. Mahler（2001）探讨主体性的框架，以不同的度量、维度，从个人的身体延展到国家甚至是跨国空间探讨主体性。这种主体性有两个层面的含义，即个人的与社会的。

第一个要素是社会位置。即"个人在历史、政治、经济、地理、亲属关系等众多社会分层因素所决定的权利框架中所处的位置"（Mahler and Pessar, 2001）。这影响个人资源的多少，涉及微观及中观层面上的影响因素。其因素不仅与社会分层、种族、民族、国籍相关，还与性和性别以及年龄、职业有关，它们合力塑造了人的不同身份，而身份认同又影响人的行为和理念。

笔者调查的未婚同居者都有跨省与三、四线城市向一线城市空间流动的经历，使得自身跻身成为"新的社会阶层"群体，面对着都市生活、职场生活等方面的社会结构性压力，他们的同居生活实践不仅是在一定社会条件下内化的态度与行动的外在表现，又是驱动个体行动的建构性结构性因素。所以，未婚同居者们处于怎样的"社会位置"是着重分析的维度。

第二个要素是"地理尺度"。这里的"地理"是个宽泛概念，指个体作用于多维的社会空间尺度（Mahler and Pessar, 2001）。在本文中，首先指未婚同居者如何构建和控制自己的性、身份认同的空间尺度，如在同居关系中两性的私密空间的性权利/性角色及身份认同；其次是社会空间的尺度，即对居住空间的例行化程度、消费空间的边界等。

第三个要素是"主体性"。即在特定的社会位置上人如何改变权力的流向，对外部条件施加力量（Mahler and Pessar, 2001）。Pessar 和 Mahler 认为主体性包括两层含义，其一就是人们在自己特定的社会地位动用自己的社会资源计划和实施改变的能力,还取决于他们的"认知的能动性"(cognitive agency),包括人们的想象力、欲望等。

Pessar 和 Mahler 的框架凸显了社会位置、地理尺度和主体性之间相互关联与相互作用,对城市化、高速人口流动、经济文化发展的背景之下探究未婚同居关系具有借鉴意义。所以,要理解未婚同居对于流动青年的主体意义,首先,应该把他们当作有丰富情感和欲望的个人,而非社会层面的"群体",本文将要探索流动青年面临的社会情境如何影响未婚同居这种亲密关系的不同动机倾向选择;其次,他们的"认知能动性"体现在哪些方面,如何索引他们维系同居生活策略来满足身体、社会、情感的需要。

(二) 研究方法与受访者情况介绍

笔者从 2016 年 7 月开始关注未婚同居关系的实践群体——都市青年。随着社会变迁,以"80 后""90 后"为代表的青年群体成为社会新鲜事物和新潮流的代言人,青年的婚恋模式、亲密关系多样性"存在着人口结构、经济条件、社会观念、交际方式、家庭压力等多重因素的影响"(李春玲,2017),由此已成为当代学界研究关注的热点。经过一年的深度访谈和参与式观察,滚雪球抽样后最终正式访谈了 35 个未婚同居者(同居状态中或有过同居经历的单身/初婚者),受访者年龄集中在 25~30 岁,男性 15 位,女性 20 位;地域属性集中在北京、上海、深圳等一线城市;教育背景主要在高中及大学本科以上(硕士 18 人,本科 10 人,博士在读 5 人,高中 2 人),户籍多为二、三、四线城市;年薪平均在 10 万~15 万的都市青年群体。笔者从受访者的生活史出发,回溯同居经历及实践策略以及对婚姻的想象与未来规划等方面。追寻被访者采取同居这一亲密关系形式的动机倾向,从被访者的生平经验中来理解其当前行动中的态度与面临的处境及其赋予自身同居生活实践的意义。

四 未婚同居动机倾向:工具主义、规范主义、理想主义

笔者认为未婚同居者的主体性体现在自我认知和实践中,受到吉登斯"结构化"理论以及现代性"时空观"、个体本体性安全等理论的影响与

启发，笔者结合马勒和佩莎对生活经验研究的框架参考，从田野调查访谈资料中总结出，未婚同居者在自身空间流动性、生命年龄的脱嵌限度、日常生活惯例化程度等方面的差异化对比，展现工具主义、理想主义、规范主义三种不同动机取向的同居关系实践。

（一）工具主义

工具主义倾向的未婚同居者特征是以情欲吸引或居住便利条件为主要目的，进入同居关系速度快，历时性较短，维系时的空间流动性较强，自身年龄与社会时间（适婚龄）脱嵌认同感较低，日常生活惯例化程度较低，对同居关系的控制感较弱，未来规划性不强，有转入单身的倾向。"我对性生活质量要求很高，需要磨合，第一次可能不是非常好，不能达成很好状态，也要五六次才能磨合好。"（L小姐，27岁，自由职业者）

工具主义倾向的未婚同居者的空间流动性特别强，职业也较为不稳定，伴侣是短期固定的，同居关系维系只是一种陪伴工具性意义而存在。"我会定期在一个城市住一阵子，如果感情不合适，我要到另外一个城市，他不想去，我们就结束了。"（Wu小姐，自由职业者）工具主义倾向的未婚同居者对自身年龄到了适婚年龄的认可度较低，有"抗拒"倾向。"我年纪还小啊，为什么着急结婚呢？"（Qiao小姐，25岁）

同时，有工具主义倾向的未婚同居情侣多采取的是租房策略，对房子的自我归属感程度最低，居住便利性考虑的目的性更强，居住时间更短。"我觉得不是我的房子，我就不会收拾就是暂时的住，我俩分手后，我就搬出去了。"（Ren小姐，租房）在同居过程中，会有多角恋情出现，并认为这是同居关系保鲜的常态，和伴侣彼此是达成默契的心照不宣，对彼此的同居关系掌控感较弱，关系不存在排他性。"我们是去性别相处，性别是流动的，我们都有两种性别的亲密关系经历，也会吸引到两种性别，你有多重角色身份，那就很有新鲜感。"（Liu小姐）

（二）理想主义

理想主义倾向的未婚同居者特征是以崇尚爱情、维系浪漫恋爱关系为主要目的，恋爱质量较高，同居关系维系的历时性最长，空间流动性相对固定，自身年龄与社会时间（适婚龄）脱嵌认同感最低，日常生活惯例化程度最高，对同居关系的控制感较强，具有一定排他性，同居时对未来

规划性低，具有维持同居关系不转入婚姻关系的倾向。"就是陪伴，结不结婚重要吗？"（Ren 小姐，26 岁，职业学校教师）

对城市定居并无定着感，和同居伴侣职业调动"偕同"流动。"因为北京不适宜居住，以后再去其他城市定居，共同规划着走。"（Xu 先生，30 岁，北京国企职员）对于经济支出，理想主义倾向的未婚同居者认为是不分彼此的。"生活所需都是共同的，一旦分开是共同生活分开。"（Qiao 小姐）关系的控制感是很注重忠诚度、公开化。"没有第三者的介入，同居没考虑结婚，但朋友都知道我们住在一起了，爸妈也知道。"（Cui 先生）

（三）规范主义

规范主义倾向的未婚同居者特征是以结婚为目的，同居关系维系的历时性相对较短，空间流动性最低，自身年龄与社会时间（适婚龄）脱嵌认同感较高，日常生活惯例化程度较高，对同居关系的控制感最强，同居关系具有唯一性，同居时对未来规划性高，同居等同于"等婚"状态，同居关系有转入婚姻关系的倾向。"考研后，我俩就有规划要什么时候结婚，恋爱很久了，后来一起找北京的工作。"（Liu 小姐，27 岁，北京市公务员）

具有规范主义倾向的未婚同居者对自身年龄到了适婚年龄的认可度较高，对社会时间对自身的挤压性感知较敏感，有"顺从"倾向。"我现在这个年龄了，再去找新的，不会有更好的人选，现在决定明年结婚，是因为年龄到了，该结婚了。"（Hou 小姐，28 岁，民企职员）可以看出，对社会规范的"年龄到了"的敏感度，是对结婚规范的遵守的内化，当有了恋爱的伴侣，"住在一起"是社会时间序列中必然发生的事情。

同时，具有规范主义倾向的未婚同居者有明确的购房计划。"一个是过渡的出租的房子，一个是自己家，肯定不一样，自己的房子会一起做饭，租的就是睡觉，以后结婚有经济能力会买房子。"（Xu 先生，租房）

五 未婚同居三重动机倾向的结构解释

三重动机倾向选择背后都具有结构制约性或者既成要素的促进与限制，如果从社会生产层面对三种同居关系结构性要素分析，可以看出未婚同居具有三重功能性含义：在全球化、城市化的时空剧变中满足"工具性"功能取向；在亲密关系商业化逻辑、民主化进程中保持"理想性"基底；在"家庭主义"文化价值观影响下，具有"规范性"目标追求。

（一）城市化、时空剧变性与同居关系的工具性

三种动机取向的同居关系都面对城市的匿名性（Simmel，1950）。这首先为流动青年私密性的同居关系创造了社会空间；其次是时空剧变属性，80后、90后流动青年处于高等教育扩招的时代，青年的适婚期因此而延迟，他们脱离了原生家庭掌控，跨省教育流动以及全球、城市间职业流动促使其初入职场生涯的不确定感加剧，同时被抛向市场化的"租房"空间，加剧了自身的流动性。这使得未婚同居者进入同居关系的社会环境更为宽裕，同居关系的工具性在未婚同居者关系缔结初期、中期、后期都发挥着重要功能。

比如Cui先生表示当自身迫切想成为适应大都市的个体，在失去代际亲属网络的依托以及学校制度性环境的保护时，同居关系成为本体性安全感的来源。"都市生活是不确定性的，经常会不安，城市给予了我们什么，机会、视野、便利条件，但是我找不到自己的位置，想留在这儿，要不就得有钱，要不就得先拿户口，以后孩子入学得考虑，养老医疗得考虑……有她不一样，她是我奋斗的动力，两个人在一起才会有安定的感觉。"（Cui先生）

同居关系作为"等婚"状态的原因，有受访者表示：国家房价调控政策的调控，不敢轻易结婚。"我不会去领证，要买二套，但首付七成，不是不想负责。"（Guo先生）

大都市生存空间下的流动青年在失去校园体制宿舍模式的正式社会支持后，面对高额房价，在缺乏自身财富积累、原生家庭无法支持购房的特殊时期，同居关系中的工具性功能发挥就具有存在性意义。

（二）亲密关系的"商业化"逻辑、"民主化"进程与同居关系的理想性

未婚同居关系的理想性具体体现：爱而不婚，浪漫爱情的保留基底。"罗曼司"理念，在19世纪促进了西方社会生活的世俗化变迁（劳伦斯·斯通，1982），但浪漫和自由的爱情观没有能在现实中长期主导中国

人的性爱观（周晓虹等，2017），消费主义商业化逻辑渗透日常生活和家庭结构，1990年代以来恋爱和婚姻变现实，婚姻的意义被异化成为基于物质财富交换为第一性的流动"超市之爱"（叶青，2014）。

当婚姻成为消费主义的盛宴，同居关系的维系模式相比而言更为纯粹，正如吉登斯曾提出"纯粹关系"（Pure relationship）概念来捕捉当代人的爱情观（吉登斯，2001），这种亲密关系倾向于产生伴侣式的配偶或同居者，强调平等与知心的特质。现代性区别于传统的特征之一就是从经济考虑、制度安排转化为基于信任的纯粹关系。

同时，亲密关系发展在当代社会变迁中是一场"民主化"进程的革命，同居关系之所以具有纯粹性，也源自于两性性自主和性多元为背景下的性平等。当女性经济实力提高，性自主权利提升，爱欲与理性相结合（马尔库塞，1987），快乐成为一切实现自身计划的原则，同居关系成为摆脱婚姻关系中财产所属权的依附、维系性权利自由、逃避生育繁衍后代、母职规范的主动选择，更有"自我权利与自我实现"特征的高度现代性的含义。比如Li小姐排斥"一夫一妻"制度婚姻，崇尚自由。"我不需要对方财产，完全可以靠自己，没必要步入婚姻生活。我不认为一生可以只爱一个人，婚姻没那么有意义，同居生活就很自由，没有捆绑。"

（三）对"家庭主义"价值观的遵循与同居关系的规范性

西方家庭理念变迁中，界定伴侣行为的社会规范日益衰减，非婚同居或者同性伴侣的比率升高，使得结婚率降低，形成"婚姻的去体制化"（deinstitutionalization of marriage）（Cherlin，2004）。我国学者研究也表示1990年代以来的中国受到市场化、全球化的冲击使得社会转型在私人生活领域的个体自主性增长（阎云翔，2009），也就是说，是否结婚的自主权掌握在个体手中。

也有研究表明中国家庭领域的"个体化"趋势并没有按照西方家庭变迁轨迹，存在亲子轴与夫妻轴并现，进行代际互惠、合作决策的现象（刘汶蓉，2012），我们不可否认家庭仍然是个体的理性选择、风险共担的单位。

笔者调查体现出同居关系的规范性在于：在"家庭主义"价值观盛行的中国，组建家庭仍然是个体的理性选择，家庭成为风险共担的单位，同居关系转化为婚姻关系的可能性会更高。35个同居者的访谈中，19位受访者明显带有"规范主义"倾向的动机,有结婚的规划(同居前、同居中)或者进入了婚姻关系模式占主导的阶段。这说明未婚同居关系在一定程度上发挥着遵守传统家庭文化价值观的功能,成为婚姻关系的"前奏"或者是过渡。

Y 小姐在访谈中提到,对其伴侣的原生态家庭的和谐状态十分欣羡。"我去他家,打动我的是,他父母的感情特别好,家庭责任感强,如果也能像他们那样多好。"虽然,同居之初没有结婚的打算,但是同居关系维系的"家庭生活"对 Y 小姐影响很深,同居经历中与双方代际的互动,促使其进入婚姻关系。

家庭主义文化价值观影响下的个体,对婚内生育传统价值规范的遵守仍然是主动性的,这使得未婚同居关系受到生育的牵引,即"暂时不结婚,不生育,但不代表以后不生育,如果要生育,必须得结婚"的思维逻辑下,转化为婚姻关系的速度会提升。

六 未婚同居:欲望主体应对社会变迁的多重适应策略

笔者认为,不仅要仔细探讨未婚同居者同居经验形成的细碎过程、意义建构,还要将社会影响与个人经验相连,即分析未婚同居者理解自我和主体建构的"欲望表达",这种欲望表达是非计划性、非策略性的日常想法或选择,凸显未婚同居关系对 80 后、90 后流动青年的情感、精神象征性意义。未婚同居是个体的一种选择方式,不仅仅是亲密关系的选择方式,更是跟个体的需求欲望相联系,他们需要什么?想获得什么?对都市生活的理解和需求是什么?他们如何通过同居实践表达自己的欲望?

笔者通过访谈记录的话语捕捉,分析未婚同居者"主体性"发挥的场域,即作为流动人口,80 后、90 后一代青年,"新中产阶层"等社会分层因素所决定的"社会位置",认为未婚同居者成为流动中的都市化主体,多元价值观冲击的现代化主体,个体认同的家庭主体,未婚同居不仅是个体进行亲密关系维系一种选择形式,更是一种社会适应性策略。

（一）未婚同居关系成为流动青年完成城市身份认同时期的适应性策略

本文中的受访对象是80后、90后生活工作在都市的青年群体，在都市生存却没有都市户籍，尽管他们中有的人实现了就业，但无法立即完成都市人身份的转化，从就业所在地与户籍所在地相分离来看，与户籍制度相关的"市民待遇"，使得流动青年仍旧是"外乡人"，仍然属于"漂"一族。

流动中的未婚同居者的"社会位置"使得其自身成为都市化主体的欲望非常强烈，对于"外地人"身份的未婚同居者，首先是城市身份认同的焦虑感，个体还未完成城市身份认同的转型（从"外地人"向"都市人"转化），就无法进入结婚生子的正常人生轨道。都市户口的获得成为"外地人"完成"都市人"身份转型最直接的欲望表达，都市化主体的实现途径是：找都市户口的职业，积累都市生活的资本，从同居关系转化为婚姻关系。

可以看出，面对"都市人"与"外地人"身份差异以及与一系列权利的不平等的社会结构因素的勾连，流动中的青年亲密关系话语与实践是流动性的必然结果，更是在城市安定的必然选择，一段相对稳定的、有共同居所的亲密关系就具有特殊的意义，同居关系成为个体本体性安全感的来源，完成"都市人"身份认同成为未婚同居伴侣共同奋斗的目标，以相对稳定的关系适应空间流动性，保持城市的归属感。

（二）未婚同居关系是流动青年提高自我性赋权的重要场域

随着个体进入大都市接受高等教育的生命历程看，已经深受西方个人主义和消费主义的浪漫爱情观念冲击，价值观及认知体系已发生变化。青年群体不仅容易接受新鲜事物和理念，西方价值观念很容易得到他们认可和接受。受访者聚焦在80后、90后青年群体，他们的年龄阶段处于适婚期，性行为、择偶、结婚等人生阶段必将经历的重大事件都会成为个体自我赋权的重要场域。

成为性主体的欲望是个体维系未婚同居关系的重要驱动力，而且，笔者在受访者的访谈中发现，女权主义和性解放的思想为流动青年群体所接受和追捧：弗洛伊德、福柯、马尔库塞、弗洛姆等人关于性爱的哲学和心理学思想，萨特、波伏娃等作品中的反叛与自由的思潮赋予了其自身更多的发展和话语空间，这种群体认同所建构起来的亚文化在一定程度上构建新的性爱观，使得流动青年进行同居实践更具"个体主义"色彩。同居关系成为适应个体主义价值观文化认同感的实验场。

（三） 未婚同居是流动青年遵循传统婚姻规范的特殊形式

流动青年自身处于脱域状态——与传统性父权制婚姻制度高度分离，这种自主性不仅可以缔结、维系未婚同居关系为试验场，表达和生产性欲望，更是表达情感欲望的有力武器，具体体现在要挣脱传统性别角色和定位，拥有更多的个人空间，实现经济独立、得到尊重等。

受访者的同居生活经历叙述中，经常会表达和伴侣间的情感独立性，挣脱父辈的婚姻干预，表明与传统婚姻生活的不同，是"个体家庭"的组建，以相对纯粹的伴侣关系维系家庭生活，而非传统父权制度规范的婚姻生活，虽然未婚同居关系最终转换为婚姻关系的可能性很高，在于对传统家庭观的规范性遵守，但是从另一个角度看，维系未婚同居关系而不立即转入婚姻关系的情感依附程度来讲，更是希望拥抱同居生活的状态——"二人世界"的自由，不愿涉及双方父母的干涉，以及暂时逃避生育的责任，拥有更多的个人空间的情感表达，这也就说明，未婚同居关系成为流动青年延迟传统婚姻规范的一种特殊形式。

七　总结与反思

首先，本文讨论的是大都市流动青年（80后、90后）对"未婚同居"的实践和体会，呈现了三种动机取向的同居者们差异化的日常生活图景，从同居关系的缔结、维系与转化的过程中剖析未婚同居这种亲密关系形式在当代现有的社会、经济、文化环境下的三重功能性含义。

其次，着重突出了同居者自己的声音，他们自身作为都市化主体、现代化主体的欲求与选择"未婚同居"这种亲密关系形式的交织含义；呈现他们采取同居关系时面临结构限制性和使能性的自主性。避免从单一的角度解释未婚同居关系存在的原因，忽略其中的复杂性与多样性。

当然本文涉及的研究对象局限于35位受访者，指的是正式接受访谈的人（前期试调查9人），在访谈中实际接触了更多的潜在调查对象，质性研究在于每个故事的丰富性和每个受访对象的差异性,不能以定量思维对其样本代表性的认识论层面进行分析。对于文章的差异性动机倾向呈现,归纳总结三种范式,当然,笔者希望尽可能呈现多元和差异性,不以偏概全,这也是笔者进一步想研究的动力所在——收集更多的未婚同居者的故事,丰富及检验范式及理论框架。比如,低收入阶层、低教育水平的流动青年的未婚同居案例,农村生活的未婚同居关系等,他们的动机与策略又是如何?又有怎样的欲望?这也是今后笔者要不断丰富的方向。

最后,本研究的局限性还在于,研究本身的时效性,只能反映当时当地的个体的情境之下的理解与认知,当笔者再进行追踪调查时,可能又有一番图景的展现,这也决定社会变迁下的个体的认知能动性的不断变化,变化在质性研究中变成永恒,这也是魅力所在。

参考文献

马克思,1972,《1884年经济学哲学手稿》,《马克思恩格斯全集》(第42卷),北京:人民出版社。

李春玲,2017,《社会变迁背景下中国青年问题研究》,《中国社会科学报》第1203期。

李银河,2003,《性文化研究报告》,南京:江苏人民出版社。

刘汶蓉,2010,《婚前性行为和同居观念的现状及影响因素:现代性解释框架的经验验证》,《青年研究》第2期。

刘汶蓉,2012,《反馈模式的延续与变迁:一项对当代家庭代际支持失衡的再研究》,上海:上海社会科学院出版社。

刘志翔、毛丹,2005,《大学生恋爱同居现象的新特点及对策探析》,《黑龙江高教研究》第5期。

赫伯特·马尔库塞,1987,《爱欲与文明——对弗洛伊德思想的哲学探究》,黄勇、薛民译,上海:上海译文出版社。

潘绥铭,2003,《中国人"初级生活圈"的变革及其作用——以实证分析为例的研究》,《浙江学刊》第1期。

潘绥铭,2006,《中国性革命纵论》,台北:万有出版社。

劳伦斯·斯通,1982,《1500~1800年英国的家庭、性别与婚姻》,刁筱华译,北京:商务印书馆。

宋月萍、张龙龙、段成荣,2012,《传统、冲击与嬗变——新生代农民工婚育行为探析》,《人口与经济》第6期。

魏清沂,2005,《不婚同居的法理学分析》,《甘肃政法学院学报》第1期。

许传新、王平,2002,《试论"试婚"产生的社会机制》,《青年研究》第3期。

叶青，2014，《当代中国青年亲密关系的"超市化"转型——基于婚恋杂志的历时性比较》，《当代青年研究》第 6 期。

於嘉、谢宇，2017，《我国居民初婚前同居状况及影响因素分析》，《人口研究》第 2 期。

袁浩淇，2003，《传统，还是非传统？——对 116 名同居大学生的调查分析》，《当代青年研究》第 4 期。

张楠、潘绥铭，2016，《性关系的核心结构及其意义——非婚同居与婚姻的实证比较研究》，《学术界》第 6 期。

周晓虹等，2017，《中国体验：全球化、社会转型与中国人社会心态的嬗变》，北京：社会科学文献出版社。

吉登斯，2001，《亲密关系的变革：现代社会中的性、爱和爱欲》，陈永国、汪民安等译，北京：社会科学文献出版社。

阎云翔，2009，《私人生活的变革：一个中国村庄里的爱情、家庭与亲密关系》，上海：上海书店出版社。

Becker, G. S. 1981, *A Treatise on the Family*, Cambridge, MA: Harvard University Press.

Bumpass, L., Lu, H. H. 2000, "Trends in Cohabitation and Implications for Children's Family Contexts," *Population Studies* 54 (1).

Bumpass, Larry L. 1990, "What's Happening to the Family? Interactions Between Demographic and Institutional Change," *Demography* 27 (4).

Cherlin, Andrew J. 2004, "The Deinstitutionalization of American Marriage," *Journal of Marriage and Family* 66 (4).

Cleland, J. G. 1985, Reproductive Change in Developing Countries. NY: Oxford University Press.

Hirschman L. R. & Larson J. E. 1998, *Hard Bargains: The Politics of Sex*. New York: Oxford University Press.

Johnson, C. A., Stanley, S. M., Glenn, N. D., Amato, P. R., Nock, S. L., Markman, H. J., et al. 2002, *Marriage in Oklahoma*: 2001 Baseline Statewide Survey on Marriage and Divorce (*S02096 OKDHS*). Oklahoma City, OK: Oklahoma Department of Human Services.

Johnson, N. E. 2010, "Nonmetropolitan Sex-Role Ideologies: A Longitudinal Study," *Rural Sociology* 69 (2).

Kairi Kasearu, M. A., & Kutsar, D. 2011, "Patterns Behind Unmarried Cohabitation Trends in Europe," *European Societies* 13 (2).

Kalmijn, M. 2011, "The Influence of Men's Income and Employment on Marriage and Cohabitation: Testing Oppenheimer's Theory in Europe," *European Journal of Population* 27 (3).

Lesthaeghe, Ron J. 1983, "A Century of Demographic and Cultural Change in Western Europe: An Explanation of Underlying Dimensions," *Population and Development Review* 9 (3).

——2010, "The Unfolding Story of the Second Demographic Transition". *Population and*

Development Review 36 (2).
Mahler, S. J., Pessar, P. R. 2001, "Gendered Geographies of Power: Analyzing Gender Across Transnational Spaces," *Identities* 7 (4).
Manning W. D., Smock P. J. 2005, "Measuring and Modeling Cohabitation: New Perspectives from Qualitative Data," *Journal of Marriage and Family* 67.
Perelli-Harris B., Gerber T. P. 2011, "Nonmarital Childbearing in Russia: Second Demographic Transition or Pattern of Disadvantage?", *Demography* 48 (1).
Rhoades G. K., Stanley S. M., Markman H. J. 2009, "Couples' Reasons for Cohabitation: Associations with Individual Well-Being and Relationship Quality," *Journal of Family Issues* 30 (2).
Sassler S. 2004, "The Process of Entering into Cohabiting Unions," *Journal of Marriage and Family* 66 (2).
Simmel, G. 1950, The Met ropolisand Mental Life, In *The sociology of Georg. Simmel*, edited by K. H Wollf. Glencoe: Free Press.
Smock P. J. 2000, "Cohabitation in the United States: An Appraisal of Research Themes, Findings, and Implications," *Annual Review of Sociology* 26.
Stanley S. M., Whitton S. W., Markman H. J. 2004, "Maybe I do: Interpersonal Commitment and Premarital or Nonmarital Cohabitation," *Journal of Family Issues* 25 (4).
Sweeney, M. M. 2002, "Two Decades of Family Change: The Shifting Economic Foundations of Marriage," *American Sociological Review* 67 (1).
U. S Census Bureau, 2010, Facts for Features: Unmarried and Single Americans Week Sept. July 19, http://www.census.gov/newsroom/releases/pdf/cb10ff-18_single.pdf.

（原载《宁夏社会科学》2018年第2期，本文在原基础上补充了部分文献）

"我的钱"还是"我们的钱"?

——转型期中国城市青年同居的经济实践分析

于志强[*]

摘　要　伴随近年来非婚同居现象越来越普遍,同居期间的经济财产纠纷也逐渐引起关注。文章遵循主体性建构的方法论,将当代中国城市青年的同居经济实践放置于中国市场经济改革的现代化背景中,探究个体生命历程变迁下不同生活情景中同居经济实践的建构逻辑。研究发现,城市青年作为现代社会理性人在同居经济实践中扮演着积极策划者的角色。在传统家庭主义与现代个体主义、文化制度规范与个体浪漫诉求的相互博弈和互动中,城市青年对同居关系诉求、经济水平、婚姻意愿等因素影响和推动着同居经济实践的流变。一方面,个体化崛起以后,许多尚处于个体生命历程变迁特殊阶段的城市青年在爱而不婚的同居生活中积极追求自我欲望满足的经济实践。另一方面,在现有结构安排下,多数城市青年都积极追求关系稳定的同居实践,强调同居经济资源统一规划和合作共享的关系主义。而伴随个体生命历程的变迁,同居经济实践也呈现动态流变特征。

关键词　同居　青年　经济实践　亲密关系　个体化

在中国现代化发展的不断推进中,家庭亲密关系一度成为社会各界讨论的焦点。伴随个体化在中国社会的崛起(阎云翔,2017),新一代的中

---

[*] 作者现为山东大学哲学与社会发展学院讲师。

国人开始积极追求公民权利与平等、民主与自由的社会价值观，在这一价值观的指引下，许多青年人越来越强调"我的生活我做主"的价值理念，这也直接导致转型期中国的婚姻家庭逐渐呈现多样化、复杂化的现状和发展趋势。中国家庭追踪调查数据显示，改革开放以后，中国初婚男性有过非婚同居的比例由1980年的4.26%增长到2014年的35.73%，女性则由1980年的4.18%增长到2014年的35.96%（於嘉、谢宇，2017）。由此发现，在近40年的市场化改革过程中，非婚同居现象逐渐从地下隐蔽的道德污名，转变成为多数青年代群的自主选择，并为社会、家庭和不同群体所默认。此外，非婚同居作为当代中国青年私人生活变革的最显著特征，也引起了学者、社会评论家以及相关政策制定者的关注。

在上述背景之下，我将城市青年的非婚同居现象作为自己的博士论文选题。研究设计之初，我曾一度好奇，以爱情为标榜的情侣进入同居之后，究竟如何理解和践行彼此的经济花销，同居情景下青年经济花销的实践逻辑又会是什么？随着后期调查的推进发现，一方面中国社会转型背景下青年非婚同居缔结的动机、维系过程和结局走向呈现复杂且多元的形态。而同居者主体诉求和情景选择偏好的不同又直接导致了同居期间的经济实践呈现不同的生活逻辑或社会文化意义。另一方面当访谈提及同居生活的经济花销时，不少非婚同居者都会表达"我们两个都不是在乎钱的人，我们感情挺好的，谈钱伤感情"。从这里也可以看出，同居者形式上强调"不在乎钱"，但实质上却深思熟虑，也暗含着经济实践和浪漫情感的杂糅状态。而呈现和剖析经济实践和浪漫情感互动的特征和逻辑规则也成为本文的核心问题。

鉴于此，本文希望回归城市青年同居的日常生活，将同居的经济实践放置于中国市场经济改革的现代化背景下，探究在不同情景选择下同居经济实践会呈现怎样的社会文化意义，并试图从个体生命历程变迁的视角来理解同居生活经济实践的多样性、复杂性与流变性。本文力图在以下三个方面做出贡献。首先，丰富当代中国青年非婚同居的经验视野，呈现第二次人口转型背景下非婚同居者的生活叙事和本土实践。其次，推进经济学视角对亲密关系的深入探索，考察全球化个体化时代下中国家庭亲密关系转变的新近特征及变迁机制，展开我们对转型期中国家庭亲密关系现代性变革的多元想象力。最后，由于现行《婚姻法》对同居相关内容规定的不明确等因素，同居所涉及的人身、财产关系复杂，调节难度大，适用法律难等现象。本文希望为解决同居财产纠纷的法律政策出台提供重要的现实依据。

一 同居经济实践方式的研究基础

(一) 转型期中国同居实践形态的多元性

同居现象在21世纪之前的中国还常常与"非法"二字联系在一起，并因其道德上的不正当性而被人诟病或常被迫处于地下隐蔽状态。然而在过去的几十年里，这种情况发生了变化。除了西方意义上第二次人口转型的因素之外，这一变化既彰显了新一代中国人婚姻家庭生活方式的悄然变革，也隐含着中国社会转型背景下特有的结构变迁。一方面，伴随中国现代化的快速发展以及个体主义在中国社会的崛起，中国政府逐渐放松了对个体私人生活的监管，无论是国家法律制度还是民间习俗，都对青年人的同居生活越来越包容，中国人的婚姻在现代化变迁中呈现了"去制度化"的特征（Davis，2014）。而个体化崛起以后的新一代中国人逐渐开始追求自我价值的实现和情感诉求的表达。在这个过程中，中国人逐渐从关注下一代的"家庭主义"（familism）转向关注个人福祉的"个体主义"（individualism）。吉登斯笔下的"纯粹关系"也逐渐成为不少当代中国城市青年的自主选择（魏伟，2013）。有学者相继指出，个体主义成为许多城市青年选择进入同居关系的关键原因（赵璐，2018）。但是另一方面，我们也要看到，身处于"压缩现代性"的东亚国家（张庆燮，2012），在推动经济发展过程中，充分利用了家庭意识形态、家庭制度的工具理性（陈映芳，2015、2018）。特别是在转型时期中国社会风险不断加剧的背景下，婚姻家庭成为中国人抵御风险的社会支持系统。在这个过程中，家庭主义一度成为中国社会现代性变迁的"社会底蕴"（杨善华、孙飞宇，2015）。因此，虽然非婚同居现象在中国社会越来越普遍，但是同居率的增长并没有突破婚姻家庭的边界，个体与家庭之间的关系仍然是"家庭中的个人"而不是"个人为中心的家庭"（谭同学，2013；邢朝国，2017）。相关的量化研究也表明，多数中国人对婚前性行为和同居的态度仍处于保守和谨慎的层次，中国远没有达到西方亲密关系的变革水平（刘汶蓉，2010）。虽然同居作为西方社会中一种新的家庭亲密关系形式正逐渐被中国人接受,但是中国社会的同居现象依然带有明显的婚姻前奏的特征(於嘉、谢宇,2017)。

一方面,伴随着现代化和工业化的浪潮以及劳动力市场和房屋租赁市场的蓬勃发展,许多城市青年可以在劳动力市场中获得相应的经济收入,并且可以十分便捷地在城市购买或者租赁房屋,从而获取相对独立的私人生活空间。同时单位制解体以后,以隐蔽性和匿名性为特征的城市社区也间接地摆脱了传统社区道德舆论对同居者的污名化非议,这些都为中国城市青年的同居实践提供了广泛的社会空间。另一方面,由于全球化和劳动力市场变化导致的经济不确定性的增加,个体被迫面临不稳定的生活状况(Perelli-Harris and Gerber, 2011)。特别是,城市青年在脱离了学校集体生活的制度兜底并且原生家庭的次等经济条件无法提供相关的资源扶持时,经济积累尚且不足的城市青年无法应对大城市较高的生活成本,同时还要面临独自一人在外作为"空巢青年"的不确定风险。在这个过程中,许多城市青年因为抱团取暖而选择进入同居关系。至此我们发现,伴随着中国市场经济改革的现代化发展,在传统家庭主义与现代个体主义的相互碰撞和建构中,新一代的中国青年可以根据不同的情景选择偏好以及个人诉求来确定同居实践方式,进而使得转型期中国城市青年同居的亲密关系形态呈现多样化的实践特征。这是我们考察中国城市青年同居经济实践的重要背景,本文也将以此为出发点来探讨不同生活情景之下中国城市青年同居经济实践的日常建构逻辑。

(二) 亲密关系变革视野下的经济实践

改革开放以后,来自西方的家庭现代化理论曾在中国家庭研究中发挥着重要作用,受西方家庭现代化理论的影响,许多学者更加关注家庭亲密关系中的情感面向。事实上,经济实践一直是家庭社会学研究的重要议题。早在20世纪初,许多海外汉学家无论是孔迈龙还是滋贺秀三都将中国家庭视为一个同居共财的经济合作社模式。他们认为中国家庭主要是依靠一个钱袋子来维持家族的运转以及个人的基本生存,每一位家庭成员都被视为理性经济人,强调相互合作,争取经济利益最大化(滋贺秀三,2013)。后来的学者认为家庭经济合作社模式的描述不仅忽视了中国家庭以血缘为链接的情感关系,同时也忽视了个体在中国家庭私人生活中的主体能动性。伴随着中国现代化的发展,家庭中财产和权力关系、伦理价值的转变（张建雷、曹锦清，2016），个体化在中国社会崛起，家庭私人生活开始变革（阎云翔，2017）。当代许多学者受到个体化理论的影响，更加强调个体在日常私人生活实践中的主体能动性，例如有研究指出，个体可以通过采用不同的支付方式、金钱数额，抑或是恰当性，在特定的亲密关系中追求期望，承担责任和赋予意义（泽利泽，2009；肖索未，2018）。由此说明，个体在亲密关系中拥有驾驭经济理性的能力，可以将经济实践转换为目的导向的行动策略。

事实上，由于经济实践往往涉及个体诉求以及家庭资源的分配和消费，许多学者都将经济实践放置于中国社会个体和家庭关系的脉络中去讨论，比如有学者以两代人的购房过程为切入口发现，中国人的亲密关系呈现集体决策、金钱交换、感情沟通互为镶嵌的特征，这一点和西方社会以个体为本位的情感交流、平等协商、去物质化的"纯粹关系"有本质区别（钟晓慧、何式凝，2014）。还有学者通过农村家庭存私房钱的研究发现，核心家庭的财产和生计安全构成私房钱道德评价的核心标准，因此该研究认为中国农村家庭的发展轨迹仍然是"核心化"而非"个体化"（邢朝国，2017）。王娜关于家庭房产的经济纠纷研究也表明，家庭成员在解决纠纷时遵循一定的公平观和"家和万事兴"的共享价值（王娜，2011）。上述研究丰富了我们对于家庭经济实践的认识，许多研究也都证实了经济实践的确存在于亲密关系中，以及在经济实践和情感交流的相互交织下共同推动着中国家庭的现代性变迁。但是，首先，由于中国家庭研究的文化特点，许多学者比较关注婚姻家庭内部的经济实践方式，对纵向代际关系的探讨明显多于横向的亲密关系，尤其是忽视了横向亲密关系在非制度化情景下的经济实践内涵。其次，已有研究主要将经济实践视为静态、稳定的特质加以分析，将其固定在个体生命历程变迁的特定节点，忽略了经济实践在亲密关系中的可塑性、持续性和渗透性，而这一点在非制度化背景下灵活多变的同居实践中更是如此。在这一背景下，本文将个体生命历程变迁的动态视角融入同居经济实践的分析中，从动态、持续的角度来分析不同情景下同居经济实践的建构逻辑，以此来呈现转型期中国家庭亲密关系现代性变迁的复杂路径与特殊模式。

本文的田野调查起始于2019年末，在样本抽样的指引下，我开始有意识地寻找有非婚同居经历的城市青年。与受访者进行深度访谈的同时，我也试图融入受访者的现实生活。最终共有13位受访者被纳入本文的研究中，所有受访者都是1990年以后出生，长期在城市生活，无法定婚姻关系，并以异性恋的情侣关系在一起居住生活。受访者拥有初中、大专、本科、研究生学历，主要从事外企白领、教师、公务员、服务员、保安等职业。我与每位受访者建立2次以上的深度访谈关系，每次访谈大约90分钟。在深度访谈中，不涉及具体访谈问题，而是根据研究需要和访谈中的情景互动，围绕开放的访谈主题词进行访谈。

二 同居经济实践的浪漫表达和边界划定

伴随个体化在中国现代化发展中的快速崛起，新一代中国人越来越积极追求自我价值的实现与情感诉求的表达。爱而不婚的个体主义同居实践成为许多尚处于个体生命历程变迁特殊阶段的城市青年的自主选择。在这个过程中，新一代中国城市青年的同居经济实践会呈现边界分明的自我欲望满足的特征。

（一）经济保护：应对同居关系的不确定性

首先，信任关系不稳定。现实生活中，许多青年人因为缺乏稳定的信任关系而采取边界分明的经济实践。对于尚处于个体生命历程特殊阶段（尚未到适婚年龄）的城市青年，"相爱了"成为他们选择进入同居关系的主要推动力。在这个过程中，个体诉求的满足成为维系个体主义同居的关键，关系的稳定或婚姻意愿次之。在这个过程中，城市青年在同居中没有明显的结婚意愿，对同居关系的未来发展也缺少长期规划，个体更加强调自身对浪漫爱情的追求。在现实生活中，许多城市青年甚至会主动向双方父母隐瞒个人的同居经历，这也间接地规避了中国父母对子女情感生活的直接干预进而凸显了个体对私人生活的自主规划权。事实上，没有婚姻意愿、父母介入等外在力量的约束间接地使得双方的同居实践充满不确定性，这也对双方建立长期稳定和重承诺的亲密关系带来很大挑战。同时由于社会主流文化对同居分手现象日益包容，以及同居分手的低成本使得许多城市青年可以较为便利地根据个人意愿来决定同居关系的走向，同居分手逐渐成为十分普通的现象。许多城市青年出于对同居关系未来发展的担忧而采取了边界清晰的经济实践方式。支天是一位刚刚大学毕业步入职场的女性，她和男友因为"一见钟情"而同居，享受爱情，没有任何的结婚意愿，双方各自管理个人的经济收入和花销，个人经济类密码互不告知。

> 喜欢才在一起，不喜欢了就不和你在一起了，谁知道以后会怎么样，也没想过结婚，太远了。所以大家的信任关系肯定不如奔着结婚那种，我的钱就是我的钱，和他没关系，银行卡密码都不告诉的，也不问。（支天，白领，23岁）

其次，规避经济纠纷。对于不少青年，尤其是拥有一定社会地位、良好的职业声望以及经济富裕的青年来说，他们在个体主义的同居关系中会更加强调边界分明的经济实践，从而规避同居分手时的经济纠纷，保护个人的经济财产。晓萌是一位事业有成的女性，28岁的晓萌因为一次偶遇认识了男友阿裔，为了有更多的机会见面以及尽情地享受二人世界的爱情滋养，双方进入同居关系。但是晓萌清楚地知道男友阿裔并不是合适的结婚对象，晓萌对双方未来的同居关系充满了担忧与怀疑。在同居生活中，晓萌积极保持边界分明的经济实践方式，既满足了晓萌对浪漫情感的主体诉求，也规避了现行同居不稳定抑或是同居分手导致的经济纠葛，由此可以发现，晓萌作为现代社会理性人呈现了对同居亲密关系经济实践的自主规划权。

> 我喜欢他也是三分钟热度，感情没有了，分手了，剩下的只有分钱了，离婚就涉及财产什么的怎么分，有个法律来摘这个事情。同居就不存在这个问题，算是种自我保护吧，我的还是我的，不会损失什么。（晓萌，人力总监，28岁）

（二）追求对等：践行经济理性的现实考量

一方面，虽然在主流社会性别文化中，内外有别的性别分工在中国社会具有天然的政治正确性（杨菊华，2006），无论是在恋爱还是婚姻关系中，男性往往被视为经济花销的主要承担者，但是由于个体化崛起以后的许多城市青年有较为清晰的自我认知，不会再盲目陷入对男性尊严的无意识认同，反而许多个体因为信奉独立自主意识而追求对等性的经济花销。

另一方面，如果同居者在现行的同居关系中没有明显的结婚意愿，抑或是同居关系转入婚姻的可能性较小的前提下，不少男性也不愿意在同居关系中为对方承担过多的经济花销，而是积极追求同居关系中边界分明、对等性的经济付出，从而减少同居分手带来的经济损失。津津和张强都是研究生学历，由于早年父母婚姻的不幸福，津津对婚姻充满恐惧进而主动选择了不婚主义——同居。而张强却是一个婚姻主义者，由于张强认为自己还没有到结婚的年龄，尚处于生命历程特定阶段，也有更多机会凭借自主意愿来选择个人喜欢的生活方式，所以结婚意愿不同的张强和津津在同居关系中维持了暂时的平衡。但张强非常清楚地知道现行的同居关系进入婚姻的可能性几乎没有。因此，张强也不愿意在这段具有"临时性"特征的同居关系中承担过多的经济花销，也更加强调双方在同居关系中经济花销数额的对等性。

> 谁都不愿意把钱交给对方，也不受法律保护，关系也没到那么信任，也总吵架，她永远不结婚，我以后肯定要结婚的，现在钱混在一起分手肯定麻烦，分手了谁知道我给她花过钱，公平一点好，都是AA。（张强，国企员工，28岁）

（三）欲望满足：实现自我主体的诉求表达

首先，自我欲望的现实满足。在爱而不婚的同居实践中，城市青年格外强调个人设计生活的逻辑，渴望在同居实践中实现个体独立意识或自我欲望的满足。在这个过程中，一方面，城市青年强调对个人经济收入的独立支配权，即"我的钱就是我的"。另一方面，许多城市青年主要将个人的经济收入用于满足自我欲望的主体性实现。小凤是一家外企的HR，虽然单位分配给她的集体宿舍极大地减少了她的经济开支，但是集体宿舍的生活模式让小凤没有了私人生活空间，甚至成为小凤的生活负担。当小凤和男友恋爱以后，小凤积极推动和男友同居，没有结婚意愿的小凤积极追求界限分明的同居经济实践，并将个人收入都用于自我欲望满足的物质消费，践行了"我的生活我做主"的价值理念。

> 我挣的是我的，你挣的是你的，我想怎么花就怎么花，愿意做什

么就做什么，钱攥在自己手里，怎么花，完全看我心情，谁也管不着我。自己有钱了，我周天想出去玩就出去玩，想报个画画班，我就去学画画。（小凤，HR，26岁）

其次，礼物流动的情感满足。个体化意识崛起以后的城市青年为了更好地沉浸在爱情中、避免同居长期相处或柴米油盐的生活烦闷，进入同居以后，许多城市青年会积极追求礼物流动，尤其是双方在特定的纪念日、重要节日相互赠送礼物，在礼物流动的过程中实现青年人对浪漫情感的表达与渴望。需要指出的是，爱而不婚同居实践下的礼物流动的关键在于"我爱你"的浪漫情感表达，而不是出于对同居亲密关系持久化发展的渴望。阿昆和子怡是在校大学生，因为校园恋爱而进入同居生活以后，双方就出于个体情感表达而积极赠送礼物。

同居是很浪漫的，和他分享，我送给他礼物，主动给他花钱都是因为我爱他，不是因为我们的关系，或者我为了他，才要和他进入婚姻，要承担一些责任。我不爱他了，他就没有资格分享（得到）我为他买的礼物了。（子怡，在校大学生，21岁）

最后，家庭负担的理性逃离。婚姻在当代中国社会转型背景下的工具理性意义不断凸显，尤其是女性既要承担婚姻家庭繁重的责任，又要承担勤俭持家过日子的家庭责任，进而符合社会大众文化的期待以及提升婚姻家庭对个体的社会保障功能。在这一背景下，许多尚处于生命特定阶段的城市女性因为未到适婚年龄而自主地选择同居，从而规避了婚姻家庭带给女性的沉重包袱，并且在同居关系中积极追求自我欲望满足的经济实践，尽管这只是一种临时性的逃避。爱华和男友陈松从小在一个村子里长大，爱华一直认为同居就应该是以结婚为目的，但是个体化崛起以及尚未到结婚年龄的爱华看到婚姻家庭的沉重负担而自主选择进入同居生活，她希望可以对"自己好一点"。由于爱华的妈妈一直保留着婚前失贞的女性在婚后会受到夫家歧视的村庄记忆，因此爱华因为母亲的反对而隐瞒了父母，这也间接地减少了爱华父母对女儿同居生活的干预。进入同居生活以后，爱华既不用承担家庭责任，也可以凭借个人意愿将经济收入都用于自我欲望满足的物质性消费。

我那时候刚大学毕业，年龄小，也不想马上结婚，父母也不知道，就挺自由的。我也不用考虑省吃俭用，家庭责任什么的。我想买什么就买什么，我的钱都买衣服啊、化妆品啊、包啊什么的，只要我开心就好。（爱华，教师，29岁）

三　同居经济实践的资源共享与关系持久化

（一）亲密无间：拟家庭化的承诺信任

无论是因为婚姻制度的文化规范引领，还是个体对于婚姻作为一种生活方式的自我认同，当代中国社会的许多城市青年都积极追求关系稳定的同居实践，并将其指向了以承诺和长久为特征的婚姻关系。一方面，近年来中国人婚姻缔结的物质性要求越来越高，不少地方天价彩礼层出不穷，特别是绝大多数的中国人将婚房视为个体婚姻缔结的必需品，而高额的房价却让许多青年人因为个人或原生家庭次等经济条件而无法结婚，从而被迫进入同居关系。另一方面，由于个体化崛起以后城市青年对私人生活空间的自主权逐渐凸显，进入婚姻的传统规范发生了现代性变革，许多城市青年自主地将婚姻关系提前到婚姻缔结以前。总之，当代许多城市青年人的同居实践都带有强烈的结婚意愿，同居关系更加相当于"未婚夫妻"。双方对同居关系的未来发展有更清晰的规划，同居实践呈现强稳定性、高排他性的关系特征。在这个过程中，追求关系稳定的城市青年更像是"亲密无间"的一家人，也更加容易在同居实践中建立稳定信任、重承诺的亲密关系，这些直接使得同居经济实践呈现不分彼此的关系主义特征。铭鸣和阿尤都是公务员，恋爱以后双方在父母操办下举办了订婚仪式，而后进入同居生活并且积极备孕。在这个过程中，双方十分强调互通有无、不分彼此的同居经济实践方式。

同居和结婚没什么区别，同居就是一个小家庭了，这个小家庭就是我们共同的家，我觉得不应该分你的我的了。因为大家是要在一起一辈子的，不信任就不会结婚，所有收入、开销什么的都是我们共同的。（铭鸣，公务员，29岁）

（二）合作共享：家庭责任的积极履行

带有强烈结婚意愿的城市青年进入同居关系以后非常强调双方经济实践的合理规划和资源共享，强调将钱"用在正地方"，主要表现在三个方面。

首先，购买婚房。由于个人或家庭次等经济条件的限制，一些带有结婚意愿且无法结婚，无奈地进入同居生活的青年，更愿意将双方的经济收入和花销进行规划，从而为购买婚房做准备，顺利实现从同居向婚姻关系的转变。此时同居也成为个体进入婚姻的经济准备阶段。大专毕业后从事销售工作的慕斯和晓晓恋爱以后，由于融洽的相处，双方产生了强烈的结婚意愿，并且获得双方父母的认可。但是由于慕斯无力购买婚房，因此，晓晓和慕斯选择进入同居关系，他们希望通过经济资源的合作共享与统一规划，尽早实现婚姻缔结所需要的经济积累。

> 我和她是奔着结婚去的，见过家长了，只不过没有房子没办法结婚，所以就同居了，我觉得同居就是我们共同的家，大家一起奋斗然后买房子结婚呗，同居我就把我的工资卡给她了，是一种信任的表现吧。（慕斯，销售员，27岁）

其次，生活开销。许多带有结婚意愿的城市青年进入同居生活以后，双方会追求带有生活化和务实化的经济实践，积极强调将经济花销用在关系的长远发展上，比如家庭生活品的购买，或是抵御家庭生活的危机，等等。虽然这没有给双方带来个体主义特征的浪漫和惊喜，但是生活化和务实化的经济实践彰显了双方"踏实过日子人"的形象，既有利于实现同居关系转入婚姻的持久化发展，也有利于释放婚姻家庭的保障意义。江燕和安洛恋爱三年以后，在已经开始谈婚论嫁的时候进入同居关系，双方就格外强调将彼此的经济花销主要用于家庭生活或关系长久发展。

> 我们要结婚才会同居，不能总玩浪漫，因为那需要钱需要精力，结婚就要有一个长远的眼光了，要考虑到未来，两个人的未来，钱得花在家里面，要有过日子的样，一点点把家置办起来，不能光顾满足自己。（安洛，保安，31岁）

最后，代际责任。许多有结婚意愿的城市青年将婚姻关系提前到同居生活，在这个过程中，许多城市青年的同居经济实践会主动承担家庭责任，比如城市青年在婚前同居中开始承担养老责任。袁爱和男友恋爱三年以后，在农村老家办了订婚宴后进入同居生活。订婚作为一种仪式，往往意味着村庄共同体对双方的婚姻关系的民俗认可，订婚以后双方在家庭关系中的角色扮演逐渐由不确定转变为确定。这既有利于双方建立长期信任和稳定的亲密关系，也有利于实现双方经济收入的合理规划，从而开始自觉承担婚姻家庭的各类责任。

订婚以后的关系会比以前的关系更加紧密，因为我们的关系是确定的，就是结婚了，这边是儿媳，那边是女婿，就肯定要承担家庭责任了，要好好规划钱怎么花，要考虑父母养老，定期给他们打钱。（袁爱，教师，26 岁）

（三）婚姻策略：同居持久的推动力量

当城市青年进入同居关系以后，双方的结婚意愿有时候是存在差异的，比如一方带有明显的结婚意愿，但另一方的结婚意愿却不明显，此时同居关系的经济实践则成为个体积极推动同居转入婚姻关系的行动策略。其主要表现在三个方面。

首先，通过雪中送炭的经济帮助进而增加双方同居关系的稳定性。一般而言，雪中送炭的经济帮助既可以帮助对方解决燃眉之急，也彰显了双方在亲密关系中愿意相互帮助的经济理性策略，有利于增加婚姻家庭的社会保障意义进而应对全球化和市场化的风险，由此增加双方从同居关系向婚姻转变的可能。康京和女友进入同居不久，康京因为工作失误需要赔付2万元，没有太多经济储备的康京因为家庭经济条件欠佳而一筹莫展，而女友对康京的慷慨帮助，不仅激发了康京的结婚意愿，同时增加了双方从同居转入婚姻关系的概率。

同居能结婚肯定最好，但什么都有可能发生，分手了也很正常。我心里挺犯嘀咕的。同居不久她就愿意给我花钱，我就认真起来了，结婚不就是相互帮助吗，一起过日子，我觉得她挺合适的。（康京，

仓库保管员，28岁）

其次，通过彰显挣钱养家的能力进而增加结婚的可能性。伴随着现代化以及城市化的进程，许多打工青年怀揣着对大城市的向往来到城里，但是由于打工青年的学历较低因而很难找到拥有良好社会声望的职业，经济收入也相对较低。在这个过程中，许多打工青年在城市遭遇了婚姻挤压的结构性难题。而接受现代城市文明洗礼的打工青年不愿意回到农村社会，农村社会高额的彩礼也让许多打工青年望而却步。因此，一方面，许多打工青年为了增加婚姻缔结的可能性，不仅会积极推动从恋爱向同居关系的转变，并且在同居关系中主动承担生活的经济花销，由此彰显打工青年挣钱养家的能力，从而赢得女友的婚姻意愿。另一方面，教育程度、社会地位、经济收入都处于弱势的打工青年一直处于城市边缘地带，并在竞争激烈的全球化和市场化时代遭遇自我认同危机。而主动承担家庭责任的打工青年彰显了男性尊严，通过同居经济实践进一步重新建立了自我认同，弥补了打工青年在竞争激烈的市场经济时代被边缘化的失落感。初中毕业进城打工的小胖对于自己28岁还是单身感到焦虑难安，和女友恋爱以后，小胖积极推动双方进入同居关系，在同居关系中积极主动地承担了大多数的生活花销。

> 我家太穷了，没女的愿意跟我。同居了，我就愿意主动花钱，也不白花，我希望和她结婚，我也不能一辈子打光棍啊。我现在还挺有成就感的，感觉我不是那么没用，可以养家，自信一点点找回来了。（小胖，快递员，28岁）

最后，通过讨好父母的经济策略而顺利进入婚姻。和许多爱而不婚主动隐瞒父母的同居实践不同，近年来随着亲权在中国家庭现代性变迁中的回归，中国父母对子女私人生活依然发挥着重要的作用，在某些情况下还直接影响了子女同居结局的走向。因此许多城市青年从同居转入婚姻关系的过程中往往需要得到父母的首肯，在这个过程中，许多城市青年在同居实践中会投其所好地为对方父母购买礼品进而希望获得对方父母的认可和支持，从而将双方的角色关系从不确定转变为确定，同居关系逐渐从不稳定转变为持久化发展，最终转变为婚姻关系。

要结婚肯定涉及父母啊，就不能像小年轻的只顾自己，逢年过节，我们都会费尽心思给父母准备东西，给父母留下一个好印象吧，你要和人家结婚，能不重视人家父母嘛，讨好人家呗，这样才更能结婚啊。（慕斯，销售员，27岁）

四 同居经济实践的婚姻流变与生命周期

通过前文的分析我们可以看到，在现有结构安排下，当代中国城市青年在不同的情景选择偏好中呈现了不同的经济实践逻辑。接下来，本文将从个体生命历程变迁的视角出发，来理解同居经济实践的动态流变。一方面，我们可以发现，伴随着个体设计生活的自主规划权日益凸显，城市青年可以凭借个人诉求或婚姻意愿的变化来不断动态调整经济实践方式；另一方面，我们也可以发现，同居实践个体自主选择的背后也隐含着转型期中国社会特有的文化结构规范的影响。

（一）婚姻意愿消减：从合作共享转变为主体诉求

伴随个体化在中国社会的崛起，新一代中国人逐渐放弃了标准化的婚姻生活，更加强调个体对未来婚姻的自主设计以及婚姻生活对个人需求的满足。在这个过程中，许多城市青年都格外强调同居生活的试婚意义，即使许多城市青年没有直接因为试婚而进入同居，但是同居生活的日常相处却影响了同居青年的结婚意愿，而结婚意愿的转变也直接导致了同居经济实践方式的变化。研究发现，同居经济实践本身也是城市青年试婚的重要内容，许多带有结婚意愿的城市青年在同居试婚中都希望彼此可以较好地扮演内外有别的性别分工模式，即男性拥有能够挣钱养家的能力，女性扮演着勤俭持家的过日子人形象，从而有利于实现婚后的稳定以及家庭社会保障功能的发挥。如果同居生活无法实现这一点，则往往意味着试婚的失败，这也将导致他们同居关系经济实践的方式发生调整。前文提到的晓晓和慕斯带着强烈的结婚意愿进入同居生活之后，希望将经济收入放在一起统一规划，可以进行婚房的物质积累，但是双方通过同居生活朝夕相处发现彼此的消费观念有很大差异，一方面，慕斯认为晓晓的日常花销过于"大手大脚"，并不是"勤俭持家"过日子的人。另一方面，晓晓经常指责慕斯工资非常低,让慕斯丧失了男性尊严。双方的矛盾越来越激烈,进入婚姻的意愿也随之减弱。因此在同居后期,双方不再对经济收入进行统一规划,而是采取了AA制。由此我们发现,同居经济实践会随着婚姻意愿的变化而不断发生调整。在这个过程中,同居青年在亲密关系中驾驭经济实践的能力也得到了充分的体现。

我把钱都交给她保管是想攒钱买婚房的。但是她的花销特别大,她一年买护肤品的钱,够我吃至少半年的饭了。我压力挺大的,挺自卑的。我就觉得她这是没想和我好好过日子,经常吵架。她也总嫌我赚得少,都觉得不适合结婚,钱也不放一起了,自己管自己的,没多久就分手了。(慕斯,销售员,27岁)

(二) 婚姻意愿递增:从浪漫欲望转变为抵御风险

由于"男大当婚女大当嫁"在中国社会充满了政治正确,加之东亚民族国家崛起,转型社会风险日益增加和社会福利保障制度的不足,家庭不仅成为国家福利意识形态渗透的基本单位,更是个体借以抵御生活风险或提升生活质量的重要途径。现实生活中,在中国式父母的催婚下,多数适婚青年的同居实践都会指向婚姻。而伴随这个实践流变的过程,许多城市青年的同居经济实践的方式也将从自我欲望的满足转变为婚姻缔结的关系持久发展。前文提到的爱华和陈松同居三年以后,伴随双方逐渐接近适婚年龄,在父母的催促和帮助下两人顺利进入婚姻。在这个过程中,同居相处激发出来的婚姻意愿使得双方建立稳定的信任关系,双方开始追求亲密无间的经济共同体,强调"这是我们的钱"。爱华作为女性也不再一味地追求自我欲望的满足而是强调婚姻家庭稳定与家庭责任的承担。

年龄大了,父母也催我了,我就考虑结婚了,再不像以前那样在商场里买衣服了,现在都是地摊货,省下来的钱存着,结婚有孩子,花销肯定特别大。家里应个急,不能和刚开始同居那样想怎么花就怎么花。(爱华,教师,29岁)

(三) 爱而不婚：生命周期转变的阶段性与长期性

首先，爱而不婚的个体主义同居呈现抱团取暖的关系主义经济实践。虽然许多城市青年在爱而不婚的同居生活中追求界限分明、自我欲望满足的同居经济实践，但是由于转型期中国全球化和市场化社会风险的不断加剧，社会福利制度的不完善，许多城市青年脱离原有学校集体生活的制度兜底或资源扶持，原生家庭次等的经济条件又无法提供非正式的经济帮助。在这个过程中，经济积累尚且不足的城市青年来到一线城市工作和生活，要面临大城市高额的生活经济成本和职场的精神压力。因此，许多城市青年将以自我欲望满足的个体主义同居实践发展成为抱团取暖的关系主义以应对市场化的生活压力。前文提到津津和张强带着对浪漫爱情的美好期待进入同居关系以后，双方发现彼此的生活习惯有很多分歧和矛盾，同居生活的柴米油盐抹掉了两人所有的浪漫和惊喜。北京高额的生活成本，使得工资收入不高和缺乏原生家庭经济支持的津津和张强的北漂生活遇到很多挑战。而双方在同居中采用界限分明的经济实践有效地缓解了双方的经济压力。正因如此，面对理想和现实的巨大落差，同居经济实践发挥着关系主义的经济策略而使得双方不愿意轻易结束现有的同居关系。

> 住在一起有矛盾也不会轻易分手吧，因为一个人在外面打拼太难了，哪都需要花钱。我们又没那么多钱，同居房租和水电什么的可以一人一半，省了不少钱，对她对我都是一件好事，一个人压力太大了。（张强，国企员工，28岁）

其次，渴望将爱情进行到底的同居经济实践。许多女性正是发现女性在个体主义同居经济实践中得到自我欲望的满足，并且越发意识到婚姻在市场经济时代的脆弱性和负担感而主动选择拒绝结婚，主张将同居关系进行到底，从而实现个体诉求的满足。这对于中产阶层的青年来说更加明显。秋云是一个地地道道的不婚主义者，一方面，早年原生家庭经历让秋云在潜意识中对婚姻充满恐惧，而不愿意选择结婚。另一方面，本科毕业的秋云就职于一家外企公司，年收入可观，已经成功步入中产阶层的秋云既不需要再依靠婚姻制度的社会保障功能，也不需要依靠代际关系来保障自己的老年生活。因此秋云企图将爱而不婚的同居实践进行到底，希望通过个体主义的同居经济实践来实现自我欲望的主体性满足。

> 我不结婚的，结婚了感觉自己牺牲太多了。我觉得同居就很好。我想买什么就买什么，我今天高兴花一万块钱买个包，我就买，明天高兴，我还买。结婚了就不一样了，你得生孩子吧，你得对孩子负责吧，现在国际学校学费一年好几十万，不可能再像现在这样随心所欲，所以我不结婚。（秋云，外企员工，29岁）

五 结论

纵观全文，本文将经济学视角纳入亲密关系的讨论中，透过转型期中国城市青年同居经济实践方式的主体性叙述，可以发现，一方面，个体化崛起以后个体主义同居实践的确在中国社会出现，许多城市青年开始自主地选择爱而不婚的同居关系。在这个过程中，城市青年的同居经济实践也更加强调个体欲望的自我满足，这既是城市青年出于个体对浪漫爱情的积极表达，也是个体对市场经济时代婚姻家庭工具性的短暂逃离。但是这种处于个体生命变迁特殊阶段的爱而不婚的同居实践既没有在当代中国成为主流，也没有挑战婚姻家庭的边界。

另一方面，由于家庭主义文化依然是中国现代化发展的"社会底蕴"，受到婚姻制度设置、转型时期的社会风险，以及社会福利制度的不足等结构性影响，许多城市青年都渴望在同居关系的持久化发展中实现抱团取暖的合理规划和合作共享，既可以实现婚姻缔结的物质要求，也可以更好地释放婚姻家庭的社会保障意义。同时，伴随个体生命历程的变迁，婚姻意愿的流变直接导致同居经济实践的动态发展，强调自我欲望满足的个人主义同居经济实践也呈现工具性关系主义特征，进而应对市场经济时代的生活成本。

总之，在传统家庭主义与现代个体主义、文化制度规范与个体浪漫诉求的相互博弈和互动中，城市青年对同居关系诉求、经济水平、婚姻意愿等因素影响和推动着同居经济实践的流变，并且自主地将同居经济实践转变成为新一代中国人实现未来美好生活的行动策略，既满足了个体化崛起以后自我价值的实现，也应对了转型期身处全球化与市场化时代的社会风险，彰显了中国青年人作为现代社会理性人在同居经济实践中扮演着积极策划者的角色定位，这既是中国社会个体化的一种表现，也是个体化在中国社会崛起的特殊之处。

参考文献

陈映芳，2015，《社会生活正常化：历史转折中的"家庭化"》，《社会学研究》第 5 期。
陈映芳，2018，《如何认识今天的家庭危机：国家-家庭关系的视角》，《城市治理研究》第 1 期。
刘汶蓉，2010，《婚前性行为和同居观念的现状及影响因素：现代性解释框架的经验验证》，《青年研究》第 2 期。
谭同学，2013，《从伦理本位迈向核心家庭本位——论当代中国乡村社会结构的文化特征》，《思想战线》第 1 期。
王娜，2011，《亲密关系和经济理性的相遇》，华东师范大学硕士学位论文。
魏伟，2013，《同性伴侣关系：亲密关系的多重样态及可能》，《探索与争鸣》第 5 期。
邢朝国，2017，《中国农村家庭演变："核心化"还是"个体化"？以私房钱的道德评价为切入点》，《社会》第 5 期。
肖索未，2018，《欲望与尊严：转型期中国的阶层、性别与亲密关系》，北京：社会科学文献出版社。
杨善华、孙飞宇，2015，《"社会底蕴"：田野经验与思考》，《社会》第 1 期。
杨菊华，2006，《从家务分工看私人空间的性别界限》，《妇女研究论丛》第 5 期。
阎云翔，2017，《私人生活的变革：一个中国村庄里的爱情、家庭与亲密关系：1949~1999》，龚小夏译，上海：上海人民出版社。
於嘉、谢宇，2017，《我国居民初婚前同居状况及影响因素分析》，《人口研究》第 2 期。
赵璐，2018，《未婚同居：当代都市流动青年的亲密关系实践》，《宁夏社会科学》第 2 期。
张庆燮，2012，《复合风险社会：压缩性现代性和韩国的风险秩序》，载谢立中、郑根植《社会转型：中韩两国的考察》，北京：社会科学文献出版社。
滋贺秀三，2013，《中国家族法原理》，张建国、李力译，北京：商务印书馆。
张建雷、曹锦清，2016，《无正义的家庭政治：理解当前农村养老危机的一个框架——基于关中农村的调查》，《南京农业大学学报》（社会科学版）第 1 期。
薇薇安娜·泽利泽，2009，《亲密关系的购买》，刘永强译，上海：上海人民出版社。
钟晓慧、何式凝，2014，《协商式亲密关系：独生子女父母对家庭关系和孝道的期待》，《开放时代》第 1 期。

Davis, Deborah. 2014. "Privatization of Marriage in Post-Socialist China", *Modern China* 40 (6).

Perelli-Harris, Brienna & Gerber, Theodore P. 2011, "Nonmarital Child Bearing in Russia: Second Demographic Transition or Pattern of Disadvantage?" *Demography* 48 (1).

（原载《中国青年研究》2021年第1期，本文在原基础上略有改动）

婚外包养与男性气质的关系化建构

肖索未[*]

摘　要　近年来，关于性别建构的理论反思了其潜在的个体主义的倾向，提出引入"关系化取向"，关注他者所承担的繁复的情感、身体以及性方面的"支持"行为，共同生产出个体性别的真实完整性或刻意违背（transgression）。本文借助性别关系化建构的视角，特别是"性别劳动"的概念，分析婚外包养关系中不同阶层男性气质的建构，阐述"二奶"在家里家外所承担的家务、情感和身体劳动，如何使其伴侣感到作为男人的尊严和地位，进而修复阶层化的男性危机或彰显新贵身份。本文还将深入考察权力关系如何影响性别劳动在特定亲密关系中的运作，进而讨论关系化建构视角在本土性别研究中的意义。

关键词　社会性别　关系化建构　性别劳动　婚外包养　男性气质

一　导论

一个温暖的冬日午后，我去阿菲家拜访。阿菲住在广州城郊一套70多平方米的两居室中，是男友阿东半年前给她买的。我到的时候，她正在家中看肥皂剧，觉得无聊，她又拿出假睫毛来玩。阿菲告诉我，阿东刚走没多久，之前已经三天没来了，这次待了两个小时。我调侃道："是不是小别胜新婚啊？"阿菲说："我们没做什么，就聊聊天，他抱了我一会

---

[*] 作者现为北京师范大学社会学院副教授。

儿。"见我有些不信，阿菲笑着说："我们好久没做了，他胃口（性欲）不是很大，现在身体也不行了，做不了几次，他要留着给他老婆。"① 在阿东刚开始表现出不太有兴趣做爱的时候，阿菲还很担心他会不会甩了她，好在阿东一直给她钱，供养她。"他对我还是有感情的"，阿菲欣慰地说。

阿菲就是通常人们所说的"二奶"。她是广州本地人，31岁，三年前和37岁的建筑公司老板阿东在一起后，就不再工作，由男方供养。然而，与"包二奶"是"钱色交易"的常识不同，在这个案例里，"性"并非最关键的因素。这在我调查的其他18个案例里也有类似情形：一些男性和他们的二奶没有固定的性生活；甚至在个别案例中，包养双方完全没有性交行为。按照通常的理解，婚外包养主要图个"性福"，若果真如此，为什么没什么性需要的男性仍然继续包养二奶？

本文将透过考察男性与二奶之间的互动，来探讨婚外包养对男性的意义。我将突破"性"的局限，将婚外包养置于市场经济改革时期"男性气质（masculinity）重塑"的背景中来考察。我试图说明，"性"是这个时期男性气质的重要组成部分，但不是唯一要素；而且，"性"的重要性不仅仅表现在"行为"层面，很大程度上体现在"符号"层面。

市场经济改革以来，不少学者注意到性别关系的重塑运动在中国社会文化领域积极开展，尤以批判和背离社会主义国家主导的"去性别化"的性别实践为重要特征（Brownell, 1999; Yang, 1999; Zhong, 2000）。从20世纪80年代开始，以男性作家和男性学者为主要代表的知识精英抨击过去的社会主义体制中过分强化女性的权力和自主性，让男性完全服务于国家，从而使男人不像男人。这是对男性心理和精神上的阉割（Zhang, 2001），最终会导致国家的虚弱和现代化的无法实现（Brownell, 1999）。市场改革时期占主导地位的性别话语以个体主义为基础、以提倡"素质"和"欲望"的"市场话语"为主导，与以维护父权制为基础的、主张传统性别角色分工的传统话语相结盟，并且高度渗透到国家话语之中（吴小英，2009）。

在市场经济改革时期的性别话语中，关于男性气质的主流表述呈现新的特点：首先，性和欲望的显性化。在"后社会主义寓言"中，释放和

---

① 阿菲解释说阿东留着跟老婆做爱是为了避免被怀疑有外遇。

彰显在社会主义时期被压抑的个体欲望成为中国实现现代化的核心动力，性和情欲作为最本质的人性获得表述的合法性（罗丽莎，2006；Zhang，2007），而男性的"性"欲、"情"欲又因与传统性别规范暗合，获得更多的社会接纳和道德合法性。其次，财富的核心地位。随着消费社会的到来，理想男性越来越多指向那些拥有充沛购买力的形象（雷金庆，2012）。赚钱和获取经济资本的能力是男性化个体素质的一种重要表现，这种能力可极大地增加其在（异性）亲密关系中的吸引力（徐安琪，2000；Farrer，2002；Osburg，2013）。最后，随着"男主外女主内"等传统性别和家庭角色的回归，官方话语和主流媒体都将男性气概与男人的家庭角色和家庭地位相挂钩，强调"养家人"的角色和一家之主的权威（Yang，2010）。

关于男性气质的论述，凝结着性别与社会阶层这两种要素之间的相互交织：当经济水平与男性个体素质和吸引力、养家能力紧密捆绑在一起时，低社会阶层的男性不可避免地面临"去男性化"的危机；同时，当（异性恋的）性和情欲成为市场改革时期男人本性时，女性身体、性和情感就会成为实现男性气质的重要途径，进而转化为表达某种阶层优势的符号。本文将引入"关系化"的视角——即男性性别身份的完成如何依赖于（亲密关系中）女性的劳动——来考察婚外关系中男性气质的建构。与此同时，本文对男性气质关系化建构的讨论还将保持对社会阶层的敏感性，探讨婚外包养关系对不同社会阶层男性的社会意义。

二 性别建构的理论视角转换：从个体的实践到"关系化"的建构

自女性主义者提出"社会性别"的概念来揭示性别的社会建构本质及背后的权力结构和等级体系以来，性别研究的重要发展趋势之一是从静态的、"本质主义"的角度进行性别认知——如"性别角色"（sex roles）的概念——转向从动态的、实践（practice）的角度去把握社会性别的建构过程。在美国性别社会学权威刊物《性别与社会》（*Gender & Society*）的创刊号中，Candace West 和 Don Zimmerman 发表了《做性别》（Doing Gender）一文，指出"性别不是某种一个人的所是（being），而是一个人的所为（doing）"。作者将具有模糊性的生理的性（sex）、社会文化界定的"性别类属"(sex category)和实践取向的社会性别(gender)区别开来,认为社会性别不应被视为固定、静止的角色,它其实是在社会生活和关系中不断地被创造和再创造出来的——社会性别是人们在社会生活中反复进行的一系列有意识或无意识的行为,以"准确"地把自己放入相应的性别类属。"做性别"看似个体的行为,其驱动机制则具有社会制度和互动属性。比如在多数社会中,男女二元对立、本质分化的性别类属是区分人群的最基本标准之一,并约束着社会生活和人际关系的各种互动情境,那么个体"做性别"不仅无法逃避,而且带有强制性。社会文化和制度性安排(例如性别的劳动分工、强制的异性恋)规定合适的性别展示的方式和内容,界定了与男性气质和女性气质相符的规范性行为,并接受不同社会关系和互动情境的调适;[①] 反过来,人们通过日常的、有序的和重复的"做性别",不仅完成了个体性别身份(gender identity)的建构,而且实现了对"性别类属"的表述,并完成相关制度安排的再生产。由此可见,"做性别"的概念将社会结构、文化符号与个体身份有机地串联起来(West and Zimmerman, 1987)。

几乎与此同期,后现代女性主义代表人物 Judith Butler 提出了"性别表演"(gender as performance)的概念,进一步挑战了关于性别的本质主义论述。Butler(1990)认为性别是一种重复性表演的效应(effect),这种表演在遮掩了个体性别行为矛盾性和不稳定性之时,生产出一种静止的、正常的性别效应;所谓的"真实的性别"只是一种叙述,这种叙述是通过策略性的集体协议去表演、生产和维持不相关的、两极分化的性别加以维系的;正是性别生产的可信性模糊了性别作为一种文化虚构的实质。在 Butler 看来,正是这种表演性,给性别身份带来了多样性空间,开启了对性别规范进行挑战和反抗的可能。

在将社会性别视为一种"所为"和"表演"视角的影响下,出现了大量经验研究探讨社会性别的多样性和情境化的建构,阐述个体和群体的性别建构或表演如何在各种社会合力的作用下进行实践,这些合力包括总体的社会性别意识形态和制度安排、地方性性别文化、具体的机构环境、社会关系规范以及其他社会力量(比如阶级、族群等)(Barber, 2008;

[①] West 和 Zimmerman 提出,个体并非总是遵循性别的社会规范,有时甚至刻意违背和挑战,但往往需要为背离行为付出代价。

Bettie，2000）。然而，尽管学者们通常在社会互动中观察性别建构的过程及其机制，并从理论上指出不同社会性别建构之间的相关性（Cornell，1987），但在研究中经常陷入"性别身份"的"个体主义"陷阱——从个体认同的视角强调个体为建构其自身的性别身份、性别认同的所作所为，以及个体对这些行为的主体认知，却忽略了性别建构的互动性内涵。

近年来，一些反思开始出现。Connell 和 Messerschmidt 在关于男性气质研究的评述文章中提出男性气质的研究需要引入"关系化取向"（relational approach）：强调女性在社会关系和互动情境中的实践"在许多男性气质建构过程中至关重要"，而对男性气质的理解"需要整合对性别等级的更为整体性的认知，对从属地位群体的能动性和占主导地位群体的强力给予同等的关注和承认，并意识到性别动力和其他社会动力的相互影响。"（Connell and Messerschmidt，2005：848）

Jane Ward 进一步对如何从"关系化"的视角去理解社会性别进行了理论化尝试。她认为社会性别不仅仅是个体在互动中完成的、反复表演的各种具有符号意义的"姿态"（gestures），而且还包含了大量由他者承担的繁复的情感、身体以及性方面的"支持"行为，这些行为共同生产出个体性别的完整性。由此，她提出了"性别劳动"的概念，以形容人们为他者"赋予性别"（giving gender）而进行的情感和身体的各种努力，或主动地搁置自我关注（self-focus）以便帮助他者完成其渴望的性别认可（Ward，2010）。① 需要指出的是，为他人进行"性别劳动"是一个包含大量训练、学习和实践的过程；这一过程可能是愉悦、有表演性和充满活力的，也可能是令人生厌、挫折累累和受强迫的。

Ward 指出，所有的社会性别（男性、女性、跨性别、酷儿等）的身份建构都需要来自他人的承认、肯定和协助；然而，性别劳动的要求和给予却与权力关系密切相关。某些社会性别身份，更"理所应当"地期待、要求他人为其提供性别劳动，也更能通过强制力量使其要求得以实现。这些性别身份通常是男性（包含异性恋、同性恋和跨性别中男性取向的那一方），特别是当这些性别身份和其他类型的权力形式（比如优势阶层和种族）结合之后。这是因为，为他人提供性别劳动往往被认为具有"女

---

① Ward 对劳动（labor）概念的运用延承了女性主义者将由女性承担的家务、照料以及情绪渲染、情感抚慰等事务视为"劳动"的传统。

性化"倾向。成功的性别劳动往往需要暂时搁置甚至压制自我,以对方的诉求为中心,生产出对方希望的社会性别身份。与各种通常由女性承担的围绕他人诉求而开展的"关爱工作"(care work)和"亲密劳动"(intimate labor)很相似,性别劳动也大量由女性化的主体(feminized subjects)来承担,甚至被认为是女人的天性或责任。

本文将借助性别关系化建构的视角,特别是性别劳动的概念,分析亲密关系与男性气质的建构,阐述二奶在家庭内外所承担的家务、情感和身体劳动,以使她们的伴侣感到作为男人的尊严和地位。在婚外包养这样一种不稳定的亲密关系中——经济上的依赖、社会文化上的压力以及缺少法律的保护,帮助男性实现某种与阶层相关的男性气质,成为被包养女性维护自身地位的一种有效策略,这也使得她们的性别劳动更有迹可寻,便于我们考察男性气质的关系化建构。

通过对工薪阶层和商人阶层男性婚外包养案例的分析,本文还将展示权力关系是如何影响性别劳动在特定亲密关系中的运作:首先,二奶们给男伴提供的性别劳动远远多于从她们的男伴那里得到的性别劳动,这与社会的性别期待有关,也与她们对男伴的经济依附有关;其次,二奶和妻子不同,妻子拥有法律和社会承认所赋予的"地位"作为保护伞,一定程度上免于陷入烦琐的、不对等的,甚至痛苦的性别劳动中,然而二奶却会因为自身地位的不确定性而将取悦对方当作一种维系关系的策略;再次,二奶也与陪酒女等商业性情色服务不同,陪酒女一定可以将她们的真实情感和逢场作戏的工作区分开——当她们在一个商业场合努力奉迎男性的时候,她们可以在此过程中不用表演得那么真诚。但在私人的亲密关系中,二奶们不仅主动承担肯定、保证和强化其伴侣男性气质的工作,而且需要付出更多的努力使这些工作看上去是真实的,甚至毫不费力;最后,当男性的性别与商人阶层相结合时,二奶们为男伴制造性别的劳动往往从私人场所的私密互动拓展到特定公共场合的公开呈现。这是因为,在当下的中国社会,通过亲密关系的表演彰显特定的男性气质已成为传递新贵阶层优势的重要途径。

三 研究方法

本文的分析材料主要来自笔者于 2005 年 9 月至 2006 年 8 月以及 2007

年6~8月在广州和宁波进行的关于婚外包养的深度访谈和田野调查。笔者对婚外包养的定义采取"社会生成"的方式，即由知情者给笔者介绍或推荐他们认为的处于婚外包养关系的当事人，然后分析这些当事人（及关系）的特点，总结他们对于婚外包养的理解。虽然对于包养关系的理解各有差异，但收集到的个案具有三方面的相似性：（1）相对长期的同居关系，往往有固定的共同居所；（2）同居关系中一方为已婚男性；（3）另一方为男方合法配偶外的女性，并在经济上依附于该男性。

研究一共收集了19例个案，其中11位女性是外地打工妹，8位是广州本地女性；调查时年龄最小18岁，最大38岁，最高学历为高中。男性的年龄跨度为35至50多岁；17位是中国大陆的，2位是香港人；11人经商，3个是高级白领（技术总监、总经理、建筑设计师），另外5个属于广义上的工薪阶层（办公室行政、工地工头、销售）。笔者对19个案例中的16位女性、4位男性和1位男性受访者的前妻进行了1~3次、每次不少于两个小时的深度访谈，对另外3位男性以及其他知情者（比如朋友、邻居、亲属、熟人等）进行多次非正式的访谈，每次谈话时间在几分钟到几十分钟不等。在受访者同意的情况下，笔者还对2/3的当事人进行参与观察的研究，主要包括去受访者家串门以及参加他们日常娱乐和社交活动（比如朋友聚会、泡吧、唱卡拉OK、逛街、美容美发），笔者获取的很多有价值的信息来自这种参与观察。为保护受访者，本文中所采用的人名和地名均为化名。

四 打造尊严：工薪阶层男性气质的生产

在市场改革的大潮中，城市的工人阶级经历着经济和符号意义上的双重剥夺。他们原先享有的工作保障和福利随着单位制的解体和转型消失殆尽的同时，他们也难以在新的市场中获取更多的经济资源。相应地，城市工人也逐渐失去了作为"身份群体"的自豪感和优越性（Hanser, 2006; Lee, 2000; Solinger, 2004）。收入较低的男性没能在市场转型中把握机会创造财富，他们在经济上的不够成功通常被解读成（作为男人的）能力或素质不够，这往往意味着在亲密关系中缺乏竞争力，进而威胁他们的男性尊严。换言之，这些男性的阶级失势通常转化为男性气质的危机（Yang, 2010）。

国内外的研究指出，工薪阶层男性气质的建构很大程度上依赖于传统性别分工，通过对家庭的供养和保护以建立其"一家之主"的男性地位（Lamont，2002；Yang，2010）。然而，完成"一家之主"的身份建构无法单凭一己之力实现，它很大程度上依赖于家庭成员的认可以及对"男主外、女主内"性别分工的共识，尤其需要妻子扮演合适的女性角色——能干体贴的"贤妻良母"。不幸的是，这往往与工薪阶层的家庭现实以及妻子对婚姻的期待背道而驰。而大量涌入城市的农村打工妹，使得部分男性有可能通过婚外亲密关系进行补偿。他们的二奶往往提供大量体贴的家务劳动和照料，同时通过忍耐、顺从、迎和、鼓励等情感劳动，重新确认这些男性一家之主的地位，帮助他们修补和提升男性的自我价值与尊严感。

（一）实惠而体贴的家务劳动

40岁的阿才是浙江人，供职于当地的一家汽车配件公司，和妻子共同抚育一儿一女。作为一名基层销售人员，他每月到广州出差10～15天。三年前，他在广州市郊认识了38岁的阿润，很快开始同居。阿润来自广西的小县城，丈夫做生意失败后逃债失踪。阿润为了挣钱还债、供养儿子，经表妹介绍来广州打工。她起初在发廊做洗头工，兼做"小姐"，遇到阿才后，便不再工作。

阿才负担每月350元的房租（一居室公寓）和他逗留广州期间两人的花销；他离开广州的时候则给阿润每月800元左右的生活费。阿润照顾他在广州期间的日常起居，租来的房子虽然简陋，但被阿润收拾得干净整洁，换下的衣服她当天就亲手洗净晾干，一日三餐总照着他的心意来做。阿才除了心血来潮做几道菜，其他家里的活儿都不用沾。这其实与阿才在老家的情况很不同：妻子在公司做财务，赚得和他差不多，靠着两人的薪水，夫妻俩买了房子，供孩子们上学；因为心疼妻子在他出差期间又当爹又当妈，他回到老家几乎承包了所有的家务。但在广州，他很享受阿润无微不至的照顾，回家往床上一躺，闻着饭菜飘香，心情愉悦。有时阿润在做饭间歇，还会进来给他揉肩搓背，给他解乏。阿才常说："照顾人是阿润的强项。"

在阿润看来，阿才心地善良，收入稳定，能养家，符合她"男主外、女主内"的婚姻理想，尤其和她的丈夫相比，简直是个理想伴侣。阿润感叹"自己的男人不争气",只能"借别人的老公用一下"。所以,照顾阿才虽然辛苦,但她心甘情愿,花心思让对方感受自己的爱和感激。

工薪阶层的二奶们绝大部分是打工妹,很多姿色平平甚至上了年纪,但都承担大量的家务和照料劳动。二奶们提供的家务劳动为阿才这样经常出差的男性提供了很多便利。从纯粹经济计算的角度来看,包养阿润这样的贤惠女子也是合算的。① 更重要的是,二奶们所提供的照料服务还包含了重要的情感意义。在共同居所里营造的"家"的氛围中,享受由"家庭成员"所准备的饭菜、收拾的房间和清洗的衣服,往往与纯粹购买商业服务的感觉不同。尽管并非所有的二奶都如阿润对阿才般情深意切,但她们都会留意男伴的需求和喜好,以在提供家务和照料时投其所好。在我的调查中,所有工薪阶层的二奶们都会学做她们男友最爱吃的饭菜。有些二奶甚至还会去学做有营养的可口饭菜,以此表明她们对男友的健康的关心和在意。

这些个性化的、带着爱意的照料,对工薪阶层男性而言往往是对他们作为养家人的承认和肯定。正如当过出租车司机的老王所言:

> 每天都累得要死,腰酸背痛,碰到不识相的乘客,还不能吵,跟他吵还要扣你钱。现在这社会赚点钱不容易,还不是为了老婆小孩。回到家老婆(要能)做一桌子菜等着你,再说两句体贴的话,心情就不一样,感觉就不怎么累了,觉得值得。

然而,很多工薪阶层是双职工家庭,妻子的工作对家庭经济至关重要。在工作、家务双重负担下,妻子无暇时时照顾丈夫的需求,或者会就家务分工产生争吵。比如老王和妻子就管教儿子的问题经常发生争吵。在老王看来,自己赚钱回家就是尽到了丈夫的职责,照顾和教育儿子是女人的活儿;而妻子则认为老王应该多留在家里帮忙,尽到父亲的责任,而不是外出打麻将。另外一些家庭,妻子也曾因丈夫收入差而拒绝为其提供"爱的劳动"。对一些工薪阶层的男性而言,包养便宜而贤惠的二奶可一

---

① 粗略计算,阿才每月在广州出差的两周如果自己单过,那么每月外出吃饭和使用家政服务的支出是1200~1300元,差不多相当于阿才每月给阿润的生活费(800元)以及他在逗留广州期间的花费(500元)。如果阿才想要一些他通常可以从阿润那里免费获得的服务,如按摩,他就要花更多的钱。

定程度上更接近"男主外、女主内"的传统性别界定，二奶们给予的服务和照顾不仅再生产了工人阶层男性的劳动力，还再生产了他们的尊严感，完成其"养家人"的男性身份建构。

（二）安抚男性尊严

除却提供便利而体贴的照料，工薪阶层的二奶们还经常为男伴进行情绪安抚的工作，这首先是通过压抑控制自身的不满、不悦等情绪来实现的。比如，阿润如此描述和阿才的相处：

> 他就是性格急躁一点，别的都没有什么。我就是忍得住，随和他。有一次，他说要11点半吃饭，让我去煲汤，后来还没煲好，他就会说："怎么还没煲好啊，怎么那么久啊？"他就不高兴，说11点半要吃饭。我就随和他了，说："老太婆了，不中用了。"后来他也就好了。如果顶的话也合不长的。

这些常被描述为"温顺、善解人意"的女性美德，事实上包含了大量被社会学家Arlie Hochschild称为"情感管理"的工作——激发或压制情绪从而保持一种外部表情，以使对方产生合适心理状态（Hochschild, 1983）。Hochschild指出，看似自然的情绪反应往往都是通过主体积极管理的结果，当自发的情绪反应与当时情境的需求不相符时，就需要进行情感管理，从简单改变面部表情（"伪装情绪"）到极力调整内心感受（"深度表演"）。阿才的急躁易怒也令阿润心里不适，但阿润的策略是"忍"——不从情绪和言语中表露出内心的不满，甚至采取自嘲的方式消解他的烦躁情绪。这些情感管理工作使得对方的要求以及因要求未能如期实现而产生的情绪反应变得合理、正当。阿润的"忍"一方面符合传统的女性规范——女性通常被期待控制愤怒、不满等情绪以表现"温顺"，另一方面也是她维系这段关系的重要策略，她深知"顶是合不久"的。在经济依附和"无名无分"的双重弱势下，她通过帮助男性确认和提升在双方关系中的权威感以稳固自身地位。

一些二奶还给予男伴肯定和鼓励，提升其自信心和自我价值感，这对于在社会和家庭中缺乏认可的工薪阶层男性而言尤为重要。50岁的老王曾是出租汽车司机，后来在妻子方荔亲戚的帮助下调入宁波一家国营单位给领导开车，几年前又调入办公室做行政工作。三年多前，他和湖北女子小梅好上了，帮她在宁波租了房子。他如此评价他的两段关系：

  我每天上班很辛苦，唯一的爱好就是打打麻将，就是放松放松，跟朋友聚聚。但是方荔觉得这是赌博，坚决不同意，反应特别激烈。有一次我打牌回来，她把房门反锁了，不让我进去。你说有没有道理？她一天到晚把我跟她姐夫比，说人家开公司，赚钞票，我一点没上进心，一点不努力，就知道打麻将。（我）在家一点意思都没有，觉得很压抑。
  我和小梅就很谈得来。每次我去她那里，觉得很放松，很愉快。她对我很好，给我做饭，陪我聊天，从来不要求我做什么。她知道我跟我老婆的事情，她也很同情我，觉得我是很好的男人，应该有个幸福的婚姻……我跟她说过我不可能跟我老婆离婚的，但是她也没说什么，照样对我很好。说实话，我蛮感动的。

  方荔发现了老王的私情并愤怒地砸了小梅的住所，两人结束了25年的婚姻。离婚后，老王发现，小梅对他不会娶她感到很难过，但她小心翼翼地掩藏起内心深处的感受。通过压抑自己的失望、不断支持老王，小梅让老王获得了一种作为"很好的男人"的自我价值感。
  方荔和小梅对老王与婚姻的期待是不同的。方荔比老王小两岁，是宁波本地人。两人于1980年代初结婚，婚后最初几年夫妻感情和睦。1990年代初两人上班的工厂效益越来越差，方荔换到一家事业单位当会计，工作稳定但收入有限。她希望老王多赚钱，改善家庭的经济条件，而自己主要照顾家里。在她的敦促下，老王考了驾照，开起了出租车，家庭经济状况有所起色，但与方荔姐妹家的差距越来越大。方荔的姐夫和妹夫之前几年先后下海，生意红火。方荔希望老王多跟他们学习，但老王不爱去她娘家，感觉"低人一等"；他更愿意与原来的同事和邻居们交往，打打麻将。在1990年代的宁波，麻将被认为是"赌博恶习"，方荔爱之深、责之切，希望帮他"改邪归正"。在方荔看来，"因为他是我老公，我才去说他管他。眼看他染上坏习惯，随他去，那就不是自家人了"。
  小梅则是一名比老王小20岁的外地打工妹，上学的时候看过不少港台连续剧，也期望那样的爱情，但她的第一次婚姻却以失败告终——丈夫是老家人，恋爱时甜言蜜语，但结婚后找不到工作，游手好闲，最后还对她拳脚相向。来宁波后，小梅先后在洗衣店、餐馆和洗车房打工，生活辛苦。老王是她遇到的最好的男人——至少和她的前夫及其他的打工仔相比，老王有稳定的工作，而且性格随和，会关心人。所以，她愿意像一个"贤妻"一样——默默忍受、不抱怨、支持鼓励以帮助他建立良好的自我感觉，"活得像个男人"。

五 彰显地位：商人阶层男性气质的演绎

商人和企业家无疑是市场改革中崛起的新兴阶层。商人在传统中国社会地位不高，其精明算计的特质与传统提倡的男性气质的内涵并不吻合（雷金庆，2012）。在市场转型过程中，这个新兴的精英群体欲将经济资本转化为社会地位的筹码，其中一个重要的方式是通过对女性身体、性和情感的消费（Osburg，2013；Zhang，2001）。与商业化的性消费相比，拥有情人则更能彰显男人魅力和社会地位，因为"不用直接和赤裸裸的付钱而能吸引到漂亮女人的能力无疑是对其男人味和社会地位的终极证明"（Osburg，2013）。

我接触到的企业家和商人大多出生于普通家庭，受教育水平不高，但在改革开放中把握商机积累财富，其中一部分人采取半合法的手段捞到"第一桶金"。在我调研期间，他们大多掌管或经营中小型企业。与工薪阶层男性将婚外包养作为男性尊严的个体化补偿行为不同，商人阶层的包养行为往往具有群体彰显的特质，这与充斥着情色消费的商业应酬文化紧密相连，使得他们的婚外亲密关系具有重要的公共面向。二奶们不仅仅在私人场合里进行性别劳动，也需要在特定的公开场合帮助男伴展现魅力，进而凸显其新贵身份。

（一）符号化的家务劳动

建筑公司老板阿东跟阿菲在一起已经三年有余。他的妻子和两个孩子住在几公里外。阿东给阿菲买了房子，每个月给她 5000 元~10000 元不等的生活费，足够让阿菲在广州郊区过上舒适的生活。阿东很少在阿菲住处吃饭或留宿。他有很多的应酬，也不想被老婆抓包。阿菲平时要不跟阿东外出应酬，要不跟朋友们一起上餐馆吃，很少自己在家吃饭。虽然做得少，但阿菲很会做菜，她说："他要来吃的时候我没给他准备，要吵死了。"

和阿菲一样，多数商业精英男性的二奶不需要从事大量的家务劳动。在商人和高级白领包养案例中，两个香港男性——一个珠宝商，一个设计师，他们来广州主要是为了谈生意和找乐子，而其余的大陆男性的两个"家"都在同一个城市。这些男性几乎每天都会在外应酬或娱乐，日常家务通常由他们的妻子或家里的保姆来承担。一些商人的二奶也请小时工来打扫房间。

家务照料在商人的包养关系中没有太多实际的作用，却具有重要的符号意义。我在调研的过程中不止一次遇到过这样的情形：二奶在和他人外出吃饭时匆匆赶回家，因为他们的男人临时决定回"家"吃饭；还有二奶会特意从自己的住所——没有电梯的8楼——跑下楼去为男伴买他随口提到想吃的点心。通过恰当甚至略带表演性的照料劳动，二奶给男人们传递出重要信息：他们的要求可被无条件满足。这里不仅仅表达了她们对男伴的在意和关心，而且显示了他们在家中的重要性和至高地位。

（二）多维度的情感劳动

除了符号化的家务劳动，商人的二奶们也通过情感管理来帮助男伴完成他们所希望的男性形象。如果说工薪阶层的二奶以控制"失望""不满"等负面情绪来帮助男伴建构男性尊严的话，商人阶层的二奶则还需要承受更大的言语伤害和抑制"愤怒"来显示男伴的至高地位。许多商人的二奶告诉我，在两人关系稳定之后，她们的男友就会肆意地冲她们发脾气。这些情绪发泄很多时候是一种"迁怒"——他们在工作、应酬以及家庭生活中遇到压力或者不顺心的事，经常会演变成在二奶处的"找茬"乃至"大发雷霆"，并将二奶们的忍受当作一种理所当然，正如一个男性商人说："不爱听，可以走啊。"与受法律和社会习俗保护的婚姻关系不同，婚外包养关系对于男性的行为几乎没有社会约束，完全依赖于个体之间的互动和牵制，只有在男性情感高度投入（比如关系初期或对二奶有强烈情感依赖）的少数情况下，男性才会对自己的行为有自发的约束。[①]

[①] 在男性追求和关系确立初期，那些男性通常不会随意发作，反而会忍受女伴的小性子和脾气，在他们看来，能追求到"难搞定"的女性是他们男人味的表现，他们甚至也享受这种调剂。

一次阿菲因为阿东久未过去看她，在电话里对他娇嗔抱怨，没想到阿东在电话那头吼道："你个婊子，你以为你还是处女啊，还说我对你不够好？"阿菲听了很受伤，但并没有回击。她说："我这个男人就是粗鲁。跟他吵没用啊，他更气啊，骂得更难听，还关水喉（停止供养），费什么事呢？"

Lucy 也经常在访谈中抱怨男伴对她乱发脾气，她说道：

> 我真的受不了他的脾气了。他一不高兴就骂我，说得很难听。我不是特别没钱的时候，我就顶回去；我要是特别没钱的时候呢，我就忍了，我虽然很生气，让他骂啊，有时候还要逗他，很惨的，就是那个低低死气（低声下气）。

二奶们偶尔也利用男性心理和"情感承诺"来为自己博取筹码。比如一次 Lucy 参加朋友的生日聚会，其间接到男友电话，对方要求她立刻回家，Lucy 花了 40 分钟的时间跟他解释，哄他开心，但对方还是不依不饶，坚持"我就是不喜欢女朋友去酒吧，就是不喜欢女朋友在外面玩"。Lucy 忍无可忍，说完"你不是说喜欢我吗？我就是这样啊"，就挂了电话。几天后，男友打电话道歉，还承诺从香港给她带一套大牌化妆品。Lucy 说："男人很贱的，不能对他太好。"但这样的反击不总是成功的，多数情况下，如果发生争执，都是 Lucy 主动去道歉求和，花更多心思讨好男友。

除了忍受情绪暴力和克制愤怒等"压抑型"情感劳动，一些商人的二奶还需要从事各种"表现型"的情感展示——比如营造一种良好的谈话氛围——使得她们的男伴获得情感满足和良好感觉。阿英是一名香港珠宝商的二奶。在她看来，这段关系中最难应对的任务之一就是接男友的电话。她说："他每天给我打电话就说生意上的事情，我对他的生意没兴趣。他一直讲一直讲，我就只好在那边听，假装听得很认真，有时候说几句，说这个真有意思啊，他听着高兴点。"通过专注的聆听、赞赏的笑声和肯定性的评论，阿英不仅满足了男友想要交流和分享的情感需求，而且从她的反应中，男友能够感到自己是一个有趣而有魅力的男人。

通过压抑型和表现型的情感管理，二奶们让男人在相处中可以释放情绪压力、发号施令、获得魅力认可。正如一位男性受访者感叹："她让我感觉像个皇帝。"不同于工薪阶层男性从二奶处获得的"好男人"的感觉,"皇帝"则意味着有资格享受别人提供的各种服务;他拥有地位和权力,可以下达命令并期待得到执行。

(三)私人关系的外显

除了在相对私人化的互动中,二奶们为商人们营造了某种地位感,她们还需要在特定的公共场合展现这种关系,以帮助男友在其社会圈子里获得"面子"。在新兴的商人和企业家圈子里,有魅力的漂亮女人常常被视为有价值的男性战利品。在私人浪漫关系的光晕下,拥有值得艳羡的女伴一方面标志着男性个人欲望的满足,另一方面折射出男性的个人魅力和地位。

比如,阿英的男友是个60多岁的香港珠宝商,他每月给23岁的阿英10000元左右的生活费。因为"老头"(阿英如此称呼他)性无能,他们从未成功做爱。阿英问老头,既然他没法做爱,为什么要找女朋友?他说,他所有朋友都有二奶,为什么他不能有?他渴望向其他人表明,他是一个强壮的、富有的、有吸引力的成功男人,这一公共形象对他而言非常重要。

许多商人和企业家的二奶为了维护男人的荣誉和地位,会进行大量的身体劳动(Lan,2003),在陪伴男友出席的公共场合呈现"恰当"的女性身体。许多人会根据她们男友的要求改变自己的外表打扮。事实上,并非所有男性都想要他的二奶看起来更年轻或时髦。例如,我访谈的两个年轻的打工妹——一个十八九岁、一个二十出头,她们的男友比她们大好几十岁。男友经常要求她们穿昂贵的套装,不许穿便宜、时髦的衣服,而且尽量少化浓妆。这样的装扮可以使她们看上去更成熟,免得被误认作祖父和孙女。这样的装扮也可以掩盖她们的农村身份,让她们看上去更有文化和品位,不会被人当成酒吧陪酒女。相反,对那些30岁左右的二奶们而言,"装嫩扮靓"则是她们的首要任务。这些女性会追逐最新的时尚,常常浓妆艳抹,甚至通过整容淡化年龄的痕迹。她们告诉我说,这么做是为了保持形象上的优势,没有男人会希望自己身边的女人"又老又丑"。

商人们的二奶经常被要求陪同男友出席各种应酬活动。在这些男性的社交应酬活动中,对女色的消费构成男性缔结兄弟纽带的重要内容。这种应酬活动通常被建构成(有权势的)男人可以摆脱道德约束、满足一己私欲、寻找乐趣和刺激的场合，这与妻子的形象——去性化的贤妻良母和家庭的守护者——格格不入。所以，妻子的出现会被认为既玷污了家庭的清誉，又坏了男人的"性/兴致"。而二奶，由于被视为私人欲望满足的对象，在这些活动中出现被认为是怡情的。

在这些场合，二奶们要尽量使男友看起来很有吸引力。比如，一天晚上，我跟随阿雪去她男友阿海开的夜总会。我们到的包厢里还有阿海的两个朋友和他们的女伴。不一会儿，阿海来到我们的包厢，阿雪迎上前去挽住他。阿海笑着对大家说："（刚才）碰到几个老朋友。来来来，喝一杯。"阿雪从茶几上拿了一只空杯子，给他倒上啤酒。一个朋友递上一杯威士忌，说"我们都喝威士忌，你喝啤酒不行"。阿雪忙接过杯子说："我男朋友胃不好，喝不得啊！"朋友们听她护驾，对阿海说："女朋友体贴啊，你不能喝，她来喝一杯吧？"阿海看了阿雪一眼，阿雪娇嗔道："哎呀，你们不要为难我男朋友，为难我啦。"看大家不依不饶，她接过酒杯："好吧，只能喝一杯哦。"喝过了酒，大家坐下。阿雪紧紧偎着阿海，轻抚着他的手，柔情地说："怎么去这么久啊？有没有累啊？"身边的朋友打趣阿海说："你女朋友想你了，等不及了。"大家一阵哄笑，阿雪害羞起来，轻揉边上的男生："不许欺负我！"与陪酒的小姐相似，通过敬酒、言语调情、身体抚摸等表演，她们帮男伴建立起性感且有魅力的形象。但与陪酒女郎不同，二奶是某个男人的个人所有，进而消解商品化性消费带来的男性气质的廉价感，这也对二奶们的表演提出更高的要求，以显得更为自然真实。

因此，对很多被商人包养的二奶而言，出席这种应酬活动往往具有强制性。比如2006年春节长假期间，阿东每天晚上都和朋友们聚在一起打麻将，每次都会带着阿菲。阿菲在那里会待到凌晨五六点，常常一天睡不到6个小时。有时阿东也会要她陪他去吃晚饭和唱卡拉OK，这些活动把阿菲弄得精疲力竭。一天，她跟阿东商量让她在家休息一晚，阿东同意了。到了晚上10点，阿菲已经躺在床上，突然接到电话——阿东在楼下的车里等她，他们要去酒吧。"我真不想去啊，头很晕啊"，阿菲跟我坦言。不过，她仍然快速地起床、穿衣、化妆、下楼。

与商人的二奶们费尽心思为给男人在公共场合"挣面子"不同，工薪阶层包养二奶的行为则更具私密性，包养二奶通常是工薪男性个体化的、修补男性尊严的方式，而并未成为一种群体性的亚文化。一般而言，工薪阶层的男性不需要参与半制度化的、充斥着情色消费的社交应酬活动，他们的社交活动通常以家庭为单位或者干脆排斥女性参与（比如喝酒、打牌）。二奶们很少被邀请参加他们的社交活动，一些二奶甚至通过拒绝参加男人们的活动而使自己显得像个"贤妻良母"。

六　小结

在婚外包养关系中，二奶从事着巧妙而辛苦的家务、情感及身体劳动，帮助男伴确认其自我价值、男性尊严和权威。家庭的私人环境以及情人关系的亲密性容易使男性将二奶所承担的烦琐的、往往是强制的，甚至有时是痛苦的劳动视为自愿乃至非常乐意的，这一认知使男性进一步确信，女伴对其男性气质的肯定和赞赏是真实而自然的。

二奶的性别劳动体现了亲密关系中微妙的权力关系。首先，二奶们给男伴提供的性别劳动远远多于从她们的男伴那里得到的，这与社会的性别期待有关，也与她们对男伴的经济依附有关；其次，二奶和妻子不同，妻子有法律和社会承认所赋予的"地位"作为保护伞，一定程度上免于陷入烦琐的、不对等的，甚至痛苦的性别劳动中，然而二奶却会因为自身地位的不确定性而将取悦对方当作一种维系关系的策略；再之，二奶也与陪酒女等商业性情色服务者不同，陪酒女一定程度上可以将她们的真实情感与逢场作戏的工作区分开——当她们在一个商业场合努力奉迎男性的时候，她们可以不用表演得那么真诚。在私人化的亲密关系中，二奶不仅主动承担肯定、保证和强化其伴侣男性气质的劳动，而且需要付出更多的努力使得这些劳动显得真实自然甚至"不着痕迹"。

二奶的劳动对男伴的意义，因后者的阶层地位的差异而有所不同。通过提供自愿而体贴的家务服务以及压抑自己的负面情绪，工薪阶层的二奶不仅为男伴营造了一个温馨实用、极具"信价比"的家，而且为他们打造了"一家之主"的尊严和价值感。商人的二奶则需要进行大量的性别劳动，帮助男伴在公共场合表现出一种充满优越感而有吸引力的男性形象。换言之，当男性的性别与商人阶层相结合时，二奶们为男伴制造性别的劳动往往不限于私人场所的私密互动，而拓展到特定公共场合的公开呈现。

男性气质的阶层差异与市场转型时期中国社会的变迁紧密相关。一方面，随着市场改革，商人阶层拥有了较强的经济能力，并试图获得更高的社会地位。这些社会地位的诉求在男性欲望显性化和女性身体商品化的性别话语的支持下，构成其男性气质的重要组成部分，即通过拥有漂亮女人来彰显身份、权力和优势。另一方面，工薪阶层男性则在市场化的过程中逐渐边缘化，这个群体的男性气质的建构更多围绕了他们的家庭角色，通过女伴对其作为家庭的经济支柱和一家之主的身份的确认，生产出男人的尊严和价值感。

必须强调的是，为他人制造性别的劳动不仅仅发生在亲密关系和异性之间，而是存在于各种社会关系中。由于性别劳动需要以他人的意愿为中心并压抑对自我的关注，性别劳动的提供与获取往往呈现某种权力和地位等级关系。居高位者往往将他人对其（性别）身份的确认和尊重视为理所当然，而居低位者一方面承受着性别劳动的重负，另一方面也将为他人制造性别策略化为获取资源、调整关系状态的手段，从而使得一些优势社会阶层可以通过商业化的方式获得性别身份的确认及阶层地位的彰显。此外，关于特定社会关系中情感互动的社会文化准则也会制约性别劳动的方向和程度。

关系化建构的视角对于理解当代中国性别身份的建构尤其有用。首先，与西方不同，中国传统上对于性别的界定既不是男女二元的，也不具有西方那种以性为标准的本质主义的认定，而是基于人伦关系中的名分。在人伦关系中，不同角色互相依存，一种身份的确立需要相关角色的扮演。即便在近代，"男女二分"的性别界定已深入人心，但特定性别角色依然包含传统人伦关系中的相关角色要素，比如，男性气质往往融合"夫""子""父""友"等多种角色要素的组合。再之，在社会转型时期，主流性别意识形态发生了重大的变化，在多种话语的交织下，个体性别身份的不确定性被大大增强，更加需要来自他者的肯定和协助。此外，依赖人伦关系的性别观与多样化的性别话语也带来了性别建构过程中权力关系的复杂性。简言之，上述因素为我国学者突破西方个体主义倾向的局限进而更全面考察主体身份建构提供了契机，也让人期待出现更多融合"关系化"视角的性别研究佳作。

参考文献

〔澳〕雷金庆，2012，《男性特质论：中国的社会与性别》，〔澳〕刘婷译，南京：江苏人民出版社。

〔美〕罗丽莎，2006，《另类的现代性：改革开放时代中国性别化的渴望》，黄新译，南京：江苏人民出版社。

吴小英，2009，《市场化背景下性别话语的转型》，《中国社会科学》第 2 期。

徐安琪，2000，《择偶标准——五十年变迁及其原因分析》，《社会学研究》第 6 期。

Barber, Kristen. 2008. "The Well-Coiffed Man: Class, Race and Heterosexual Masculinity in Hair Salon." *Gender & Society* (4).

Bettie, Julie. 2000. "Women without Class: Chicas, Cholas, Trash and the Presence/Absence of Class Identity." *Signs* (1).

Brownell, S. 1999. "Strong Women and Impotent Men: Sports, Gender, and Nationalism in Chinese Public Culture." In *Spaces of Their Own: Women's Public Sphere in Transnational China*, edited by M. M. Yang. Minneapolis: University of Minnesota Press.

Butler, J. 1990. *Gender Trouble: Feminism and the Subversion of Identity*. New York: Routledge.

Connell, R. W. 1987. *Gender and Power: Society, the Person and Sexual Politics*. Stanford: Stanford University Press.

Connell, R. W. and J. W. Messerschmidt. 2005. "Hegemonic Masculinity: Rethinking the Concept." *Gender & Society* (6).

Farrer, J. 2002. *Opening Up: Youth Sex Culture and Market Reform in Shanghai*. Chicago: University of Chicago Press.

Hanser, A. 2006. "Sales Floor Trajectories: Distinction and Service in Postsocialist China." *Ethnography* 7 (4).

Hochschild, A. R. 1983. *The Managed Heart: Commercialization of Human Feeling*, Berkeley: University of California Press.

Lamont, M. 2002. *The Dignity of Working Men: Morality and the Boundaries of Race, Class, and Immigration*. Harvard University Press.

Lan, P. C. 2003. "Working in a Neon Cage: 'Bodily labor' of Cosmetics Saleswomen in Taiwan." *Feminist Studies*, 29 (1).

Lee, C. K. 2000. "The 'Revenge of History': Collective Memories and Labor Protests in Northeastern China." *Ethnography* 1 (2).

Osburg, J. 2013. *Anxious Wealth: Money and Morality Among China's New Rich*. Stanford: Stanford University Press.

Solinger, D. J. 2004. "The New Crowd of the Dispossessed: The Shift of the Urban Proletariat from Master to Mendicant." In *State and Society in 21st Century China: Crisis, Contention, and Legitimation*, edited by Peter Hays Gries and Sta Rosen, New York: Rutledge Curzon.

Yang, J. 2010. "The Crisis of Masculinity: Class, Gender, and Kindly Power in Post-Mao China." *American Ethnologist* (3).

Ward, J. 2010. "Gender Labor: Transmen, Femmes, and Collective Work of Transgression." *Sexualities* (2).

West, C., and D. H. Zimmerman. 1987. "Doing Gender." *Gender & Society* (1).

Yang, M. M. 1999. "From Gender Erasure to Gender Difference." In *Spaces of Their Own: Women's Public Sphere in Transnational China*, edited by M. M. Yang. Minneapolis: University of Minnesota Press.

Zhang, E. Y. 2001. "Goudui and the State: Constructing Entrepreneurial Masculinity in Two Cosmopolitan Areas in Southwest China." in *Gendered Modernities*, edited by D. Hodgson. New York: Palgrave.

Zhang, E. Y. 2007. Birth of Nanke (Men's Medicine) in China: The Making of the Subject of Desire. *American Ethnologist* (3).

Zhong, X. 2000. *Masculinity Besieged? Issues of Modernity and Male Subjectivity in Chinese Literature of the Late Twentieth Century*. Durham and London: Duke University Press.

（原载《社会学评论》2013 年第 5 期，本文在原基础上有所修订）

在自由与安全之间：
社交媒体中介下的亲密关系

田林楠[*]

摘　要　既有研究发现，在社交媒体的中介下亲密关系发生了诸多转变。但这些研究一方面在社交媒体与亲密关系的变化间建立了简单的线性关系，另一方面未能跳出爱情、友谊等既有亲密关系的范畴。本文在技术视角之外引入社会结构视角，通过深度访谈所获数据，对当代青年以社交媒体为中介所实践的新型亲密形态进行研究。研究发现，就技术架构而言，在社交媒体所构造的具有无限可选项的网络性社区中，身体亲密的选择生态发生了彻底改变。这种技术架构承担并实现了当代个体相互矛盾的亲密社会想象。本文将此种亲密想象驱动下的亲密关系界定为"我—它连接"，并从当代社会自由与安全日渐强化的对抗角度进行了解释。

关键词　社交媒体　亲密关系　社会想象

一　问题的提出

在当代社会，对任何社会现象的研究几乎都无法回避互联网在其中的作用，正如鲍曼所说，"网络这个词正迅速地在社会科学话语和大众言辞中取代'社会'"（鲍曼，2013a：236）。数据也是如此显示，截至2021

---

[*] 作者现为苏州大学社会学院讲师。

年1月，世界范围内互联网用户和社交媒体活跃用户分别为46.6亿和42亿，占世界人口的59.5%和53.6%。中国、美国、日本等46个国家16~64岁互联网用户平均每天使用社交媒体的时间为2小时25分钟，而中国这一数据为2小时4分钟。① 在很大程度上，人类已经移居到赛博空间之中，社交媒体不仅仅是人类拥有的一个新工具，而且成为当代人日常生活得以运转的环境和基底（穆尔，2007）。因此，社交媒体被视为诸多社会现象的"自变量"，在有关亲密关系转变的研究中亦是如此：很多学者认为我们所目睹的可能并不是亲密关系的社会建构，而是社交媒体技术驱动下的社会变迁（Regnerus，2017）。

　　无论是否接受这种似乎过分技术决定论的论断，我们都无法否认社交媒体在当代社会亲密关系中的醒目位置。诸多学者也对此做了大量研究，② 他们发现：互联网所中介的互动可以在陌生个体间建立并维持真实的、有意义的私人关系（惠蒂、卡尔，2010）。社交媒体还对亲密关系建立之后的日常呈现有所影响，例如两性浪漫关系的公开性维度就因为社交媒体而大大增强（Lenhart and Madden，2007），其中最为明显的便是，无论是通过线上还是线下建立的浪漫关系，最终都需要"脸书官宣"（Facebook official）（Chambers，2013）。而这些通过社交媒体公开展示亲密关系的人也会公开地展示他们的分手，这种公开展示是一种试图从同辈群体那里获得支持和认可的策略（Boyd，2010a；2010b）。在分手之后，双方还需要对之前在社交媒体上所公开展演的恩爱痕迹进行"自我消除"（董晨宇、段采薏，2020）。此外，社交媒体还与婚姻的解体密切相关，Divorce-Online这个专门提供离婚服务的公司在扫描了其离婚申请数据库之后发现，在最近的5000份离婚申请书中，有989份包含了Facebook这个单词。③ 事实上，实证研究也表明，无论是在国家层面还是个体层面，

---

① 详见由We Are Social公司与Hootsuite于2021年1月27日联合发布的报告"Digital 2021: Global Overview Report"，https：//datareportal.com/reports/digital-2021-global-overview-report。

② 目前，对这一议题的研究主要以国外学界为主，在综述性论文（董晨宇、段采薏，2018，《传播技术如何改变亲密关系——社交媒体时代的爱情》，《新闻与写作》2018年第2期）中，甚至没有任何一篇中文论文或专著作为参考文献。

③ 详见英国网站Journalism.co.uk于2009年12月21日发布的新闻"Facebook is bad for your marriage-research finds"，https：//www.journalism.co.uk/press-releases/facebook-is-bad-for-your-marriage---research-finds/s66/a536960/。

社交媒体都与婚姻解体密切相关（Valenzuela et al., 2014），社交媒体的使用甚至能够预测负面的关系后果，如欺骗、分手和离婚等（Clayton et al., 2013）。在异性恋之外，同性亲密关系格局也在互联网的中介下发生变化。景军等（2012）通过问卷调查发现，男同性恋如今更倾向于通过互联网主动寻找陌生人建立亲密关系，相反，由熟人关系或偶遇关系逐渐发展为亲密关系的情况越来越少。

这些研究列出了亲密关系在互联网作用下的诸多变化，并提示我们应该从互联网和社交媒体的哪些技术特质出发，分析其对亲密转变的影响。但这些研究有以下三点问题。一是在技术、社交媒体和社会现象、亲密转变之间建立起了单向的线性关系，将婚姻与爱情的诸多变化视为社交媒体技术特质传递或铭刻到使用者身上的结果，忽略了社交媒体得以发挥作用的接受语境。二是将技术所带来的变化视为数量上的增减损益，例如既有研究所关注的只是社交媒体对亲密关系的建立、公开和结束等局部的改变，未能意识到社交媒体对于亲密所带来的不仅仅是一个新的沟通工具和互动场所，更是亲密生态的整体改变。三是目前大多数研究仍然是在既有亲密关系范畴之内来谈论亲密转变，例如钱伯斯（Chambers, 2013）在其专著《社交媒体与人际关系：线上亲密关系与网络化友谊》中所关注的仍然只是社交媒体对友谊、家庭、恋爱关系等传统亲密关系所产生的影响，忽略了那些无法被纳入既有亲密范畴的亲密形态，但社交媒体中介下的亲密关系的规定性特征正是在既有亲密范畴所无法涵盖的新的亲密现实中才能更清晰地显现。

因此，本文将以一种新的思路研究在社交媒体时代日渐进入大众视野并广为实践的一种超出既有亲密范畴涵盖范围的亲密形态：一种基于性分离主义（sexual separatism）的身体亲密（physical intimacy），[①] 也即与爱

[①] 亲密（intimacy）就其定义而言，通常可以与 closeness 互相替换，因此它指的是两个人之间的亲近、接近以及身体或情感距离的减小（Strong et al., 2011）。或者如莫利斯（2010：1）非常简明的定义，"亲密的意思就是接近"，这种接近既可以是身体的接近如抚摸和性交，也可以是情感的接近如互诉衷肠，在情感和心理相互支撑。因此，亲密性可以区分为两类：情感亲密（emotional intimacy）和身体亲密（physical intimacy）。这两者既可以同时存在于一段关系之中，也可以单独出现（Lewis, 1978；Strong et al., 2011）。

情、婚姻等传统纽带相分离的随意性关系（casual sex）。[1] 之所以将这一并非主流且存在道德争议的亲密形态作为社交媒体时代亲密关系转变的探测点，主要基于如下考虑。第一，此种类型的随意性关系是随着社交媒体的出现而兴起的。百度指数显示，其日常用语是2012年之后开始进入网民的视野并在2014年之后获得一定程度的共识性认知，[2] 而微信和陌陌都成立于2011年，新浪微博内测版则在2009年9月发布，探探则是2014年上线。因此可以认为标记随意性关系的日常用语，基本是与社交媒体同步发展的，两者相伴而生。第二，标记随意性关系的日常用语不仅是社交媒体时代的新兴话语，它还构成了一种合法性命名（legitimate naming），一旦人们用这一词汇来理解身体亲密，这一术语[3]中所潜藏的观念与意识形态就会跟着渗入社会生活，进而改变人们对亲密关系的认知和讨论框架（纪登斯，2001）。第三，此种随意性关系是一种传统亲密范畴所无法涵盖的亲密形态，随意性关系伴侣既不是朋友也不是恋人更非家人，彼此间的平等与独立也使其完全异于"包二奶"等制度性婚姻以外的亲密关系，因此更能昭示亲密关系正在萌生的转变。面对这一社交媒体时代的崭新亲密形态，本文试图在已有的技术视角之外，引入社会学的结构性视角，不再把亲密关系的转变视为由社交媒体的线性技术效应带来的后果，而是更为强调当代个体的结构性处境对其与亲密关系相关的社会想象（social imaginary）[4] 的

---

[1] 在日常话语中，这种随意性关系被称为"约炮"。这种两性关系并不只是一种"都市传说"，而是在相当比例人群中存在的社会事实。2010年的全国抽样调查显示，14~19岁、20~29岁和30~39岁的人与"网友有性"的比例分别达到4%、3%和2%（潘绥铭、黄盈盈，2012），我们需要注意的是在2010年，微信、陌陌等App尚未问世，其他的诸如探探、same等更是要等到2014年才出现，因此，与网友有性的比例在今天会远比这个数据更高。2015年的全国抽样调查显示，18~35岁男性"用手机寻找性伴侣"的比例已经上升到5.4%（该数据来自潘绥铭博客，http://blog.sina.com.cn/s/blog_4dd47e5a0102wj29.html）。

[2] 根据百度指数，2012年2月之前该日常用语的搜索指数则接近于0，2014年9月起，其搜索指数开始超过"一夜情"。

[3] 随着标记这种身体亲密的日常用语的广泛使用，个体间亲密互动脚本也随之发生变动，此种类型的随意性关系成为恋爱之外一种常见的两性互动脚本。被访者B-M-08表示他在朋友带女伴出席聚会时都会事先问清是女朋友还是随意性关系伴侣，以便以合适的方式和规格进行招待。

[4] 社会想象是泰勒（2014）所提出的一个概念，意指普通人想象他们的社会存在的方式、正常情况下可以满足的期望等，是人们用以构建社会生活的背景式共同理解，能够赋予社会实践以意义并促使其发生。因此，亲密的社会想象就是人们对亲密关系所广泛共享的理解和期待，它影响了人们如何利用社交媒体技术来构建亲密关系。

塑造，以及由此所形成的对特定类型亲密形态的接受语境。这种结构性视角的引入，能够更好地探测正在浮现的新型亲密形态，而不是陷于社交媒体的某种技术特征所带来的爱情或友谊局部变化等细节拼贴性描述。

二 研究思路与研究数据

（一）研究思路

每当一种新技术问世，总是会出现关于这一新技术将会创造或带来一个新世界、新社会或新的历史阶段的话语（Williams，2003）。这一点在社交媒体与亲密关系的研究中也不例外，大量的研究将爱情、婚姻、友谊的变化视为社交媒体技术特质的线性结果，上文对此已有述及。但是，技术的广泛使用及其社会后果与人类主体和社会的需要密不可分（Williams，2003），技术并不能单独产生其社会效应。

鲍曼（2013a：229-230）在评论 Facebook 时也指出，有且只有在最近几十年里扎克伯格才能产生他的灵感，也只有在最近几十年里这种灵感才能获得成功。正是因为"扎克伯格提供了他们曾苦苦寻找而又惨痛错失的工具；他们在机会面前欢呼雀跃"，这才导致了以 Facebook 为代表的社交媒体被当代个体热情拥抱。而人们的意向、需要以及苦苦寻找而又惨痛错失的东西则来自于社会结构背景所形塑的生存境遇。与此同时，当人们深度投身于能够为他们提供满足自身需要的工具中时，又必然按照技术工具的特定技术架构来行动、互动并组织日常生活，在人们按照自身需要利用某一技术工具的过程中，技术工具的逻辑和偏向便进入人们的行动和互动模式之中。

因此，对于社交媒体与亲密关系的研究我们必须兼顾社会与技术的力量：亲密转变是特定社会结构背景下个体特定生存境遇与具备特定技术架构的社交媒体交互作用的结果，只有当社交媒体能够"承担"（afford）有关亲密关系的社会想象时，社交媒体才能被广泛使用，并以其特定技术逻辑影响人们的行动、互动和关系。据此研究思路，下文将首先考察，就技术而言，社交媒体为身体亲密的实践提供了哪些新的可能性，如何从整体上改变了亲密关系的生态环境；其次，人们利用社交媒体技术所提供的可能性承担了他们关于亲密关系的何种社会想象，实践出何种亲密形态；

最后，这种亲密想象和亲密形态是在何种结构性背景中产生的，其规定性特征是什么。

（二）研究数据

本文的研究数据分为两类：一是深度访谈所获得的访谈资料以及被访者所提供的社交媒体聊天记录，这些被访者主要来自豆瓣小组①、探探和微信群，最终进入样本的访谈人数为25（被访者基本情况详见后表）。其中，7位访谈对象为线下访谈，剩余18位为线上访谈，全部通过微信App进行。除B-F-10基本通过实时语音进行访谈之外，其他线上访谈的主要模式是异步性的文字交流，被访者有时会发送语音信息并在研究者的要求下提供其与身体亲密对象的聊天截图。二是研究者收集的在各个豆瓣小组发帖的用户"广播"和"日记"中的相关内容。因为有些用户会在个人的豆瓣主页以广播或日记的形式记述自己的经历和感受，这些线上自我讲述的内容构成了他们的"网络自传"（杨国斌，2013）。

表 被访者基本情况

编码	性别	年龄（岁）	教育程度	婚姻状况	访谈场所
B-F-01	女	28	高中	未婚	线上
B-F-02	女	19	本科	未婚	线上
B-F-03	女	30~40	专科	未婚	线上
B-F-04	女	30	本科	已婚	线上
B-F-05	女	34	研究生	已婚	线下
B-F-06	女	25	专科	未婚	线上
B-F-07	女	26	专科	未婚	线上
B-F-08	女	28	研究生	未婚	线下
B-F-09	女	20~30	本科	未婚	线上
B-F-10	女	25	本科	未婚	线上
B-F-11	女	36	高中	已婚	线上
B-M-01	男	30	专科	未婚	线下

---

① 这些豆瓣小组包括"叔组""请不要害羞""凭什么光鲜的时候没有美好性生活""宵草待夜情""爆照不问出处，勾搭不问岁数"等。

续表

编码	性别	年龄（岁）	教育程度	婚姻状况	访谈场所
B-M-02	男	23	本科	未婚	线上
B-M-03	男	26	高中	未婚	线上
B-M-04	男	24	专科	未婚	线上
B-M-05	男	32	高中	未婚	线上
B-M-06	男	35	高中	未婚	线上
B-M-07	男	30	初中	已婚	线下
B-M-08	男	28	本科	未婚	线下
B-M-09	男	32	高中	已婚	线上
B-M-10	男	29	本科	未婚	线下
B-M-11	男	27	研究生	未婚	线上
B-M-12	男	29	研究生	未婚	线下
B-M-13	男	28	研究生	未婚	线上
B-M-14	男	23	专科	未婚	线上

三 社交媒体与身体亲密的新路径

（一）社交媒体与网络性社区的诞生

在互联网上，最容易销售的或者说最能让网民自愿为其付出经济代价的就是色情内容和游戏。与这二者相比，网上购物的起步却花了相当长的时间（柯兰、芬顿、弗里德曼，2014）。在前社交媒体时代，与互联网上所有其他内容一样，与性行为相关的内容生产者与消费者有着明确的区分。而在"用户生产内容"（user generate contents）的社交媒体时代，在专业厂商生产与网民消费的模式之外，还出现了"生产消费者"（prosumer）模式，也即网民从被动的消费者这一单一身份转变为集生产者和消费者于一体的角色。

社交媒体 MySpace 被描述为，"那是个让人深感不安的地方，充斥着性暗示以及赤裸裸的内容"（卡尔，2018：11）。如果进入上文所述诸如豆瓣小组，我们也会发现大量以情色内容为主体的帖子，或者抱怨没有性生活，或者描述自己随意性关系的经历。有些小组甚至每天都会有大量的以"【晒】××××"作为固定标题格式的帖子更新，其内容如无意外都是一张不露脸的情色照片。这些用户所撰写的文字、上传的照片不仅仅是一种情色消费品，或者说在这里，情色内容之被消费并不是唯一的目的，因为正如彭兰（2007）所说，"Web2.0 的指向，则试图把人与内容的关系深化为人与人的关系"。社交媒体时代，各种情色文字尤其是个人性感照片的发布，无论在客观功能还是主观意图上都构成了一种让自己公开可见并试图建立关系的信号，也即一种"社交"的信号。

因此，在社交媒体中，用户生产内容这一技术特性所赋予网民的生产、发布和传播能力，加之互联网所特有的身体不在场性、身份准匿名性所带来的去抑制效应和心理保护效应，推动了情色内容的生产与消费一体化，社交媒体本身构成了一个巨型社区，人们聚集于此互为身体亲密的目标。其中，人们在社交媒体中所发布的自拍照片，或者以身体吸引力为标准而整饰过的"性暗示"头像，构成了主动参与社区互动的信号——只有主动生产性暗示内容（发帖或在"附近的人"中可见或者使用"摇一摇"功能等）才能被社区其他成员注意到，进而互动并建立关系。同时，与物理时空下的聚会场所相比，在社交媒体中，潜在身体亲密对象间的试探、协商与匹配所需成本十分低廉，并且随时可以进行，无须在特定时间利用某种交通工具克服一定空间才能实现。其中最重要的就是社交媒体所内置的 LBS 技术（Location Based System，基于地理信息定位的系统）。例如微信的"附近的人"功能，它能够让个体随着自身的移动而实时发现周围有相似需要的人，迅速匹配并在发现不合适后轻易解除匹配。在此之外，社交媒体强大的连接能力及其巨大的活跃用户量意味着潜在可选对象要远远多于容量一定的特定聚会场所，而互动的异步性（也即交流不是实时进行的）则让个体能够同时与多人互动。就此而言，社交媒体的某些区域就构成了一个以建立身体亲密为主要旨趣的性社区。

而针对社交媒体的媒介意识形态则让社交媒体之作为性社区的观念深入人心。所谓"媒介意识形态"（media ideology），也即关于各种媒介在何种情境下使用、为何种目的使用的观念，媒介的使用者根据这些观念来决定何时使用什么媒介，同时这些观念还被用来"描述并证明使用不同媒介形式的方式是合理的"（Chambers，2013：116）。换言之，媒介意识形态就是关于特定媒介"是用来做什么的"的信念，它让特定媒介与特定行为形成一种不言自明的联系，虽然这一媒介最初开发时可能并不是指向媒介意识形态所默认的作用，但是在具体使用中它逐渐与某种行为建立了紧密的关联。无论是探探还是陌陌，其功能显然并不只是搜寻性对象，但是在很多的人观念里，一旦注册这类 App 就是默认准备建立随意性关系，以至于很多探探用户要在简介里明确说明自己并非为了建立随意性关系而进入这一社区。在"百度指数"的大数据中，与"探探"这一关键词相关程度处于第二等级的内容就是搜索通过探探发生随意性关系的难易程度和后果。一旦有关探探、陌陌等社交媒体的媒介意识形态让此类社交媒体在大众的观念中成为建立随意性关系的最为有效和便利的工具，有此需要和倾向的个体就会群聚于此进行互动。总之，社交媒体的技术架构既在事实上将自身构成了一个就身体亲密进行自由协商的社区，人们也在观念中将陌陌、探探、豆瓣等社交媒体默认为一个能够建立随意性关系的社区。

（二）网络性社区与选择生态的转变

在社交媒体以及有关社交媒体的媒介意识形态所构造的这一网络性社区中，人们的选择生态（ecology of choice）发生了巨大的变化。从技术角度而言，社交媒体对于身体亲密选择生态的影响就在于它提供了几乎无限的选择，当你打开探探等 App，只要有足够的时间和耐心，那么一整天都可以在几乎不重复的异性头像中进行选择。在现代社会，随着婚恋市场的扩大，选择的充裕性带来的最大冲击是从追求满意到追求最大化的偏移，"追求满意，是指人们乐于止步于一个可获得的'够资格'的选项；追求最大化的人们，则寻找可能的最佳选项"，这让婚恋选择变得更加困难（易洛思，2015：179）。但是，寻找身体亲密者面对社交媒体所提供的海量选择与寻找伴侣者面对扩大的婚恋市场时的策略则非常不同，前者虽然也在继续"点击"，但其所关心的却不是最佳选项，而仅仅只是另一个选项，其中也没有任何选择困难症可言。

B-M-01 通过社交媒体寻找身体亲密对象时，其策略的重点就在于"用经济人的心态"筛选和圈定，"找个话题，都先询问一遍，只要接话，那咱们基本兜得住，再筛一遍，看意向浓烈，挑出好的几个继续撩"，在这些前期工作的基础上，最终"根据颜值，概率大小"，选定其中一个作为身体亲密对象。在这种模式中，虽然也是一对一的互动，但基本就是流水线式的操作，有着统一的开场白，有着固定的对话模式，最终综合颜值和概率选择一个最为可行的，而非最好的。事实上，正是社交媒体所带来的选择生态的改变让这种选择策略成为主流，因为选择的无限增多最终让选择本身变得无足重轻，选择可以随时推翻也可以轻易更换，"你是谁"变得不再重要，对方能够迅速有效满足"我的"需要才是重要的，成本—收益此时成为最主要的考量。

总之，社会媒体的用户生产内容、LBS技术、互动异步性、身份的可匿名性等技术架构，以及将社交媒体视为最为有效的身体亲密中介的媒介意识形态，构造出交易便利、"货量"庞大的网络性社区，从而深刻地改变了身体亲密的选择生态。可以认为，社交媒体技术为人们的亲密实践提供了新的可能性。那么，当代个体会如何利用这种可能性，实践出何种亲密形态呢？

四 亲密的社会想象与社交媒体中介下的亲密形态

研究思路部分已经指出，社交媒体时代的亲密转变并不是互联网技术所单独决定的，社交媒体所提供的只是可能性，更重要的是人们的亲密想象，而新的亲密形态是社交媒体的技术特征和架构在承担人们对亲密关系的社会想象的过程中形成的。或者说，社交媒体作为一种连接和沟通的技术平台被部分地改造为寻找身体亲密对象的社区，很大程度上是因为人们想要用它来承担自身的亲密想象，而正是在人们利用社交媒体实现自身期望的过程中，新型亲密形态才应运而生。因此，本节将分析当代社会人们如何想象亲密关系，社交媒体又是如何承担人们的这种社会想象的。

（一）自由的社会想象与逃避情感

社交媒体中介下的身体亲密有时候是一次性的，但也有长期保持随意性关系的男女两性。而即使是在市场化的交换关系中，除非是一次性交易或偶然的邂逅，否则交换关系中的行动者也迟早会卷入金钱之外的情感因素之中，无法保持长久的冷漠（鲍曼、梅，2010）。因此，相较于偶发性关系，长期多次的身体亲密互动显然更有可能无法保持必要的情感距离。一项针对500名曾经有过随意性行为的大学生所做的调查显示，65%的女性和45%的男性报告说希望其身体亲密对象能够变成承诺性关系（Owen and Fincham，2011）。

在笔者的访谈中，虽然也有被访者在回答是否会和随意性关系伴侣做男/女朋友时表示，"看情况""不好说""不能一概而论"，但是访谈中所听所见更多的是，彼此说好或默认并极力避免产生感情。在访谈中，对目前身处或曾经有过长期身体亲密对象的被访者我都问过何为理想的随意性关系这一问题。B-F-03截了一张她转发过的她的豆瓣友邻的一则状态来回答，"无力承担一个人的全部热情，有时想做备胎或者第三者比较适合我，朋友也是，我不想做别人的最好的朋友，第二好或者第三好是最好的"，因此随意性关系的理想之处就在于"安全，舒适，但又没有责任和义务做什么"。B-F-09在访谈中也表示她会刻意疏远亲密对象，"保持距离，聊出感觉就会有期待，就会有压力"，而之所以保持距离，"也是怕给别人压力"，她认为发生随意性关系之前"都是男的死乞白赖地找女的，做完了就变成女的缠着男的了，这不好，我不想那样。我不愿意让男的以为我缠着他"。在此我们可以看到，人们所渴望的只是在节省和避免情感与责任的同时，获得充满愉悦和享受的性关系，极力避免身体亲密关系孕育出社会性纽带。

因此，人们对身体亲密关系的一个重要想象维度就是既能为自己带来良好的性体验，同时自己还无须为此付出任何情感和注意力。换言之，在这种亲密的社会想象中，人们期待一种轻盈快速，不指向任何地方的、可随时撤销和废除的亲密关系，人们恐惧情感纽带对个体自由的束缚，害怕本来轻松又廉价的关系凝结成块。

（二）安全的社会想象与压缩体验

对随意性关系动机的调查显示，有89%的青年男女认为"生理满足"是其发展非承诺性关系的动机，但也有54%的人报告说他们是为了"情感满足"而发生随意性行为（Garcia and Reiber，2008）。因此在人们对随意性行为的期待和想象中，除了最基本的生理满足之外，还包含着情感要素。但是，上一小节的叙述明明表明，人们希望身体亲密中不涉及情感。这又如何解释呢？

B-F-04刚刚30岁，但她却并不喜欢年轻的男性，而是喜欢"叔"。对她而言，身体亲密中生理满足只是次要的甚至是附带的，最重要的反而是互动中的"感觉"：一种浓缩的约会和恋爱体验。当不断追问她既然是在寻找一个身体亲密的对象，而不是找男朋友，为什么"感觉"比性能力更重要时，她说"我更喜欢约会的感觉"，而生理满足则"只是顺带福利"。但这种感觉不是来自颜值和肌肉，而是相处的节奏，"两人相处的节奏感，恰到好处。简直是感觉又恋爱了"。不仅如此，这种有恋爱感觉的身体亲密"对我来说就是充电，然后才能在这个凉薄的世界拼下去"。因此，她通过社交媒体建立随意性关系的频率并不高，这既是因为她要求高，符合标准的对象稀少，也是因为她并不单纯是在寻找刺激或生理满足，而是一种恋爱的感觉。①

与此同时，即使这种恋爱感觉是真实的，是全"情"投入的，人们依然非常清晰地将对方界定为一个"消费对象"，也即对方对于自己的意义只是提供恋爱感觉和情感能量的一个消费品或工具，绝不是真正意义上的爱人或恋人。在一位豆瓣女网友以微信截图形式发表的"网络自传"中，当她劝说其身体亲密对象不要在情感上太认真以免未来后悔时，对方回应道"就是比如说去玩一款游戏，你觉得挺上瘾的，就现在你觉得挺好玩的。但是吧你就知道你就是一款游戏，它总是有自己的周期呀就玩腻啦，或者是没人陪你玩了之后你就不想玩了。但是你玩的开心的时候就充个会员啊，买个什么道具啊。这太正常了吧"。我们可以看到这位男性直接把随意性关系中对恋爱体验的追求比喻成在网络游戏中购买高端装备，这两者都只是为了（恋爱或网络）游戏本身更好玩，而并不是对游戏有多认真，因为他清醒地知道现在只是暂时上瘾，并没有任何长久性和承诺性的感受和意图可言。因此，人们虽然追求恋爱体验，但并不需要这种恋爱体验发展成亲密纽带，对方的作用在于提供纯粹心理性的恋爱感觉，而不是真正进入社会性的恋爱关系。

可见，人们对亲密的社会想象并不局限于生理上的满足，还涉及心理

---

① 由于并不是抽样调查数据，分析中我们很难就性别、年龄、婚姻状态等变量对个体的行为动机所产生的影响进行有效区分，但是 B-F-04 的案例提示我们一种假设：相较于单身的女性，身处婚姻状态的女性更可能通过随意性关系来追求情感满足，而非相反。因为已婚女性并不缺乏生理层面的满足体验，更可能因为婚姻问题而缺乏浪漫性的情感关系。在访谈中，B-F-04 说她已经结婚 4 年了，老公是大学就在一起的，但是他结婚后出轨了，她说自己在婚前从来没有发生过随意性关系，"姐姐之前一直是温良恭俭让。那时候就是被琼瑶给影响的，追求纯爱了"，但是经历过丈夫的出轨之后，"我后来觉得吧，及时行乐吧，然后又不伤害对方，约的时候也是真心真意。我就觉得优质男人特别有意思。纯属快乐。否则木有快乐"。在她看来，与优质男性的身体亲密是一种释放，"有时候释放方式不一样，我就是这样体验一把浓缩的恋爱来释放"。

和情感上的满足。但这种对压缩式恋爱体验的想象是有着明确的限定条件的，也即这只是一个游戏，对方只是一个提供恋爱感觉的消费品。在这种亲密想象中，身体亲密需要在情感上提供慰藉和温暖，但又不完全等同于传统的制度化亲密关系，这是一种以自由为前提的安全，婚姻、爱情中的义务与责任等长久的和强制性的要求都被严格地排除在外。这种对制度化亲密关系中情感慰藉的有限度追求，在性产业中也开始勃兴，有学者将之称为"有限的本真性"（bounded authenticity）。[①]

（三）社交媒体对亲密社会想象的承担

在当代个体对亲密的社会想象中，存在着两种相互对立的要素：既要没有任何后续连带的性快乐，又要只有长久纽带才能带来的陪伴与温情。传统的浪漫关系可能会有停顿和终结，但追求的是安定，目的地是家庭，根本无法在不给出任何承诺、不负担任何义务的情况下提供性快乐与温情。而包二奶与婚外情在某种意义上则是不合法、不合道德地组建准家庭，依然需要明确的物质条件与情感要素，要求明确的权利（例如二奶会要求包养她的人按时回家，甚至要求其保持性忠贞），无法克服嫉妒心和占有欲，因此也不能实现人们对亲密的自由社会想象（肖索未，2018）。而社交媒体为亲密关系所提供的新路径能够在一定程度上承担人们的这种相互冲突的亲密想象，正如法国社交媒体蜜糖网（Meetic）所声称的，在这里"无须风险，您将拥有爱情""无须坠入爱河，亦可相爱""无须心痛，完美相爱"。

在现代社会，两性匹配市场（mating market）发生了分隔，从一个统一的以承诺为前提的婚姻市场变成三部分，一侧是希望获得不附带任何条

[①] 最近十几年来，购买性服务的男性并不仅仅只是购买性快感，他们对性工作者的温情和友善的在意程度已经至少与外表相差无几了，在这种背景下，色情业的经营者们开始以"女朋友体验"（girlfriend experience, GFE）作为卖点，努力营造一种"无须付款的邂逅"（non-paid encounter）。购买性服务者最开心的事情莫过于性工作者邀请他们回家吃饭，因为这代表了一种身体关系之外的恋人般的亲密。如果说，传统性工作者在公共自我（public self）和私人自我（private self）之间建立了明确的界线，将性活动仅仅作为公共自我参与其中的"工作"（work），那么在性商业的后工业范式中，越来越多地将本来属于私人自我的情感和欲望包含其中，传统性工作者的双重自我演变为新时代性工作者的单一自我，情感本真性被明确纳入了经济契约之中。但是，这种本真性也是有着明确的边界的，如果性工作者超过了这个限度，那么购买性服务者会避而远之，他们想要某种情感关联，但是不想负担任何责任（Bernstein，2007）。

件的身体亲密的人，另一侧则主要对最强承诺也即婚姻感兴趣的人，中间部分是由承诺程度和持久程度不同的两性关系所构成，而社交媒体则参与塑造了不附带任何条件的两性匹配市场（Regnerus，2017）。上文已述，在社交媒体的中介下，人们不再是在有限的选择中选择最佳选项，而是在无限的可选项中选择最为轻易可得的选项。也即大量的可选项让每一个选择的重要性都降低了，因为总有备选项在，而对方的价值在于即时满足"我"的亲密需要，而非建立社会性纽带。因此，通过社交媒体成功建立的身体亲密关系并不需要以情感或金钱的承诺作为前提，也不涉及未来的义务与责任。与此同时，在前期沟通阶段，通过社会媒体聊天、语音、视频以及互换照片以及这一过程中的"理想化"投射（董晨宇、段采薏，2018），彼此间虽然谈不上有感情，但已经具备相当的好感——"身高，颜值，感觉都很重要。感觉好，可以忽略所有，我就是这么没原则的人"（B-F-03）。就此而言，身体亲密的关系双方无论是线上互动阶段还是线下实践阶段（这一阶段与普通情侣基本一致，包括看电影、吃饭/喝咖啡、发生性关系等，甚至还包括共同出游）都能体验到一种恋爱的感觉，有时候为了获得身体亲密的机会甚至能在一定时段内比普通情侣更为关怀备至，从而让对方在短时间内获得更强的情感能量。

特克尔（2014）在谈论智能机器人对人类的吸引力时指出，智能机器人所弥补的正是人性中脆弱的一面，人类既想要人陪伴，又不想付出友谊。而在日本大为流行的"任天堂恋爱模拟游戏"（Nintendo Love+ game）中，人们通过"增强现实"技术与"虚拟女友"恋爱甚至接吻，获得强烈的恋爱体验，"虚拟的情侣可以手牵着手去上学、互抛媚眼、给对方发短信甚至可以在学校操场见面亲吻"，但同时又可以逃避情感和责任，它让人们可以"充分享受'永久爱的爱'——但没必要再把这个责任带回家"，"没有把将来的自由预支出去的恐惧"（鲍曼，2013a：13-16）。社交媒体则用具身存在但工具化的人替换了智能机器人和虚拟人物，来承担人们对自由与安全这一矛盾的亲密想象。

五　结语

现代社会，亲密关系正向纯粹关系（pure relationships）转型，在这一关系中，不再受传统束缚的自主和自由个体，单纯以能够从亲密关系中所能得到的好处为建立或终止关系的准则（纪登思，2001）。而在社交媒体中介的身体亲密关系中，人们所关注的好处是两种相互冲突的东西：逃避情感的同时获得恋爱体验。社交媒体通过将人与人之间的"我—你关系"（I-Thou relationships）变成"我—它连接"（I-It connections），[①] 承担了人们对亲密关系的这种社会想象。在社交媒体所构造的网络性社区中，大量潜在可选项让每个个体都成为只有性能差异的工具性的"它"，一个可以便利地建立和断开连接的节点。在这种即连即断的连接中，个体之间并不需要建立真正的社会关系，而只是将对方视为满足自身亲密需要的工具或者消费伙伴，人们建立这一"连接"也并不是要实现人际满足（interpersonal fulfillment），而只是通过连接来实现个人需要（personal needs）。因此，"像 Tinder 这样的网站，包括这种自主选择伴侣的模式，它们把人们寻找性伴侣的过程变得奇快无比，并且将其转化为了一种商品化的形式"（特雷斯特，2018：237）。正是在这种互为"它"的连接中，通过将亲密对象商品化、工具化，人们可以在某种程度上实现逃避情感与压缩体验之间的平衡。此时，亲密关系不再是主体间的社会性互动，而是成为主体对客体的消费，并且亲密双方是互为主客体。

特克尔将这种相互冲突的亲密想象视为人性中的脆弱一面，但在鲍曼看来这只不过是更宏大的结构性背景在亲密关系中的折射与体现，"爱情现在已经成为永无休止的'安全与自由'博弈中的一个小小的马前卒。这种博弈是生活的实践者根据人类状况而进行的"（鲍曼，2018：195）。而这种自由与安全的博弈所依据的人类境况就是他所说的从沉重的、福特主义模式的资本主义文化向轻快的、后福特主义模式的资本主义文化的转变，这种转变所带来的最大变化就是不确定性与自由并存，人们转而用灵活性（flexibility）来消解不确定所带来的痛苦。也即，人们虽然渴望传统的浪漫关系所带来的确定性和安全性，但是这种关系的建立和维持需要长期的承诺和投入，需要福特主义工厂中的长期心态，而这些在一个灵活性

---

① 这对概念来自马丁·布伯。在他看来人与人之间有两种原初关系："我—你"（I-Thou）和"我—它"（I-It）。如果说"我—你"是一种交融和平等的关系，那么"我—它"则是一种对立和利用的"关系"，之所以打引号是因为马丁·布伯甚至并不将其视为一种真正的关系，"我—它"在布伯看来只是一种主体对客体的经验和利用，而现代科学则把"我—它"趋势推向了极致，导致了人对自然，甚至是人对人的过度利用（布伯，2002；孙向晨，1998）。

和短期心态成为唯一理性选择的后福特主义文化中已经完全不合时宜,人们的合理选择就是通过即刻满足来获得暂时的安全感(鲍曼,2013b)。在个体间的关系形态是"连接"(connecting)而非"关联"(relating),是网络而非伴侣的"我—它连接"中,没有任何承诺、责任和长期性所带来的固态特性。因此,这种亲密形态既能够提供一种作为近似安全感的恋爱体验,又无须为此付出自由的代价。伯恩斯坦在解释性产业中所出现的对"有限的本真性"的追求时也指出,"正是后现代的灵活、短暂和流变带来了人们对稳定和永恒的主观渴望",因此,"性购买为人们既渴望暂时性又追求稳定性的相互冲突的欲望充当了暂时的慰藉"(Bernstein,2007:33-134)。

在这种"我—它连接"中,亲密关系不仅不再与任何崇高话语发生关联,甚至进一步降格为一种纯粹功用性的存在,因此在主流话语乃至网络话语中都仍属于"不道德"[①]的范畴。面对这一超越常规形态的亲密关系,我们需要通过更深入的经验研究对其予以整体把握:人们将之视为婚姻、同居、恋爱等制度化关系之外的补充?还是将之视为一种与它们同样合法的亲密关系形态?在不同的群体中如何分布?它在个体生命历程不同阶段分别占据何种位置,当个体的年龄和生活情境有所改变,个体是否会回归制度化的亲密关系形态之中?道德、法律以及制度层面应该如何回应并引导这种正在兴起的非常规亲密关系形态?就此而言,在未来的研究中,我们需要进一步评估这种极端的"去制度化"的亲密关系在个体亲密生活中所扮演的角色以及相应的应对策略。

参考文献

鲍曼,2013a,《此非日记》,杨渝东译,桂林:漓江出版社。
——2013b,《流动的现代性》,欧阳景根译,上海:上海三联书店。

[①] 2020年2月,豆瓣"生活组"就发生了一场持续了三四天的有关随意性关系是否道德的大讨论,引发这一大讨论的帖子主旨就是认为发生随意性关系的人"道德底线低",该贴有12页的上千条回复,后续又有一系列热帖对于这种行为是否不道德展开了相当具有火药味的争论。在这场以女性主体的网络辩论中,出现了很多值得后续研究探讨的问题,例如有过随意性关系的人需不需要向恋人以及配偶坦白?在缺乏完备的性教育体系的背景下,如果随意性关系获得了道德合法性,将会对青少年产生何种影响?如何避免性传播疾病?

——，2018，《怀旧的乌托邦》，姚伟等译，北京：中国人民大学出版社。
鲍曼、蒂姆·梅，2010，《社会学之思》，李康译，北京：社会科学文献出版社。
布伯，马丁，2002，《我与你》，陈维钢译，北京：三联书店。
董晨宇、段采薏，2018，《传播技术如何改变亲密关系——社交媒体时代的爱情》，《新闻与写作》第 2 期。
——，2020，《反向自我呈现：分手者在社交媒体中的自我消除行为研究》，《新闻记者》第 5 期。
惠蒂，莫妮卡、阿德里安·卡尔，2010，《网络爱情：在线关系心理学》，何玉蓉、周昊天译，北京：商务印书馆。
纪登思，2001，《亲密关系的转变：现代社会的性、爱、欲》，周素凤译，台北：巨流。
景军、孙晓舒、周沛峰，2012，《亲密的陌生人：中国三个城市的男同性恋交友格局》，《开放时代》第 8 期。
卡尔，尼古拉斯，2018，《数字乌托邦：一部数字时代的尖锐反思史》，姜忠伟译，北京：中信出版社。
柯兰，詹姆斯、娜塔莉·芬顿、德斯·弗里德曼，2014，《互联网的误读》，何道宽译，北京：中国人民大学出版社。
库兹奈特，罗伯特，2016，《如何研究网络人群和社区：网络民族志方法实践指导》，叶韦明译，重庆：重庆大学出版社。
莫利斯，德斯蒙德，2010，《亲密行为》，何道宽译，上海：复旦大学出版社。
穆尔，约斯·德，2007，《赛博空间的奥德赛》，麦永雄译，桂林：广西师范大学出版社。
潘绥铭、黄盈盈，2012，《网上性爱与网下的性实践之间的关系》，《学术界》第 1 期。
彭兰，2007，《Web2.0 在中国的发展及其社会意义》，《网络传播研究》第 10 期。
孙向晨，1998，《马丁·布伯的"关系本体论"》，《复旦学报》（社会科学版）第 4 期。
泰勒，查尔斯，2014，《现代社会想象》，林曼红译，南京：译林出版社。
特克尔，雪莉，2014，《群体性孤独：为什么我们对科技期待更多，对彼此却不能更亲密》，周逵、刘菁荆译，杭州：浙江人民出版社。
特雷斯特，丽贝卡，2018，《单身女性的时代》，贺梦菲、薛轲译，桂林：广西师范大学出版社。
特纳，弗雷德，2013，《数字乌托邦：从反主流文化到赛博文化》，张行舟等译，北京：电子工业出版社。
肖索未，2018，《欲望与尊严：转型期中国的阶层、性别与亲密关系》，北京：社会科学文献出版社。
杨国斌，2013，《网民在行动》，邓燕华译，桂林：广西师范大学出版社。
易洛思，伊娃，2015，《爱，为什么痛？》，叶嵘译，上海：华东师范大学出版社。
Ben-Ze'ev, A. 2004, *Love Online: Emotions on the Internet*. Cambridge: Cambridge University Press.

Bernstein, E. 2007, *Temporarily Yours: Intimacy, Authenticity and the Commerce of Sex*. Chicago: The University of Chicago Press.

Boyd, D. 2010a, "Friendship." in D. Ito, S. Baumer & M. Bittanti (eds.), *Hanging Out, Messing Around, and Geeking Out: Kids Living and Learning with New Media*. Cambridge, MA: MIT Press.

—— 2010b, "Box 3.1 The Public Nature of Mediated Breakups." in D. Ito, S. Baumer & M. Bittanti (eds.), *Hanging Out, Messing Around, and Geeking Out: Kids Living and Learning with New Media*. Cambridge, MA: The MIT Press.

Chambers, D. 2013, *Social Media and Personal Relationships*. Basingstoke: Palgrave Macmillan.

Clayton, R. B., A. Nagurney & J. R. Smith 2013, "Cheating, Breakup, and Divorce: Is Facebook Use to Blame?" *Cyberpsychology, Behavior, and Social Networking* 16 (10).

Garcia, J. R. & C. Reiber 2008, "Hook-Up Behavior: A Biopsychosocial Perspective." *The Journal of Social, Evolutionary, and Cultural Psychology* 2 (4).

Lenhart, A. & M. Madden 2007, "Teens, Privacy and Online Social Networks," 4/18 (http://www.pewInternet.org/PPF/r/211/report_display.asp).

Lewis, R. A. 1978, "Emotional Intimacy among Men." *Journal of Social Research* 34 (1).

Owen, J. & F. D. Fincham 2011, "Young Adults' Emotional Reactions after Hooking up Encounters." *Archives of Sexual Behavior* 40 (2).

Regnerus, M. 2017, *Cheap Sex*. New York: Oxford University Press.

Strong, B., C. DeVault & T. F. Cohen 2011, *The Marriage and Family Experience*. Belmont: Wadsworth Publishing.

Valenzuela, S., D. Halpern & J. E. Katz 2014, "Social Network Sites, Marriage Well-Being and Divorce: Survey and State-Level Evidence from the United States." *Computers in Human Behavior* 36.

Williams, R. 2003, *Television: Technology and Cultural Form*. London: Routledge.

（原载《社会发展研究》2021 年第 2 期）

制造亲密：中国网络秀场直播中的商品化关系及其不稳定性

董晨宇 丁依然 叶 蓁[*]

摘 要 秀场直播已然成为中国互联网产业中规模庞大的一部分。本研究通过对抖音直播为期 7 个月的田野调查，将主播与观众之间的关系放置在更为整合性的技术/非技术的环境之中进行考察，研究发现：从界面配置看，直播 App 通过亲密度、礼物和主播之间的 PK 形塑了主播与观众之间高度商品化、性别化的亲密关系；从主播对观众的情感策略看，通过对作为亲友的"招待"和作为暧昧对象的"推拉"实现了对观众亲密距离的掌控；而在直播观众看来，他们与主播之间更像是一段靠礼物"租续"、排遣寂寞的暧昧游戏。这种"被物化的亲密关系"也在一定程度上解释了女主播这一行业高度的不稳定性。

关键词 网络秀场直播 女主播 公会 商品化亲密关系 暧昧经济

自 2020 年 3 月开始，我们对抖音秀场直播平台进行了为期 7 个月的参与式观察。研究即将结束时，一位叫作 Bing[①] 的女主播在微信中和我们分享了粉丝写给她的歌曲《电子外卖梦》："每天都等一个机会，摩天大

---

[*] 作者董晨宇现为中国人民大学新闻学院讲师，丁依然现为中国人民大学新闻学院博士研究生，叶蓁现为荷兰鹿特丹伊拉斯姆斯大学博士研究生。

[①] 出于隐私保护的考虑，本研究中所有被访者都以英文化名方式出现。感谢这一年来在田野调查中愿意接受我们访谈的主播。愿我们有机会在现实中，脱离那些掩护着商业意识形态的平台配置，更真实地相遇。谢谢你们让我学会了：如何不喜欢这个行业的同时，爱这些人。

楼里面排队。每天都等一个机位，已经不是十六七岁。每天都等一个安慰，霓虹灯下独自徘徊。每天都无聊轮回，重庆网红和赛百味。"这位粉丝留言说："（他）坐地铁的时候，看到一个外卖小哥拿着手机看直播，虽然里面可能是特别俗气的女主播，可能是那些罐头笑声，但他看得特别开心。在大城市里面，其实每一个女主播，不管好的坏的，值不值得被喜欢的，都拯救了一批寂寞的人，安慰他们的空虚。"就像这首歌所描述的一样，人们在"重庆网红"和"赛百味"之间轮回着自己的生活，串联起直播与生活、虚拟与真实，最终一起建筑这样一个电子情感外卖工厂。

在大众媒体的视野之中，作为"情感外卖工厂"的秀场直播经常伴随着"美颜""土豪""套路"等负面关键词出现，并屡遭公众诟病（Zhang and Hjorth, 2019）。但同样值得注意的是，秀场直播如今已经成为中国互联网产业中一个规模庞大的组成部分。据第45次《中国互联网络发展状况统计报告》，截至2020年3月，中国秀场直播用户规模为2.07亿，较2018年底增长4374万，占网民整体的22.9%（中国互联网络信息中心，2020）。

当秀场直播在舆论中的污名和经济领域的繁荣形成鲜明对比之时，研究者便开始对其中的内在生产逻辑进行考察。其中大多数研究将秀场直播与"商品化亲密关系"这一理论视角加以勾连：秀场直播本身并不生产任何实体商品，而是通过主播的情感劳动，将亲密关系进行商品化包装后进行出售（Zou, 2018）。不过，这一答案可能蕴含着过度泛化和偏狭的危险：所谓泛化，即少有研究对主播售卖的"情感"进行更为深入而具体的描述；所谓偏狭，即少有研究将这种"亲密"放置在真正的关系视角中进行考察——秀场直播中的另一个主体，即直播观众的主观情感体验在既有研究中往往呈现缺位的状态。这也构成了本项田野研究的入场问题。

一 秀场直播：微名人、联合表演与商品化亲密关系

我们首先需要对秀场直播的既有学术文献做出梳理，亦即回答这一问题：既有研究是如何描绘主播这一职业群体的？一个简单而直接的回答便是：这是一群制造"商品化亲密关系"的"微名人"。对此，主播Sugar在访谈中表达的观点，可以视为对这种理论视角的通俗表述：

主播也是一个小的公众人物，大家觉得喜欢这个人，就会关注你。和公众人物不同的是，你接触不到大明星，但可以接触到主播。你花一毛钱送个礼物，主播都会谢谢你，还能和你互动。你在现实中花一毛钱，就算花三五百元，会有人给你这么大的反馈吗？主播表现出来的那种情感，在现实中你根本看不到。这就是"直播"的魅力所在。

这种观点在我们接触到的主播中达成了较大范围的共识，也恰好回应了特丽萨·森福特提出的微名人（micro-celebrity）这一概念。[①] 按照森福特的解释，微名人所进行的是"一种新型线上表演"，他们"通过摄像头、视频、音频、博客或社交网站来放大自己在读者、观看者和线上连接者之间的名声"（Senft, 2008：25-26）。与传统名人相比，微名人所拥有的粉丝数量相对有限，表演的内容又多是自己生活的一部分，因此会被认为更加"真实"；与普通人相比，微名人又将自己的生活放置在公共审视之下。因此，爱丽丝·马维克提醒我们，在理解微名人时，重点并不是它带来的名誉等级，而是一种类似名人的自我呈现方式（Marwick, 2013：144）。

不同于传统意义上的名人，作为微名人的主播对于自己表演的内容往往并没有太多的控制权。因此，有研究者将主播所进行的表演称为联合表演（co-performance），意指直播剧目是由主播和观众合作完成的（Li, Gui, Kou and Li, 2019）。与传统的视听节目不同，直播提供给观众的是一种沉浸式的共同体验。主播位于手机屏幕的中心位置，一方面通过个人表演来吸引观众的注意力、提升观众的留存时间；另一方面，观众也同时通过不同方式参与到表演之中，例如聊天、送礼、投票、做游戏等。这样一来，如果我们将直播内容看作一种剧目，那么，它恰恰是由主播和观众共同完成的。在一份更新的研究中，柯尔顿·迈斯纳等人将这种联合表演进

[①] 一个无法回避的问题在于：虽然既有研究试图将"微名人"直接嵌入中国语境中的主播群体，但这仍旧是一个需要谨慎处理的概念，因为"主播"与森福特关注的"微名人"存在着一些微妙差别。例如，"微名人"强调的是一种新自由主义和企业家精神，中国的主播群体更多受制于平台和公会的束缚，成为一种契约劳工；"微名人"的研究往往聚焦社会阶层较高的 IT 界人士或互联网技术的先锋使用者，中国语境中的"主播"则更多来自社会中下阶层。因此，当秀场直播的研究者借用"微名人"这一概念时，更多是在试图借鉴微名人的理论资源来理解中国秀场主播，二者不能等同视之。

一步概念化为"参与性品牌塑造"（participatory branding）（Meisner and Ledbetter, 2020）。他们强调，直播平台所提供的共同表演的关系性环境，使得主播的形象建构很大一部分是通过观众的劳动来完成的。

联合表演意味着主播与观众之间的权力关系发生了若干变化。陆绍阳与杨欣茹认为，这与移动媒体本身的特质有关：相比电影的仰视、电视的平视，人们在使用手机时往往是俯视状态，这就有可能"使得观众对荧幕里人物的崇拜心理被一种审视的观看心理替代"（陆绍阳、杨欣茹，2017）。这种变迁又可以镶嵌进名人研究的"大众化转向"（demotic turn）之中进行理解（Turner, 2006：153-165）。传统的名人研究经常通过准社会交往（para-social interaction）来描述名人与粉丝之间的关系。准社会交往指的是大众媒体给观众带来的一种与表演者结成面对面关系的幻觉，认为表演者仿佛处于他们的社交圈之中（Horton and Wohl, 1956）。随着社交媒体逐渐成为名人塑造自我品牌的重要平台，晏青和他的合作者认为，名人与粉丝之间的关系已经从"准社会交往"转变为"准亲属交往"（para-kin interaction）（Yan and Yang, 2020），这意味着社交媒体互动性让粉丝在这段关系中具备了前所未有的权力：粉丝与偶像的关系不再仅仅是传统意义上的"支持"关系，粉丝还可作为家庭成员对偶像实施"影响"甚至是"操控"。

这一结论与微名人研究形成了暗合：微名人同样有更多机会与粉丝建立起双向互动的人际关系，进而让"准社会交往"的虚幻变得真实、遥远变得贴近。不同的是，相比传统意义的名人而言，微名人更多是"将自己的私人生活放置在公共景观之下"的普通人（Abidin, 2018：5）。这就意味着，微名人需要更多地将私人生活开放给观众，并与个体观众建立起更为独特、贴近的、具有商业价值的情感关系，亦即一种"商品化亲密关系"（commercialized intimacy）（Zhang, Xiang and Hao, 2019）。克里斯特尔·阿比丁等人认为，传统企业通过制造产品亲密（product intimacy）——即消费者对于产品的热爱——来直接提升产品的定价；与之相对应，微名人则在生产人格亲密（persona intimacy），本质上是将自己的情感陪伴作为商品进行交换。情感依恋是一种没有上限的资源，因此往往可以超越商品本身的价值，获取更多的利润（Abidin and Thompson, 2012）。

具体到秀场主播之中，相比于因表演内容本身而受到的打赏，这种亲密关系的制造也可能会为主播带来更大的经济利益。在秀场直播行业，这种"商品化亲密关系"的过程是高度性别化的。大体来说，秀场直播的主体可被描述为一种职业化程度较低的女性劳动。对此，直播平台陌陌2019 和 2020 年发布的商业数据可以提供部分证据：直播行业中的女性主播占比 78.8%，非职业主播占比 66.6%。斯图亚特·坎宁安等人同样认为中国秀场直播行业具有高度固化的性别秩序，即女性主播通过性别表演（gender performativity）满足了孤独男性的情感需求（Cunningham, Craig and Lv, 2019）。这种性别表演体现在整个直播中的方方面面，例如"直播前的化妆、调试其他设备、不断调整节目、在直播中表现得侃侃而谈，并在直播间外仍旧与粉丝保持互动。其劳动强度不仅体现为身体的疲惫，更体现在技术和情感之中"（Zhang and Hjorth, 2019）。

如上所述，秀场主播与观众之间的亲密关系发生在具体的技术界面和职业环境之中。这也意味着，对于这种亲密关系的分析，我们必须将主播的工作实践放置在这一行业中不同技术/非技术行动者之中，进行更为整体性的把握。首先，作为技术的行动者，直播 App 作为平台并不直接参与到情感劳动，却为主播与观众的相遇提供了虚拟场所和相应的技术配置。这也体现了近年来在平台社会中崛起的一种主导性经济模型：平台通过双方或多方供求之间的交易，收取交易费用或赚取差价等而获得收益（van Dijck, Poell and De Waal, 2018：19；林怡洁、单蔓婷，2021）。其次，作为非技术的行动者，公会的出现旨在辅助平台，为这一低职业化群体提供基本的职业管理和培训，并为平台分担可能出现的法律风险。在以上两类技术/非技术行动者的共同建构之下，主播与观众得以相遇（见图1）。

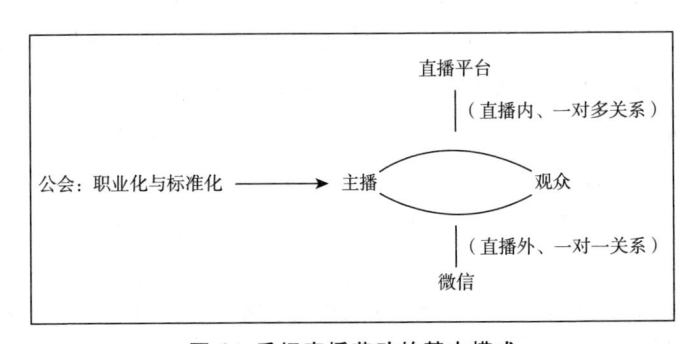

图 1　秀场直播劳动的基本模式

以上的文献梳理为我们提供了理解秀场直播的重要理论资源和视角，不过仍旧有三点可供突破之处：其一，对秀场主播的分析大多缺乏整体性的视野，亦即没有充分考虑平台技术配置与公会职业培训的影响；其二，对"商品化亲密关系"的定义大多过于泛化，并未对其独特性进行充分展示；其三，既有研究大多聚焦对于主播一端的考察，较少将观众采取的关系策略考虑其中。基于以上考量，本研究提出以下研究问题：在技术/非技术的环境之中，主播与观众通过互动形成了一种怎样的具体亲密关系？

二 研究对象与方法

本研究所收集的质化数据主要来自于我们对抖音秀场直播为期一年的田野研究项目，其中包含对 5 位女主播的参与式观察，以及对 12 位女主播、3 位公会运营和 6 位直播间男性观众的线上深度访谈（见表 1）。本研究中所有质化数据的搜集和使用都征得了被访者同意，并进行了匿名化处理。

对于公会、主播和观众的考察，我们主要采取参与式的观察和访谈方法。在参与式观察部分，我们对主播的选择采取了一种浮现性（emerging）的方法（Zhang，2019），[1] 最终聚焦到来自 A 市、同一公会的三位兼职女主播：Wendy、Pearl 和 Jessie，以及两位在 B 市的兼职女主播 Gill 和 June。对于前三位主播而言，她们平均每周直播 5~6 次，每次 2 小时左右。她们不仅经常连麦 PK，各自直播间的观众也会相互流动，从而形成了一个松散的小型人际交往圈；与前三位不同，最后两位主播 Gill 和 June 则与公会签订了合作协议，需要每天直播 6 小时，每周休息一天。[2] 本研究对于运营和直播间观众的接触，主要是通过这五位女主播个人关系网络的延伸完成的。在深度访谈部分，我们采取了语音通话或文字的形式，而非面对面的访谈，理由主要有二：其一，这一职业所呈现的广泛的地理分布，使得难以实现面对面的接触；加之疫情的影响，面对面变得更

---

[1] 我们在最初进入田野时并未对"何为主播"做出定义，而是通过不断深入的参与式观察，从直播内容、合同关系等方面，逐渐确定了主播的不同类型，并抽取了这五位女主播作为我们的参与式观察对象。

[2] 在抖音平台中，公会和主播之间的经济关系一般分为两种：一种是底薪主播，公会每个月会支付一定的酬劳，但必须播满若干时长。另一种是提成主播，公会对开播时长没有硬性要求，主要依靠主播礼物收入的提成盈利。

加不可能。其二，考虑到这一职业本身遭受到的社会"污名化"，面对面的接触可能会对被访者造成不适（Bryman，2008：457）。相较之下，线上访谈能够尽可能地保护被访者的信息与隐私，访谈的时间和地点灵活，并可以增加被访者坦诚的自我披露（Nehls，Smith and Schneider，2015：140-157）。

在对直播界面的分析中，因为难以从平台内部获得足够丰富的质性资料，我们受到本·莱特等人提出的"漫游方法"（walkthrough method）的启发，转而对界面本身的技术配置进行批判性的考察。正如莱特等人所言，当研究者对一个App进行考察时，绝不能跨过它本身的技术特质，去讨论其内在的文化意义，而应该"直接进入一个App的界面中，去检验它的技术机制，以及嵌入其中的文化指征，并以此理解它是如何指导用户、形塑用户经验的"（Light, Burgess and Duguay, 2018）。

在本研究的主体内容部分，我们将在具体的技术界面之中考察主播与观众的亲密关系，凸显技术的能动性在亲密关系商品化过程中所扮演的角色；考察公会与主播的关系，探析双方如何在商品化亲密关系实践中形成一定程度的利益"共谋"；考察观看秀场直播的观众对主播采取的情感策略，试图理解他们对待与主播之间"商品化亲密关系"的真正态度，从而深化秀场主播行业处境的理解与反思。

表1 研究对象基本情况一览表

序号	姓名	性别	年龄（岁）	职业	从业/观看历史	接触方式
1. 主播						
1	Wendy	女	24	老师	8个月	参与式观察
2	Pearl	女	24	私企行政	10个月	参与式观察
3	Jessie	女	22	幼师	6个月	参与式观察
4	Gill	女	22	在校生	3个月	参与式观察
5	June	女	23	化妆师	2个月	参与式观察
6	Sugar	女	25	销售	1个月	电话访谈
7	Finn	女	23	国企行政	5年	电话访谈
8	Gigi	女	21	在校生	3个月	电话访谈
9	Yiyi	女	24	销售	2个月	电话访谈

续表

序号	姓名	性别	年龄（岁）	职业	从业/观看历史	接触方式
1. 主播						
10	Manting	女	26	钢琴老师	-	微信语音访谈
11	Qiu	女	19	在校生	-	微信语音访谈
12	Pear	女	22	媒体运营	2个月	微信语音访谈
13	Cissy	女	24	金融销售	6个月	微信文字访谈
14	Lovely	女	25	政府机关	2个月	微信文字访谈
15	Bing	女	26	-	-	微信文字访谈
16	Sea	女	23	空姐	1个月	抖音文字访谈
17	Daisy	女	22	-	2个月	抖音文字访谈
2. 公会运营						
1	Jean	女	-	运营	24个月	电话访谈
2	John	男	-	运营	18个月	微信语音访谈
3	Ming	男	-	运营	-	微信文字访谈
3. 观众						
1	Fire	男	37	医药销售	30个月	电话访谈
2	Smoke	男	21	在校生	5个月	电话访谈
3	Zean	男	38	银行职员	18个月	微信文字访谈
4	Sky	男	30	私企老板	12个月	微信文字访谈
5	Brown	男	26	无业	6个月	微信文字访谈
6	Fish	男	-	-	10个月	微信文字访谈

注："-"部分表示被访者拒绝提供相关信息。

三 直播界面：亲密度、礼物和PK

在本节中，我们拟对抖音App的直播界面做出批判性分析，考察它在具体的技术环境之中是如何形塑主播与观众之间的商品化亲密关系的。何塞·范·迪克等人认为，社交媒体的重要逻辑之一便是"互联性"（connectivity）（van Dijck & Poell, 2013）：在社交媒体的连接性环境之中，即便用户自身可以对内容产生相当大的影响力，平台装置（platform apparatus）仍然在中介用户行为，定义连接如何发生。具体而言，我们将通过亲密度、礼物和主播之间的 PK 这三种界面配置，来考察直播 App 是如何生产并最终实现一种高度商品化、性别化的亲密关系的。

（一）亲密度：一种情感计算方式

本文所指的亲密度指的是"主播与一位观众的亲密程度"。与人们日常的感知不同，这一概念在抖音直播界面中被操作为具体的数值。这一数值增长的方式，又隐含了情感的商品化逻辑。

当观众进入抖音主播的直播间时，会发现围绕着位于屏幕中心位置的主播的，是屏幕上方与下方分别展开的两套菜单。上方菜单的核心是"关系"，其中，左上方的"粉丝团标识"通过"亲密度"来昭示观众与主播的亲密等级。观众与主播的"亲密度"主要是通过三种方式建立和发展的：其一是加入粉丝团并在每场直播中赠送灯牌。这仅仅需要观众花费 0.1 元，其作用是建立一种身份标识，即成为主播的"家人"。诚然，观众加团对于主播来说并不具有明显的直接经济贡献，其目的在于通过加团这个行为建立观众的"家人"身份感，从而启动观众的消费意识。[①] 其二是观看直播 20 分钟。表面上看，观众的观看时长同样不会直接增加主播与平台的经济收益，但实际上，观众以此在为平台进行流量劳动（Terranova, 2000）；同时，通过陪伴时间的增加，提高了自己与主播的亲密感。其三是赠送礼物。这是提高主播与平台收入最为直接的形式。值得注意的是，粉丝团的升级无法仅仅依靠观看一次直播的大额打赏来实现，这凸显了平台对于"长期陪伴"的强调。如当一位观众的粉丝团等级为 1 级时，每日只能有效累积 200 抖币（合 20 元人民币）礼物的亲密度，超出的金额不会计算在亲密度的增长之中；到了 15 级粉丝团等级时，每日限定的礼物价值变为 10000 抖币（合 1000 元人民币）。[②] 同时，与之相对应，粉丝团升级所需积累的亲密度也随着级别的增高而难度增加：从 1 级

[①] 除此之外，也有业内被访者告诉我们，粉丝团成员数量也会成为平台算法推荐流量的参考指标之一，这也成了主播要求游客加团的动力之一。不过，这一点并没有得到官方平台的确认。事实上，算法作为一个黑箱，在实践中往往只能通过猜测来达成某种程度上的业内共识。

[②] 在亲密度每日提升限额方面，平台政策发生了一些变化。例如，最新的政策是亲密度从 1 级升 2 级的过程中，每日礼物限额为 6 元人民币。这些变化的具体原因未知。

粉丝团升至2级粉丝团只需累积420亲密度；而从15级亲密度升至16级亲密度需要积累的亲密度则比前者高出了约1000倍。

亲密度的增加方式体现了以下两种逻辑的暗合：对于平台而言，观看时间与礼物打赏分别贡献了免费劳动（free labor）与经济收入；对于主播而言，观看时间提供了亲密关系得以发展的机会，礼物打赏提升了直接的经济收入。在这一相互酝酿的过程之中，主播与观众之间"情感的商品化"得以实现。

（二）礼物：经济资本转为象征资本的渠道

如果说亲密度的设定规则解释了主播与观众之间亲密关系的商品化本质，那么，直播界面下方的礼物菜单则为我们揭示出这种亲密关系的性别偏向。在秀场直播中，观众的打赏是通过购买虚拟礼物及其象征性的视觉效果来实现的。李音认为，赠送虚拟礼物这一行为"顺利地将经济资本转变为象征资本，主播和平台的运营者最终又成为获得实质利益的一方。这是一次经济资本、象征资本、经济资本的完美转换"（李音，2019）。一般而言，价格越高的礼物呈现的视觉效果越丰富、炫目。一个快乐水（合9.9元人民币）只会在屏幕下方跳出一瓶可乐，一个火箭（合1000.1元人民币）则占据了大半个屏幕。当然，并没有任何一种礼物的视觉效果会同时遮挡住整个屏幕。毕竟，作为一种互动性的回馈，观众更希望看到主播收到虚拟礼物时的惊喜表情（孙信茹、甘庆超，2020）。

在直播界面的设置中，很多礼物所呈现的视觉效果都具有高度的性别化暗示，例如"浪漫花火""浪漫马车""梦幻城堡""带你兜风""撩一下""做我的猫""娶你回家"等。除此之外，不同的亲密度等级还可以让观众获得赠送不同虚拟礼物的权力：只有粉丝团等级达到7级的观众，才可以对主播赠送"一直陪伴你"（合52元人民币）；粉丝团等级达到16级的观众则可以送出宇宙之心（合1888.8元人民币），寓意观众对主播至深的爱。简言之，这种高度性别化的礼物设计暗示着一种主播和观众之间的异性恋关系：男性观众可以通过向女主播赠送豪车、马车、城堡等礼物间接表达爱意；也可以通过"娶你回家"获得更为直接的快感。这奠定了观众与主播之间的性别权力关系（Ye，2020）。

不过，同样值得注意的是，并非直播界面中的所有礼物都在明示这种异性恋关系。其中一些礼物旨在展示赠送者的物质能力，例如"保时捷"

"私人飞机"等；另一些礼物则将这种亲密关系包装为观众对于主播的支持，例如"为你打Call""加油鸭"等。这也意味着，从礼物维度出发，主播与观众之间的亲密关系似乎可以拥有更多元的解释张力。对于这一点，我们将在主播与观众的关系实践中进行更充分的讨论。

（三）主播间的PK：亲密关系的变现

直播平台的亲密度规则和礼物设定为我们展现了技术所遮蔽的商业意识形态和性别权力关系。那么，这一具体的消费行为又是如何触发的呢？在我们接触的主播中，虽然直播内容有所差异，但几乎所有人都会选择的一种表演剧目便是PK（player killing）。所谓PK，是指一个主播对另一个主播发起的连线挑战，双方通过连麦的形式将直播界面一分为二。在一定时间内（通常为5分钟），各自收到打赏的总金额是判定胜负的唯一标准，败方要在PK结束之后接受事先约定好的惩罚游戏。对于绝大多数主播而言，这是亲密关系变现最快速的方式。主播Pearl解释道："其实我们也不想PK，但事实就是这样，你不PK，就没有人送礼物，收入就上不去。"在我们接触到的一份直播培训文案中，PK更是被称为"直播流水的倍增器""检验大哥试金石"。[①] 其中的逻辑又是怎么样的呢？

按照上述对于界面逻辑的分析，直播这一职业的核心技能就在于"亲密关系的变现"。PK是平台凭空创造的一种虚设困境，它让双方观众守护的主播陷于非胜即败的困境之中，输掉PK的人不得不接受例如深蹲、带特效、四件套[②]头上戴塑料袋、脸上画乌龟等惩罚。解救主播的唯一方式，便是在5分钟内赠送的礼物总经济价值超越对方。PK的对抗性往往会激起观众赠送礼物的冲动，按照主播Daisy的话来讲，这是"一件特别上头的事情"，不到最后一秒，谁也不知道输赢。因此，在PK的过程中，主播经常会使用"我不想输""有没有家人救救我""还有十秒钟大家守一下塔"这样的话语战术，来激发观众的冲动消费。

当然，多数主播会大致控制每场PK的总数量，因为伴随PK的一个

[①] 在秀场直播中，"大哥"指的是直播间内打赏金额较高且长期陪伴的观众，他们往往是女主播直播收入最主要的来源。

[②] 四件套是女主播PK中常见的惩罚游戏。所谓四件套，指的是败方主播需要搭配性感的音乐，做出撩头发、眨眼睛、摸锁骨、咬嘴唇这四个动作。这一惩罚满足了男观众对于女主播的凝视（gaze）快感。

副作用便是让观众产生观看压力，这往往也是观众流失的诱因，因此很多主播都会在直播间忍不住抱怨"一PK人就跑光了"。笔者曾在Wendy直播间做管理员，刚开始做时，曾在直播时通过微信和她私聊："你开了这么久，怎么还不PK？"她回答："现在流量多，先聊聊天，直接PK的话，人会很快走的。"可见PK的隐藏意义便是亲密关系酝酿到一定程度之后的变现行为，这需要主播具有相当成熟的节奏把控能力。

以上对于亲密度、礼物和PK的分析可以看出，三种界面功能设定分别起到了情感的商品化、性别化和消费触发的作用。它们之间相互酝酿，最终将亲密关系转化为一种男性对女性的情感消费行为，在秀场直播中，这也被称为"守护"。那么，这种性别化的亲密是如何被实践为主播与观众之间具体的情感关系呢？接下来，我们将基于公会在这一议题上所进行的职业培训，并结合主播、观众双方的主观体验，来进行进一步的解释。

四 秀场主播：从"招待"到"推拉"的亲密距离掌控

在直播行业中，公会相当于主播的经纪公司。对于主播这一职业化程度普遍较低的群体而言，公会存在的价值便在于"将非正式的表演性劳动转化为一种以经济利益为核心的、由企业组织的文化生产，并将平台中的直播内容生产转化为职业化和标准化的实践"（Zhang, Xiang and Hao, 2019）。公会往往会为签约的主播剪辑短视频、配置运营、定期进行培训、组织公会内部的PK和公会赛等一系列刺激消费的活动。在公会对主播的培训中，"与观众的关系维护"是其中的核心议题之一。在田野观察和访谈中，我们发现公会的职业培训往往将主播对于观众的关系维护放置在两种语境中分别讨论：直播间内和直播间外。

这与叶蓁（2020）的发现类似：在直播间内，主播需要维系一种"一对多的亲密关系"（one-to-many intimacy）；在直播间外，主播则需要更多地处理一对一的亲密关系（one-to-one intimacy）。这可能是两种不同的情感劳动（Ye, 2020）。接下来，本研究将从这两个层面分别开展，旨在揭示女主播和观众的商品化亲密关系，究竟应该如何具体描述和定位。

(一) 直播间内:"一对多"亲友式关系的"招待"

作为平台的辅助者,公会在"情感商品化"这一问题上持有大体相同的立场:主播需要通过将礼物去货币化,用浓厚的"人情味"来模糊她们与观众之间的经济关系。在直播间中,这种"人情味"的具体体现便是"交朋友"。运营 Jean 为我们提供了一份新主播的培训手册,在我们后续接触到的运营之间,这份培训手册已经几乎成为范本,在运营和主播之间广泛流传。其中,"朋友"是其中经常出现的字眼:

> 网络直播的关键,就是要把粉丝当成朋友来认真对待。对方心情不好时,要做个好听众;对方无聊时,要去尽量找他喜欢的话题。因此,礼物最终是交朋友交出来的。只有当粉丝成了主播的朋友,他才会出于真心地自发地送礼物,礼物并不是送给主播的直播内容,而是因为认可了主播是他的朋友。

需要特别注意的是,此处所指的"朋友",不过是对"朋友"一词充满工具理性的挪用(Baym,2015:170)。在互联网中,"朋友"一词总是处于模糊不清的状态,被用来指称很多不同类型的关系。人们对于"朋友"一词究竟是什么意思,存在不同的理解(Kendall,2002:141)。此处主播与观众"交朋友"的行为,其核心思想是一种对于情感距离的设定,更具体地讲,其内核是一种非排他性、去性别化、一对多的亲密关系,因此有时也会以"家人""兄弟"等称谓出现。这意味着,主播需要在直播间内面对不同类型的观众,对他们进行所谓的"招待"(hostessing)工作。

在索伊勒·韦约拉等人看来,"招待"是一种新工作中的典型表演模式。它"在很多方面都与家庭工作类似……人们不得不同时处理很多不同的任务:关怀、亲密和交流都是新工作中需要进行的表演",这要求劳动者具备一系列社交和情绪技巧,表现得如同"家人"一般温暖亲近。同时,这也意味着,在这种新工作中,私人与公共、情感与职业之间的界限变得难以清晰区分(Veijola and Jokinen,2008)。对于直播间中的亲密关系而言,"招待朋友"这一关系定位是非排他性的。主播虽然会因为本场观众打赏金额的高低,对不同观众展现出不同的情感距离,但大致都会控制在"朋友"的范围之内。

除此之外,"招待朋友"的另一个意义是,主播需要保证直播间的观众彼此和平相处,甚至成为朋友。在这个意义上,Wendy 的观众中的管理员 Zean 认为,女主播"有点像是虚拟小酒馆里的老板娘"。这也意味着,为了保持这种直播间内的"朋友"气氛,主播不能因为某一位观众的打赏而忽略了其他观众的感受。在一个运营培训视频中,培训师如此说道:

> 有的大哥的占有欲太强了,直播间霸屏,谁说话就怼谁。主播就要和他好好聊聊,聊不通就放弃吧,感谢过往支持吧,要不没法播。直播间就是一门生意,不能只做一个人的生意,你想想,你开一个饭店,一到饭点上人的时候,他就到大厅,喝得五迷三道的,吐得满地都是,别人还能来吃饭吗?既然做主播,就是面向所有人,不能只给他一个人带来快乐。(如果任由他闹的话)他以后只会更过分。

在 PK 环节,"交朋友"这一策略会被实践为"家人们众筹一下",亦即鼓励观众出于与主播的"朋友"关系,进行适度的支持,一起来帮助主播赢得 PK 的胜利。能成功赢得观众众筹的主播,会被运营视为具备较高的直播能力。对于某些成功的主播而言,她们会在 PK 环节进行"榜五"或"榜十"的比赛,即计算双方在本场 PK 打赏第五(十)名的礼物金额。不过,对于大部分兼职小主播而言,因为直播观众的数量较少,甚至平时只有三四个人,这种"朋友"关系便无法助其实现经济收入的最大化。

(二)直播间外:"一对一"暧昧式关系的"推拉"

尽管上述公会培训方案将主播与观众的亲密关系定义为"交朋友",但一个不容忽视的问题在于:对于女主播这一职业化程度较低的群体而言,依靠"招待"获得可观的经济收入并不是一件容易的事情。

主播 June 的困惑具有较大的代表性。当我们和主播 June 聊到"交朋友"这件事时,June 的第一反应是将直播流水的不尽如人意归结于自己在直播间中真的在"交朋友"。June 是一位深夜通宵主播,平时直播的时间是晚 11 点到早 5 点。在她的直播间中,有两位"忠实"的观众,几乎每天都会从她上播陪到下播。June 对他们的感情充满了矛盾。以下是对她的文字访谈：

> June：我觉得我太认真了，我应该就像其他主播一样。我觉得我失去了好多，我就感觉我花了时间去和他们真心交友，最后要么就是别人根本没把你当回事，要么就是后面慢慢疏远了。我感觉时间就浪费了，精力也浪费了。我觉得我以后要改变一下，我要做"典型"的主播。
>
> 访谈者：什么是"典型"的主播呢？
>
> June：就像他们说的，那种找大哥啊，把他像男朋友一样的去撩。他给我的一个观点，就是没有人会无缘无故给你刷钱的，你要给他一个理由，让他给你刷礼物。你让他把你当作女朋友，然后他就会心甘情愿地给你刷钱，在乎你，觉得你很辛苦。
>
> 访谈者：有没有其他可能性，比如遇到一个拿你当朋友的观众，仅仅想通过打赏支持你？你会感动吗？
>
> June：我当然会感动了！我之前就是这种想法，但是我从没有遇到过！

对于主播而言，"交朋友"的优势在于建立不具有排他性的一对多的亲密关系，但它的问题在于："交朋友"本身很难刺激观众大额的冲动消费。个体的经济支付行为往往是亲密距离的一种反映。观众 Fire 对此解释道："我可以给你刷'华子'（即一种叫作"嘉年华"的虚拟礼物，合 3000 元人民币）吗？不可能吧，如果我给你刷'华子'，我肯定有所图啊，谁会给一个朋友花这么多钱？"因此，多数兼职主播所面对的困境在于：如果没有高超的"招待"技巧和较大规模的观众群体，仅仅通过"交朋友"来进行直播，并不是一个可行的策略。

此时，公会运营往往会鼓励这些职业化程度较低的主播与少数较强经济实力的观众进行更多的一对一关系维护，进一步拉近与他们的情感距离。这种一对一的交流往往发生在直播间之外，尤其是通过微信来进行。主播是否愿意和自己的核心打赏观众加微信，甚至会成为运营判断她在多大程度上投入这一工作的标准之一。

在 June 的想象中，这种一对一关系的本质是"撩"。主播 Pearl 对此则有更加深入的描述。Pearl 最初作为某公会的核心运营进入这一行业，负责大主播的直播内容策划并帮助主播维护核心打赏财团。后来因为"帮朋友完成 KPI",她先后在三个不同的平台做过主播。丰富且多元的从业经历让她对秀场直播拥有了更为深入的观察。在她看来,这种一对一关系的本质就是"暧昧"。

> 直播就是一种暧昧经济。对于主播来讲,失去一个大哥或者榜一那就是暂时性丢了饭碗……一般大哥走,要么是两人暧昧期结束,或者见面后发现差距太大,或者大哥没钱了,或者是大哥被其他主播挖走了。

"暧昧"是人们日常生活中经常出现的情感状态,但相关的学术研究却十分缺乏。在为数不多与此相关的讨论中,冯兵(2007)将暧昧定义为一种"两性间介于爱情与友情之间的一种非婚恋、无性爱的超友谊情感方式",它"注重的是心灵的补偿和精神上的快乐",却"不用负担任何的道德责任与义务"。在本研究中,我们受到这一启发,将直播间中主播与观众的"暧昧"定义为亲密关系的一种中间状态,更具体地讲,是主播与观众之间形成的一种介于朋友与恋人之间的关系状态,这种状态往往可以帮助主播实现经济利益的最大化。

在大多数情况下,介于朋友与恋人的暧昧关系本质上具有不稳定性。一方面,主播不能仅仅与观众"交朋友",因为这种相对理性的关系在大多数时候都与直播中的冲动消费存在矛盾;另一方面,主播也不能与观众确认为"恋爱关系"。对此,在一次线上主播培训中,公会培训师 Ming 如此说道:

> 有人问我要不要见大哥?我建议你不要见。你问问自己,你的情商和阅历能够在线下应付大哥吗?大哥想和你谈恋爱怎么办?对你动手动脚怎么办?你要让大哥保持追求你的心不变,对你有新鲜感,就不能见面。你要用长期的套路,不能用这种短期的套路。如果你非要见,一定不能和大哥有真感情,这样你的直播才能做得好。

在直播的实践之中,为了解决暧昧的不稳定性,持续获得来自观众的守护和打赏,运营会建议主播进行两个维度的"推拉"。其一是直播间内外的推拉。在直播间内，主播需要处理"一对多"的亲密关系，需要采取一种更为非排他性的情感策略——交朋友。因此，在直播间中，主播会采取"家人""大哥"这样的称谓，并尽量照顾每一个观众的感受。例如，主播Lovely曾因为两位"大哥"争风吃醋而倍感困扰。最终，她不得不舍弃其中一位明确要和她"搞对象"的大哥，选择了那位更愿意在直播间中帮她欢迎其他观众的大哥。在直播间外，主播与大哥之间的情感沟通，虽不一定使用恋人般的语言，但往往会更加深入，以体现主播对此观众独一无二的、排他性的关心。其二是"一对一"关系维护时的推拉。面对一些观众"越界"的表达，Finn的运营建议道："观众如果对主播在私下说比较过分的话，主播就假装没看到，等一会儿再回复一个与此无关的话题，比如分享一下你今天做了什么，把他'推'出去。如果他对你失去兴趣了想要离开，你再和他说一些比较亲密的话，把他'拉'回来。""推拉"策略的目的，就是尽可能延长这种暧昧关系持续的时间，并以此刺激观众对主播尽可能长时间地进行守护与消费。

（三）商业逻辑：亲密距离的商品化

在秀场直播中，经常会出现两种样貌不同的打赏榜单：一种被称为"众筹榜"，即观众打赏的分布较为平均；另一种则被称为"断崖榜"，即唯有榜一赠送了价值不菲的礼物，其余观众打赏数额稀少。这两种不同的榜单，与我们上述分析中出现的两种关系策略（"招待"与"推拉"）形成对应关系。

对于不同类型的打赏群体，主播或者基于"朋友"关系进行"招待"，或者出于"暧昧"关系进行"推拉"。反观之，观众也会出于获得不同亲密距离的目的，进行不同类型的消费行为。因此，秀场直播的商业逻辑并不仅仅是既有研究论述的"亲密关系的商品化"，更是"亲密距离的商品化"。相比之下，这一修正可以更为准确地描述主播与观众之间亲密关系的复杂性。

然而，一个棘手的问题在于：在这样一个流动性普遍较高、职业化程度普遍较低的职业中，只有少部分主播可以将"吃百家饭"作为其生存之道；对于绝大部分主播而言，按照运营Jean的说法，都是"靠一两个大哥撑起直播间"。因此，相比"招待"，"推拉"的成败对于大部分主播来讲，更关乎自己的收入高低。在接下来的部分中，我们将探讨这种

"推拉"的关系是如何被观众所感知和接受的。

五 直播观众：亲密关系的物化本质

在以上分析中，我们至少可以得出两项核心结论：直播App的界面设计鼓励了一种高度性别化的亲密关系的商品化；公会则在职业培训中将这种亲密关系进一步具体化为"招待"和"推拉"这两种关系策略。更进一步讲，对于绝大多数职业化程度较低的女主播而言，"推拉"是她们获得经济收益最主要的方式。既有研究往往从经典劳动批判传统出发，将女主播这种情感劳动视作一种劳动异化的表现（Zhang, Xiang and Hao, 2019）。在这一部分之中，我们则从这种关系的另一端即观众出发，考察他们对于这种"关系推拉"的情感实践。

（一）情感定位：靠礼物租续的感情

因暧昧的不稳定性而催生的"推拉"，在部分观众心理上产生了同样的不稳定性。Smoke陪伴了自己的"小主"[①]将近一年时间。对于这段经历，Smoke经常会产生一种若即若离的感觉：

> 我们有些话说得还是十分亲密的，但有时候也会突然冷下来。如果太熟的话，这种虚幻感是很难消除的。有时你会感觉像恋人，很像，但是有时候，你会感觉你其实并不了解她的生活，这种虚幻感突然之间，让关系就有那种拉远的感觉了……如果真的是比较亲密的话，会想办法现实当中可以见见面，线下见面是我们关系很大的跨步。如果她拒绝的话，关系会更加拉远。因为这其实是一种信号，表示我们只是那种很普通的主播和观众的关系吧。

对于Smoke所承受的"虚幻感"，观众Fire认为，Smoke因为太认真就"陷进去了"。看直播一定要明白，主播与观众的相遇"是有原罪的"，本质上是一种"靠礼物租续的感情"。因此，观众如果持续在这一行业中进行消费，就要在这种不稳定中寻求稳定的可能。这需要观众将自己认同

[①] 在秀场直播中，"小主"意为观众守护的主播。

为仅仅是一位直播"玩"家。"玩"直播的本质,是将女主播"物化",变为填补自己心灵空虚感的工具。如此一来,主播便成为娱乐的客体,而不是平等交流的主体。甚至在观众 Sky 看来,直播不过就是"一个虚拟夜总会,你会和小姐有感情吗?"

(二)默会协议:排解寂寞的暧昧游戏

对于直播间的"大哥"(在我们的田野调查中,这一部分观众具有较高的支付能力,且多数已婚)而言,这种"暧昧推拉"的关系,往往是他们与主播默会的协定,也是与传统家庭责任规范协调后的结果。直播只是"大哥"生活中的一个驻点,就像是出差时停留过的一个个房间,这些房间可以帮助他们的情绪得到休憩,但绝不至于也无可能替代家庭。为了保护自我的身份,"大哥"往往会将自己的账号设置为私密状态,不留下任何能够标识身份的痕迹。这在一定程度上反映出"大哥"的心理:使用直播间、进行暧昧交往是为了满足自己对于女性的权力欲望、排遣孤独,而并不意在彻底排他性地占有主播,或者破坏自己的家庭。因为后者会让他们违背社会的道德期望,威胁到他们在现实生活中的声望和资本。换言之,女主播和"大哥"之间保持"暧昧的推拉",实际上都是在追求自我利益的最大化。

对于这种物化的男性凝视,身处秀场直播行业中的多数女主播除了放弃这份工作这一极端的选择外,基本上没有太多反抗的空间。对于一位希望从这一行业获取经济利益的主播而言,她或多或少需要将"暧昧"作为暂时性的商品进行出售,以迎合观众的需要。因此,当我们将秀场女主播的劳动视为一种情感劳动时,我们必须明白,主播与阿莉·霍赫希尔德早期"情感劳动"研究中所观察的"空姐"这一职业仍旧存在差别(Hochschild, 1983)。空姐的职业性微笑是一种情感劳动,它符合乘机人对于服务人员的礼貌、谦和、温暖态度的期待。相较之下,至少在中国当前的语境下,女主播的情感劳动需要更深层次的探索。

一方面,主播需要在私人情感和观众情感之间找到平衡点。为了获得经济收益,她们往往需要在感受层面作出更大程度的牺牲和妥协,服务于高度异质化的观众群体。这使得她们在与男观众(尤其是"大哥")相处时更多的是被放置在感情的下位,任由对方俯视。

另一方面,时至今日,与主播这一职业相关的社会结构性规范尚未完全形成。该行业内的"规范性期待"实则是从中国传统男女性别关系的刻板期待中挪用而来，这一点在以"女主播—男观众"组合为主的秀场直播中表现得尤为明显。反过来讲，这种高疲惫感且不稳定的情感关系也在一定程度上解释了女主播这一行业高度的流动性。我们所接触的绝大多数女主播都将直播看作一个临时性的工作。Wendy 的说法代表了大部分主播的观点："这就是一个暂时的选择。总之想先存点钱吧，至少之后生活得有底气一些，选择更多一些。"

六 结论

社会学家霍华德·贝克尔说道："当研究者发现某些难以理解的举动，以至于心中唯一的念头就是'他们一定是疯了才会这样'时，我们最好假设，这种看似疯狂的行为其实是有其道理的，然后我们就去找为什么会有道理。"（贝克尔，2017：35）从我们最初对秀场直播行业的不解，到田野调查中的一次次出乎意料，再到对主播"招待"与"推拉"不断加深的体味，同样验证了这样一种逻辑。

在本研究中，我们试图将秀场女主播放置在具体的技术/非技术环境之中，更为具象地考察主播与观众所建立的亲密关系。我们认为，直播平台通过亲密度、礼物和 PK 等技术配置，鼓励主播与观众之间建立一种高度商品化、性别化的亲密关系；公会则在职业培训中将这种亲密关系进一步具体化为"招待"与"推拉"两种策略方式。对于大多数职业化程度较低的女主播而言，对于暧昧关系的"推拉"往往是一种无法逃避的职业实践；对于那些"玩"直播的观众来说，他们与主播往往也会在此处达成一种默会的协议：这不过是一场排解孤独的暧昧游戏。不过，对于那些付出更多真诚的观众而言，这个"电子情感外卖工厂"所提供给他们的，在短暂的欢愉后，最终往往是一种更大程度的虚幻感。

在我们即将结束田野调研之时，Gill 的直播间大哥 Brown 通过微信和我们说，他这次真的决定"退网"了。几天之后，Gill 在 PK 中被罚做 50 次蹲起，还被对方的观众语言羞辱。没有人预料到，Brown 会在这时突然出现，他没有说话，赠送了粉丝团 16 级观众的专属礼物"宇宙之心"，这个礼物寓意着守护主播一生一世。Gill 将这一瞬间录屏，并在第二天作为一个短视频作品发表，感谢 Brown 三个月以来的陪伴。在短视频的留言板中，另一位主播说自己很羡慕 Gill，也想拥有可以赠送"宇宙之心"的观众。不过，之后的日子里，Brown 再也没有出现。他在微信中和我们说，他最后还是卸载了抖音。

参考文献

冯兵，2007，《对两性暧昧情感关系的伦理分析》，《石河子大学学报》（哲学社会科学版）第 1 期。

霍华德·贝克尔，2017，《社会学家的窍门》，重庆：重庆大学出版社。

李音，2019，《"礼物"的另类解读——社会网视域下的直播"送礼"研究》，《北京社会科学》第 9 期。

林怡洁、单蔓婷，2021，《中国大陆女性社交直播主的数位劳动与性别政治》，《新闻学研究》（台湾）第 1 期。

陆绍阳、杨欣茹，2017，《俯视手掌的权力：重回男性凝视的网红直播视频》，《新闻爱好者》第 2 期。

陌陌，2019，《2018 主播职业报告》，http://www.199it.com/archives/818625.html。

陌陌，2020，《2019 主播职业报告》，http://www.199it.com/archives/995592.html。

孙信茹、甘庆超，2020，《"熟悉的陌生人"：网络直播中刷礼物与私密关系研究》，《新闻记者》第 5 期。

中国互联网络信息中心，2020，《第 45 次中国互联网络发展状况统计报告》，http://www.cac.gov.cn/2020-04/27/c_1589535470378587.Htm.。

Abidin, C. 2018, *Internet Celebrity: Understanding Fame Online*. Emerald Group Publishing.

Abidin, C., & Thompson, E. C. 2012, "Buy My Life.com: Cyber-femininities and Commercial Intimacy in Blogshops." In *Women's Studies International Forum* 35 (6).

Baym, N. K. 2015, *Personal Connections in the Digital Age*. John Wiley & Sons.

Bryman, A. 2008, *Social Research Methods*. Oxford: Oxford University Press.

Cunningham, S., Craig, D., & Lv, J. 2019, "China's Livestreaming Industry: Platforms, Politics, and Precarity." *International Journal of Cultural Studies* 22 (6).

Hochschild, A. R. 1983, *The Managed Heart: Commercialization of Human Feeling*. Berkeley: University of California Press.

Horton, D., & Wohl, R. 1956, "Mass Communication and Para-Social Interaction: Observations on Intimacy at A Distance." *Psychiatry* 19 (3).

Kendall, L. 2002, *Hanging Out in the Virtual Pub: Masculinities and Relationships Online*. Berkeley: University of California Press.

Li, J., Gui, X., Kou, Y., & Li, Y. 2019, "Live Streaming as Co-Performance: Dynamics Between Center and Periphery in Theatrical Engagement." *Proceedings of the ACM on Human-Computer Interaction* 3 (CSCW).

Light, B., Burgess, J., & Duguay, S. 2018, "The Walkthrough Method: An Approach to

The Study Of Apps." *New Media & Society* 20 (3).

Marwick, A. E. 2013, *Status Update: Celebrity, Publicity, And Branding in The Social Media Age*. Yale University Press.

Meisner, C., & Ledbetter, A. M. 2022, "Participatory Branding on Social Media: The Affordances of Live Streaming for Creative Labor." *New Media & Society* 24 (5).

Nehls, K., Smith, B. D., & Schneider, H. A. 2015, "Video-Conferencing Interviews in Qualitative Research." In *Enhancing Qualitative and Mixed Methods Research with Technology*. IGI Global.

Senft, T. M. 2008, *Camgirls: Celebrity and Community in The Age of Social Networks* (Vol. 4). Peter Lang.

Terranova, T. 2000, "Free Labor: Producing Culture for The Digital Economy." *Social Text* 18 (2).

Turner, G. 2006, "The Mass Production of Celebrity: 'Celetoids', Reality TV And The 'Demotic Turn'." *International Journal of Cultural Studies* 9 (2).

van Dijck, J., & Poell, T. 2013, "Understanding Social Media Logic." *Media And Communication* 1 (1).

van Dijck, J., Poell, T., & De Waal, M. 2018, *The Platform Society: Public Values in A Connective World*. Oxford: Oxford University Press.

Veijola, S., & Jokinen, E. 2008, "Towards A Hostessing Society? Mobile Arrangements of Gender and Labour." *NORA—Nordic Journal of Feminist and Gender Research* 16 (3).

Yan, Q., & Yang, F. 2021, "From Parasocial to Parakin: Co-Creating Idols on Social Media." *New Media & Society* 23 (9).

Ye, Z. 2020, "Producing Dialogical Intimacy: An Investigation Of Emotional Labour, Gender, And Live-Streaming Platforms." Master's thesis of University of Amsterdam.

Zhang, G. 2019, "Zhibo: An Ethnography of Ordinary, Boring, and Vulgar Livestreams." Ph. D. dissertation of RMIT University.

Zhang, G., & Hjorth, L. 2019, "Live-Streaming, Games and Politics of Gender Performance: The Case of NÜzhubo In China." *Convergence* 25 (5–6).

Zhang, X., Xiang, Y., & Hao, L. 2019, "Virtual Gifting on China's Live Streaming Platforms: Hijacking the Online Gift Economy." *Chinese Journal of Communication* 12 (3).

Zou, S. 2018, "Producing Value Out of The Invaluable: A Critical/Cultural Perspective on The Live Streaming Industry In China." *Triple C: Communication, Capitalism & Critique. Open Access Journal for a Global Sustainable Information Society* 16 (2).

（原载《福建师范大学学报》（哲学社会科学版）2021年第3期，本文在原基础上略有改动。在原文写作的过程中，感谢伦敦大学学院人类学博士候选人郑肯对"公会"这一部分研究提供的资料和启发）

第三部分

非常态生育观及其生育实践

"无后为大"：现代青年丁克家庭的成因、压力与对策

齐　鑫[*]

摘　要　当今社会，青年人群体中不婚不育的现象逐渐增多，生育率不断下滑，家庭的模式和实践类型也因此出现了多元化的趋势。丁克家庭作为西方不生育文化的一种产物，主要是指夫妻自愿选择不生育的家庭模式，不生育是他们区别于一般家庭的最大特征。改革开放以来，越来越多的青年人基于不同因素选择了这种无子化的生活方式，但社会大众和媒体对于丁克家庭的认知一直不够清晰。本文从11个丁克家庭的深度访谈出发，探寻当代青年丁克家庭的组建与形成原因，了解他们在代际关系、性生活和养老问题上的实践与态度，并尝试从中提取出青年丁克夫妻在婚姻、生育和家庭方面的观念认知。

关键词　丁克家庭　青年　自愿不生育

一　问题的提出

生育一直是人类繁衍生息的根本所在。人类历史中的决定因素有两种，一是生产，二是再生产。前者是指必需的生活资料和工具的生产，而后者则是指人本身的生产，即生育。事实上，中国也一直存在着有关生育文化的非正式制度。费孝通认为将孩子生下来并抚养成人的过程是中国一

---

[*] 本文系首发论文，作者现为中国社会科学院大学社会与民族学院博士研究生。

直存在的"生育制度",它被视作千百年来人类种族绵续的根本与保障(费孝通,2019:35)。儒家传统更是素有"不孝有三,无后为大"的生育和孝道伦理。但随着人类文明走进了工业化和现代化的进程,作为人的个体开始突破集体和整体的限制,生物性的人开始反思和思考作为一个社会性个体的权益和需求,人们投身"不确定的自由"并最终戏剧性地"跃入了现代性"(贝克,2011:2)。世界家庭规模也开始出现核心化和小型化的趋势,个体从大家庭和集体制度中脱嵌出来,越来越多元的个体生活方式和家庭生活模式涌现出来,不生育的丁克生活模式就是其中之一。

"丁克"即"DINK"(Double Income No Kids)的音译表达,是指那些具有生育能力却主动选择不生育的群体,他们往往具有稳定的工作和收入。它缘起于20世纪60~70年代的欧美地区,随着国内改革开放和城市化进程的推进,我国在20世纪80年代也陆续出现了不生育文化的萌芽。据零点调查公司2003年2月的统计数据,我国的丁克人数在当时就已超过60万。尽管也有学者通过研究发现丁克家庭的规模并没有呈现扩大趋势(张亮,2012),但从我国生育率不断走低的现状和年轻人的生育观念可以预估,当今社会中的不婚不育现象依然保持着极大的存量与增量。

针对日益增多的丁克现象,越来越多的新闻媒体和公众号出现了诸如"为什么现在的丁克家庭越来越多""中国60万丁克家庭的背后,是自私,还是自我重视意识的提升"等发问式的标题。同时有学者认为丁克群体虽然展现出了中国人追求自由的思想,但更是一种违背社会、家庭和夫妻责任的行为(闫玉、马学礼,2014)。然而,现实中的丁克群体究竟是如何形成的,尤其是新一代青年丁克群体,他们在个体化兴起及第二次人口转变的背景下成长起来,受到更加多元化的文化影响,婚姻与生育的相互分离成为他们一种新的家庭实践方式。他们真的是一批自私自利的人吗?他们的家庭生活又面临着哪些挑战与困难?本文通过对11位来自丁克家庭的青年男女进行的深度访谈,在文献分析的基础上,尝试了解并洞悉当代青年人对不生育有哪些全新的考量,以及在这一选择之下,他们在日常的生活中面临着怎样的压力和担忧,他们又是如何应对的。

二 文献综述

（一）丁克家庭的出现与发展

"丁克"的出现要追溯到西方工业化和现代化带来的生育率下降和"自愿不生育"（childfree）文化的出现（托夫勒，1996：234-237），而这主要与以下几个因素密不可分。首先，个体化时代的到来使个人的权益地位获得提升，人们的自主选择能力增强，并逐渐从性别的既定束缚中脱离出来，孩子不再是妇女"天生的命运"，性欲同样被从生育中解放出来，女性在生育与否上获得了更多的选择权，不生育逐渐成为人们一种满足个体需求的理性选择（贝克，2004：108）。其次，20世纪中叶，西方工业化国家中的家庭结构和模式正朝着核心化的方向发展，越来越多的青年人脱离了大家庭的控制而变得自由，他们开始组建更加注重夫妻情感和亲密关系的夫妇家庭。在缺少家长催促和工业化社会背景之下，生育率也随之下降（古德，1986：153-155）。同一时期，波伏瓦（2009：9-10）提出了"他者"的概念，认为女性的解放和做母亲之间不存在必然的联系，这挑战了男性对社会的主导和生殖对女性的压制，从而对避孕革命和第二次女性主义浪潮等社会运动的开展起到了直接的推动作用。女性的权力和地位被反复强调和重塑，她们参与到更加广泛的有偿就业中，妇女在做母亲之外获得了更多样化的生活选择（Gillespie，2003）。现代化以来，情感在家庭和亲密关系中的重要性不断提升，年轻人更愿意去追求自由的生活和生命体验，"纯粹关系"越发成为人们追求的理想关系类型（吉登斯，2001：77），婚姻与生育随之成为较为次要的需求，越来越多的同居和不育现象开始出现。

改革开放以来，在引进西方先进技术和理论的同时，大量的西方观念自然而然地渗透进来，个体主义的思想冲击着家庭主义的传统。伴随着城市化和工业化，青年人受到了很多意识上和文化上的冲击，价值观念因而发生变化。丁克一族最先在国内的大城市出现，并逐渐成为一部分年轻人长期的一种生活选择（刘倩，2002：5），尤其是对于高学历群体来说，他们对外来文化的接受程度相对更高，建立了国内最早的一批丁克家庭（许珂，2007）。

（二）自愿不生育的理论解释

学术界存在着诸多有关自愿不生育的因素研究，他们多从经济因素、个体重要性提升、家庭关系变迁、心理因素四个角度来解释人们选择不生育的原因。

第一，经济水平作为家庭生活运转的物质基础水平，是家庭关系得以维持的重要前提。男性一般会更加考虑自身和家庭的长期财务规划，重视婚姻和生育所带来的直观经济后果，将生育本身视作一种自我和经济花费上的牺牲（Park，2005；Carmichael & Whittaker，2007）。女性在做出不生育选择时会考虑生育对自身职业发展和工作的影响，生育本身对女性来说象征着要付出更高的"机会成本"。相比于男性，女性更容易丧失劳动参与权，她们因而把更多的精力和时间投入到自己的事业上，将无子女视作自己事业有成的必要条件（Kelly，2009）。改革开放以来，国内养育子女所要付出的高额经济成本也逐渐成为年轻夫妇对生育望而却步的重要原因，孩子在现代城市中不断贬值（郭栋，1994；邱文清，1998）。

第二，个体化时代的到来将人们从各种传统的制度和规则中解放出来，并进一步培养人们关注自我的文化，自我的重要性不断提升。在这种背景下，人们越来越重视自由和个人生命的体验，期盼通过不生育来获得生活上的自在与掌控感（Mollen，2006）。个人的时间和空间自由成为青年人选择丁克的一项重要动因，他们更愿意将精力和金钱投入在自己身上（郭栋，1994；许珂，2007）。同时，在第二波女性主义浪潮的影响之下，女性有了新的机遇和自由，一些国家的妇女获得了安全堕胎、避孕和生殖技术的帮助，她们因而更好地掌控了自己的生育权力（Richardson，1993）。国内丁克的出现与女性在市场化的社会背景下获得了更多选择权有很大关系，陈腐的封建思想和道德伦理被打破，女性获得了更好的教育，从性别角色中解脱出来并走向了更广阔的社会（张焘，2017）。

第三，家庭中夫妻关系的重要性获得了提升，很多已婚夫妻认为一个孩子的到来会打破和影响当下的和谐关系（Rowland，1982）。一些女性还将"做母亲"视作阻碍亲密关系发展的选择，她们期待将更多的时间、精力和情感资源投入到夫妻亲密关系中（Mollen，2006）。相应的，无子女这一状态被当作维持令人满意亲密关系的关键因素，不生育家庭并不需要孩子在婚姻关系中充当一条"有约束力的纽带"（Gillespie，2003）。相比于父代和子代，丁克们更愿意将资源和精力投入到当下的自身及夫妻关系上，一切影响夫妻关系和自我实现的因素都被放在了后面（许传新、陈国华，2004；张冬毛，2006）。

第四，不生孩子的决定更像是一种心理防御机制，主要源于童年的创伤或缺乏安全感的家庭生活（Agrillo & Nelini, 2008）。许多选择自愿不生育的女性认为她们的父母拥有着不平等的角色，她们不想像她们的母亲一样进入这种不平等的关系中（Mollen, 2006）。国内学者也发现，丁克观念和行为的形成，与人们的社会化过程息息相关，许多丁克在未成年阶段受到身边父母的影响，形成了他们对于夫妻关系和亲子关系的初步认知，而这些关系一旦出现问题，就使心智尚未成熟的未成年人产生认知上的变化（高玉春，2021）。

以上这些造成不育现象的因素现如今依然渗透在丁克家庭的形成过程中，但同时，现代化的自愿不生育现象和丁克家庭成因中出现了更多不同的因素和表现形式，受宏观社会背景和微观个体主义的影响，新一代青年人有了更加多元化的理由和考量。

（三）自愿不生育面临的困境与压力

"丁克"不管是在国外还是在国内，都往往被视为一种另类或"他者"而不被大多数人所认可，比起正常生育的家庭，他们往往承受着巨大的压力。首先是承受来自社会的"污名化"，他们往往被认为与传统观念相悖，不生育的选择是为了逃避责任和自我放纵，他们因此受到社会的孤立（Dykstra & Hagestad, 2007）。许多自愿选择不生育的女性还会被认为存在生理问题（Gillespie, 2000；Harrington, 2019）、自私和缺少女人味（Carmichael & Whittaker, 2007；Kelly, 2009），这对她们的心理和生活造成了极大的负面影响。其次，他们承受着来自家庭内部的压力，"丁克"经常受到来自夫妻双方原生家庭的反对和阻碍。不育行为被视为一种自私和不负责任的表现（Carmichael & Whittaker, 2007），许多"丁克"因此与家人及亲戚的关系逐渐僵化。再次，"丁克"在人际交往中经常被孤立和"边缘"（林虹，2011），这致使他们中的很多人会迫于压力而放弃丁克的打算。最后，不生育的家庭面临着养老方面的诸多压力。有研究发现，丁克步入老年后会感到孤单并后悔当初的决定（Pelton & Hertlein, 2011）。改革开放以来，青年人的学历水平和文化接受程度都有所提升，许多外界的压力在他们看来已经"无关痛痒",而对他们真正造成困扰的更多是来自家庭内部,例如代际上的压力、意外怀孕的压力以及未来养老的客观需求。

三 研究方法与访谈资料

(一) 研究方法与对象

研究主要采用质性研究方法,资料收集主要通过网上招募、熟人引荐等方式进行。本文基于11位已婚的丁克,并对其本人或夫妻二人展开半结构式的深度访谈,访谈时间在1~1.5小时,并包含数次补访。访谈分为线上和线下两种方式,受新冠肺炎疫情及跨地区因素影响,一部分访谈需要通过线上的形式完成,主要依托于微信和QQ的语音功能。访谈以被访者为主体,同时注重访谈者与被访者对于过程的共同建构。

本文将"丁克家庭"界定为已经组建家庭,拥有法律意义上的婚姻关系,且在接受访谈时明确承认和接纳自己不生育的想法,并认为两个人在未来的生活中仍将持续保持无子女状态的夫妻二人家庭。而本文中的"青年"则是指法定婚姻年龄至40岁这个年龄区间的人群。

(二) 访谈对象基本资料

表1列出了访谈对象的基本情况,共包括11个丁克家庭。访谈主要以丁克夫妻其中一人为主,部分访谈为夫妻双方共同参与进行。访谈对象的年龄在23~38岁内,学历都在本科及以上,结婚年限在1~11年不等,生活所在地分布在国内外各城市地区。

表1 被访者基本资料

编号	受访者	性别	年龄(岁)	学历	职业(所在行业)	配偶年龄(岁)	配偶学历	配偶职业(所在行业)	婚姻年限(年)	生活所在地
A1	夕夕	女	23	本科	银行职员	24	本科	销售员	2	河南
A2	龙妹	女	26	硕士	展览策划者	30	本科	军人	1	安徽

续表

编号	受访者	性别	年龄（岁）	学历	职业（所在行业）	配偶年龄（岁）	配偶学历	配偶职业（所在行业）	婚姻年限（年）	生活所在地
A3	月姐	女	38	硕士	公务员				离异4年	山东
A4	花生	女	30	本科	硕士在读	32	本科	硕士在读	3	日本
A5	燕子	女	34	本科	外贸职员	34		自由职业者	2	安徽
A6	吴姐	女	31	硕士	高校行政人员	30	本科	销售员	4	江苏
A7	王哥	男	37	本科	企业采购员	38	本科	牙医	11	加拿大
A8	翠姐	女	36	硕士	珠宝鉴定师	52	大专	画家	7	四川
A9	陆陆	女	25	本科	教师	24	本科	水果销售员	3	河南
A10	刘哥	男	28	本科	国企职员	27	本科	人力资源职工	4	天津
A11	大强	男	27	本科	工程师	27	本科	工程师	2	江西

四 多元化的不育因素：青年丁克夫妻的共同选择

自愿不生育现象出现的相关理论解释包含经济成本、个体重要性、家庭关系变迁、心理的诸多影响，这些在中国当下青年丁克家庭形成过程中依然是较为主流的影响因素。与此同时，由于新一代青年人在现代性和个体化等多元文化的影响之下成长起来，其对于生育和家庭的认知往往有着全新的认识和理解，当被问及为何选择丁克的家庭生活方式时，丁克夫妻向笔者展现出了更加现代与多元的选择理由和影响因素。

（一）追逐自由与体验，摆脱束缚

中国传统家庭讲究多子多福，一方面是乡土社会中一直深植着关于大家庭的理想，另一方面是多生孩子确实能够给家庭经营带来劳动力和生产上的收益，这两方面主体原因使诸多女性被束缚在"母亲"角色和人口的再生产上。城市化和现代化到来之后，个体化和新自由主义开始蔓延与蓬勃发展，人们被激发出了越来越多基于个体主义的多样性选择，标准化的人生逐渐演变为选择性的人生（贝克，2011：3）。生育被越来越多的年轻人视作一种成本高收益小的"内耗"，他们渴望爱情与亲密关系，但不愿意落入生儿育女的传统定式，而更愿意将有限的人生用在追求个体自由和生命体验上。

夕夕23岁，已经结婚两年，她在婚前就与老公就生育问题展开协商，男方对于生孩子本身也并没有什么意愿，双方都希望追求自由自在的夫妻生活，两人很快在生育一事上达成一致，双方的父母也都没有过多的干涉，这让他们的"丁克之路"比许多同类家庭要顺畅得多。夕夕从小就一直认为孩子是女性生命中的巨大压力，一方面是它带来巨大的经济压力，另一方面是它会剥夺自己很大一部分时间和自由。夕夕向笔者坦言，她从小见证父母如何辛苦地将她养大，为了她的花销而拼命地在外面挣钱，没有任何的私人时间和生活，好像大人们的生活时刻都围绕着她在转。她说："在我十七八岁的时候，我父母和姐姐在那里说生孩子的问题，也问我以后要不要孩子，我说不想像你们一样太辛苦不自由，所以不想生孩子。我认为自己的生育观念相比于父母已经发生了很多变化吧。"谈到目前无子化的生活时，夕夕对于当下十分满意，也对未来充满向往，她认为两个人可以更好地为提高家庭经济水平而一起努力，这样可以在之后的生活中更好地对自己进行"投资"。同时在没有孩子的情况下，家庭内部的家务工作也变得灵活且自由，夫妻俩还有共同养宠物的打算。能够自由无拘束且将更多精力投入在两个人自己身上是他们理想中的生活。对许多青年丁克夫妻而言，实现和保持自由的生活方式，是他们能够坚定做出不育选择的根本原因，更是他们对自己人生的追求与态度。

对于主流家庭而言，养育孩子是家庭生活中的重要内容，更是一件需要投入大量时间、精力、成本的历时性事件（蔡迎旗、刘庆，2021）。这让一部分青年人望而却步，相比于生儿育女，丁克夫妻更愿意将时间投入在他们自己身上。许多青年丁克认为夫妻亲密关系和个人的发展才是人生中最重要的内容，他们通过保持无子女的生活状态，从而将生育和照料的时间转移到对自己和夫妻关系的投入上，以此来提高自己的生命体验。与夕夕夫妇相似，龙妹夫妇认为，要把更多的时间和精力花在自己身上，而不是一个充满未知的孩子身上，两个人虽然只结婚不到一年，但在恋爱时就在不生育这件事上达成了共识，要一起追寻更纯粹更自由的小家庭生活。在访谈中，龙妹向笔者坦言，她自己丁克的观念在小时候就出现了，成长过程中这个想法变得更加成熟和坚定，当看到身边有孩子的同学或朋友所呈现出的繁忙的生活状态时，她认为如果自己也是一名照料孩子的母亲，那将是她难以接受的生活状态。相应的，她和爱人都非常喜欢目前自由和无拘无束的生活，他们没有关于养育孩子事宜的牵绊，能够更加专注于自身的生活和夫妻关系。她说："我会觉得这段关系更亲密，就是不需要为第三个人第三种关系去分心，我们只需要经营好我们自己的关系，关注我们两个自己，所以我觉得这种状态是更自由的。"同时，夫妻俩将小孩视作一种束缚，认为人的一辈子很短暂，相比之下更想去追求自我的感受。夫妻二人表示："两个人平时可以一起遛狗、看电影、打游戏、看剧，我们觉得就很自由。"可见，青年丁克首先拥有更多的个体需求，他们不想去承受当代社会的养育压力和照料束缚，而更愿意将自己有限的时间、精力和金钱投入在自己喜欢的事物或是彼此之间的亲密关系上，以此来获得更好的生命体验。

（二）"精英式育儿"理念的劝退

当代社会中弥漫着一种"精英式育儿"的理念，在这种"你追我赶"式的紧迫型养育理念之下，如何培养一个优秀的孩子成为社会结构带给父母的压力。研究显示，养育压力已经逐渐成为抑制生育意愿和阻碍"生育友好型"社会的重要因素（刘庆、蔡迎旗，2022）。月姐虽然有过一次失败的丁克家庭经历，但这并没有打消她坚定的不生育想法，她回忆起当初为什么坚定地选择不要孩子，主要认为孩子本身就是"压力"的代名词，这与其需要付出的经济成本高具有十分密切的联系。她不赞同一个孩子可以随便养养的说法，认为这是一种不负责任的养育态度。而如果打算好好养，就要顺应当代社会培养孩子的主流逻辑，即要尽可能地给他最好的物质条件、最长时间的陪伴、最好的教育资源等。而这势必意味着更多的母职与父职参与和更高的经济成本，这让月姐对于生养孩子一直没有什么兴趣，她之前的爱人也是这样认为，两个人一致认为养不好还不如不养。"北京和其他一线城市就不用说了，就是你哪怕现在在三四线城市，抚养一个孩子的成本也很高。"月姐和之前的爱人对于养育孩子的概念不仅仅限于"养育"，更要"养好"，这是社会结构和整体氛围赋予一部分青年人的养育观念，也是很大一部分当代人对于生育孩子的普遍要求。

"精英式育儿"理念的出现一方面是社会上养育孩子标准的不断"内卷",另一方面是社会对于父母照料标准的提高,或者更多的是对"密集母职"(intensive mothering)的不断强调与期待(Hays,1996:6-9),似乎养孩子爱孩子就必须做到无死角地照护和培养。花生与老公结婚三年,两个人对于生育小孩都没有什么兴趣,他们认为孩子意味着更大的经济压力和更多的时间成本,生一个孩子就意味着家庭的一切实践都要围绕着孩子来开展。花生对笔者说:"有孩子的家庭,压力就会大一些,就要存很多的钱,然后很多事情都要以小孩子为主,还要考虑到小孩儿的未来。"一切以孩子为中心,重视他的饮食、教育、兴趣培养、未来发展,这种"照料内卷"让她对于养育孩子提不起任何兴趣。她之所以有这样的认知,主要源于她不同于上一代人的教育和培养理念,传统的养育和教育观念认为一定能顺利地养大孩子,对于孩子的发展期望相对不高,因此花生的父母认为"穷人有穷人的过法,你看我们家也没什么钱,你不也培养得挺好的吗?"而新时代的青年人普遍受过更高等的教育,在当今社会的竞争环境浸染之下成长起来,他们认为培养孩子一定要给他最好最优质的。花生在诉说自己的亲身经历和育儿理念时说:"其实我小时候会经常因为没钱产生一些心理上的不快乐,我自己经历过就不太想让自己的孩子也经历。"由此可见,"精英式育儿"的理念反映出育儿方式和标准的不断演变,如今,育儿焦虑不仅仅是已生育夫妻所要面对的困难,同时正在成为阻碍未生育夫妻生育的重要因素。

(三)"这个世界真的会好吗?"

社会整体环境在现代性的挤压之下存在着各式各样的结构性压力,青年人为了生活和工作不得已选择了"996"的生活方式,然而,不确定性带来的焦虑充斥着他们的生活。青年人普遍财富不多、地位不高,较高的受教育水平和努力程度与向上流动之间的张力使他们对于整个社会环境产生了不信任和焦虑(朱慧劼、王梦怡,2018)。同时,进入21世纪以来,我国飞速的经济发展在一定程度上带来了生态的退化(王夏晖等,2021),引发了诸如大气污染、沙尘等恶劣气候,而这也成为一部分青年拒绝生育的主观理由。

燕子是对生态环境和社会环境的变化有着自己的理解,在她看来,随着人口增长和人们对自然资源的不断开采,生态环境受到了许多不可逆转的伤害,且消费主义和不断"内卷"的社会氛围使人们变得浮躁,也让社会变成了一种追名逐利的"唯物质主义"世界。在燕子的观点中,基于当前人类所处的生态环境和社会环境,带一个孩子来到这个世界是对孩子的不尊重,是私自替孩子做选择。她在婚前就做好了结婚后不生育的准备。在访谈过程中她向笔者坦言,上学时她就有了丁克的想法,但当时只是单纯地认为生小孩会让自己的身材走样,而随着年龄的增长和阅历的加深,她渐渐发现当前的社会环境和生态环境与她所期待的背道而驰,这对于一个热爱大自然和动物的环保主义者来说是难以接受的,她开始追问自己,"这个地方真的会是一个让生命存在的好地方吗?"对于人性和生态环境的思考使她的丁克想法越发坚定,她认为社会的发展牺牲了世界上许多美好的事物,而地球每年也还在遭受着不同程度的污染,她说:"也许盲目地把生命带过来,不是一个负责任的想法。"她的先生是长期居住在中国的美国人,两个人因户外健身相识,对于自然和社会有着相同的观点,因此对于燕子的决定他也表示理解和认可。

随着现代性的到来,社会在政治、经济、文化等诸多领域都发生了翻天覆地的变化,人们一方面不断接收着丰富的新事物新内容,另一方面则面对着时代带给他们的诸多压力和焦虑(付茜茜,2022)。这一切都让青年人"措手不及",他们不确定自己是否可以照顾好自己的生活,更不确定在这样的环境中能否对一个新生的生命负责。在访谈过程中笔者了解到,许多丁克都会将假想的孩子视作一个权利主体,基于目前自己身处的环境认为不能让一个孩子来经历"世间疾苦"。吴姐和爱人是在婚后达成不生育的统一想法的,两个人有多方面不生育的考量因素,其中吴姐特别向笔者提到,他们认为这个世界存在着很多有缺陷的地方,而这对于一个还没有选择权和自主权的生命而言是不公平的。吴姐坦言:"我觉得这个世界不是那么美好,如果有选择的权利,我都不想来到这个世界上,可能太悲观了些。"吴姐的想法是很多丁克夫妻的共同想法,其根源一方面是社会发展和竞争所带来的焦虑与压力,另一方面是青年丁克跳脱出了传统的生育观念与逻辑,从自身之外的环境和尚未存在的生命角度思考生育问题,更加看重生育之后的延续与发展。

(四)"丁克不需要理由,生孩子才需要理由"

"丁克不需要理由,生孩子才需要理由,而且需要一个好理由",这是许多丁克在某网络平台不生育群组中的普遍观点，它传达出一大部分青年丁克对于生育问题的真实想法，那就是不生孩子是他们最自然和顺理成章的人生轨迹。事实上，个体主义的发展使得家庭主义的生育行为逐渐弱化，个体主义不仅赋予人们更多的追求，同时还抑制了许多年轻人的生育动机（陈滔、胡安宁，2020）。部分青年丁克在婚前就已确认了自己不会要孩子这一事实，而他们就是人们俗称的"铁丁"。在他们看来，生育是一种缺乏性价比的选择，因而他们认为不生孩子是一件很自然的事情，而生孩子恰恰是需要深思熟虑才能够做出的决定，个体主义的需求使他们更想在婚后的生活中延续之前令人舒适的生活状态。

王哥与爱人结婚十年有余，在不要孩子这件事上彼此之间十分默契，两人定居加拿大，都在为自己的事业不断努力，他们有着相同的生育观念并习惯于现在的生活状态。在他们看来，夫妻二人结婚十多年依然没生育是一件顺其自然的事。"我觉得不是说我想要丁克，不是非得主动给自己这么一个定位"，王哥认为自己和爱人之所以不生育并没有什么特定的理由，而是更专注于当下的夫妻感情和生活节奏。一方面夫妻二人主观上本就对小孩子不感兴趣，另一方面两个人的现在和未来都不需要一个孩子来发挥什么作用，他们理想中的婚姻和家庭生活就是两个人的，孩子从来不在计划中。他说："我觉得要孩子是一个主动去做的事，主动做事得有理由，不要孩子只是延续我们的生活状态，就是一个自然而然的过程。"事实上，传统家庭制度下，存在着非意愿生育的现象，这主要与传统思维和父权制思想息息相关。而转型期以来，生育的权力逐渐交还给个人，此时倘若缺乏生育的动机和意愿，生育行为则不会发生。

孩子一直是世界各国人口和家庭存续的重要基础，也一直是每个家庭生命周期中的重要一环，人们几乎不会去追问"为什么要生一个孩子"这种问题。然而，丁克夫妻秉持着"孩子无用论"，认为生育并不是实现自己人生价值和确认自己身份的重要来源，反而可能成为打破他们理想生活的潜在威胁，他们更加愿意安于自己一以贯之的生活方式。与王哥情况类似，翠姐是一个不婚不育主义者，机缘巧合的情况下碰到了在生育观和家庭观上都非常契合的爱人，因此才组建起了现在的丁克家庭。翠姐的先生比她大16岁，且有过一次婚姻，之前的婚姻同样是无子化的，因此他经常说自己如果真的想要孩子早就生了。而翠姐在她的成长过程和婚后生活中也一直没有找到生育的理由，在她看来，她是天生地不喜欢孩子，

"有的人天生喜欢蓝色，有的就喜欢别的颜色"是她对自己生育观念的认知，她并不认为不生孩子是人们口中所说的"遗憾"，反而成全了自己能够追逐自己所爱所想的理想生活。因此，二人都不具备任何的生育动机，而基于这样的默契双方走入婚姻与家庭，他们共同认为孩子不是夫妻和家庭的必需品。丁克的选择没有什么特定的理由，更多的是一种夫妻的合拍和心照不宣。

五 现代丁克家庭面临的压力与对策

一般家庭在日常生活运转中都会面临不同的问题和挑战，在主流家庭中，由照料所带来的代际、夫妻等亲密关系问题和家庭问题不胜枚举。丁克家庭作为一种特殊的家庭模式类型，其相对于主流家庭面对着较为独特的挑战，例如代际在生育问题上的矛盾、性生活和意外怀孕的风险、未来养老的预估与决策等。在面对这些已存在或有可能出现的危机时，丁克夫妻拥有他们不同的应对措施。

（一）代际对抗与博弈

青年丁克的父母多出生在 20 世纪 50~60 年代，受以家庭为单位自给自足的小农经济影响，他们中的多数秉持着浓厚的传统生育观念，倾向于儒家文化所提倡的"多子多福"和"不孝有三，无后为大"的孝道伦理（徐俊，2008），认为生育和养老是密不可分的生命事件。与此相对应，随着社会的不断转型，成长在多元化时代背景下的青年人更加注重个体的感受，将自己人生的发展和自我实现看得更加重要。在这种背景下，一部分父母坚持认为其所认同的生育观念是得到自身实践经历验证的，因此也希望自己的子女能够按照自己设想好的人生轨迹来做选择，而生养孩子更是这一既定的人生轨迹中不可或缺的重要一环，子代往往难以接受这样的"安排"。在访谈资料收集过程中笔者发现，丁克夫妻的父母对于他们不生育的决定多持反对意见，这在一定程度上为丁克家庭带来了一些家庭关系上的紧张与压力，两代人之间因观念差异而产生了沟通和亲密关系上的障碍。

吴姐的婆婆和公公对他们的选择持保留意见，基本上少有干涉，但是吴姐自己的父母却表现出强烈的反对态度，两代人之间已经就这个事情大吵过好多次，彼此之间还冷战了几个月，其间互相不联系不往来。吴姐说："他们肯定是反对的，传统中国家长的思维，就是那种典型的我是为你好，你什么都要听我的那种家长。"不同的生育理念和父母强势的性格使她和爱人承受着代际亲密关系上的诸多压力，这也让她与父母的关系从此有了一些距离与隔阂。转型期以来，中国家庭内部发生的一大变化是子代相比于父代能够更加适应时代的变迁，他们普遍具有独立生活的能力，而不同于小农时期要依托于家庭产业和分家来获得自身的经济独立，而这一点也给了子代"我行我素"的资本和条件。吴姐向笔者说，她和先生在生育问题上并没有打算获得所有人的理解，平日里代际争吵和催促也是能忍则忍。但吴姐也表示，目前他们应对这种观念不合和矛盾的方式就是尽量少与父母接触来往，少从父母那里索取，因为他们慢慢意识到，试图改变父母的观念和看法是一件几乎不可能的事，"最坏的打算就是不来往，换城市、换工作"。

　　王哥与爱人的父母都还是希望他们能有一个孩子，夫妻两个虽然长期定居国外，但时常收到来自万里之外的催促，父母时常向他们表达想要"抱小孩"的愿望，这在一定程度上给夫妻二人造成了某些困扰。社会转型以来，家庭结构和家庭关系都相应地发生了变化，例如代际权力的下移和夫妻关系重要性的提升（阎云翔、杨雯琦，2017），现如今，夫妻关系是青年人更加看重的关系类型，他们更愿意依托夫妻关系来做出个人或家庭的决策。王哥认为他和爱人在经济上和思想上都是很独立的人，他们在考虑生育问题时更多的是从自身出发，而不是从家庭和父母的角度，他坦言："说的比较负面一点，我们都比较自我，比较自私。"作为坚定的不生育主义者，王哥和爱人并没有太在意父母的劝说或建议，认为生育与否是他们两个人自己的事情，不需要听取他人的意见，他说："这是我们两个自己的事儿，包括父母在内的别人的意见对我们不是很重要。"同时，尽管两代人并非时常能见面，但为了尽可能少地被这种"生育绑架"所困扰，他们与父母则是隔一段时间才会通电话联系，很多时候更像是应付公事，说一些长辈爱听的话。可见，丁克家庭中代际对抗与博弈显现出了夫妻权力地位上升和个体主义崛起的事实，父母很难实际干预到子女的生育行为，虽然父母的反对意见给许多丁克夫妻造成了一定困扰，但子女在代际关系的博弈中仍处于主动地位。

（二） 意外怀孕的风险与应对

性生活作为夫妻家庭生活中的一个重要组成部分，是夫妻维持情感和满足生理及心理需求的重要途径。然而，性生活实践对于丁克家庭来说具有不同的意义，丁克夫妻想要更好地维持其所追求的生活方式，就必须更谨慎地对待性生活，避免意外怀孕的出现，而这也是丁克夫妻较为关注和警惕的部分。同时，意外怀孕作为一种性生活实践的特殊结果，成为很多丁克家庭望而生畏或曾经经历过的"梦魇"，它在某种意义上可以被定义为丁克家庭稳定与否的"安全阀"。

龙妹和爱人针对意外怀孕的问题进行过讨论，在她的认知里，一旦出现意外怀孕的情况就只能选择离婚，因为在她看来，生下来是对男方的不尊重，而自己也难以接纳一个突如其来的生命，但如果选择堕胎又会在道义上受到内心责难，她说："这个小孩我们是没有做好准备的，但是打掉又是一件很残忍的事情，我是没办法面对我先生的。"龙妹和爱人将意外怀孕视作婚姻关系有可能终止的事件，因此他们在平日的性生活中会更加注意"安全"。随着避孕技术的不断进步，人们在日常生活中控制生育的方式越来越多，最普遍的即是采用避孕套来规避怀孕，它既是主观避孕最方便的方法，也能更有效地预防传染病。龙妹和爱人在充分意识到意外怀孕所导致的严重后果后，在平日的性生活实践中会更加注重避孕套的科学使用，"肯定是不能怀孕的，所以我们在性生活中都会做好常规的避孕措施"。意外怀孕对于每个家庭都是一个重要的家庭事件，对于丁克家庭而言，它不仅关乎到一个生命去留的道义问题，更直接关系到夫妻之间的感情关系和丁克家庭的存续。

许多丁克夫妻担心意外怀孕的出现会动摇他们的不生育决定，因此他们在对待性生活时会更加谨慎，在常规措施之外，他们会倾向选择更为稳妥的手术结扎。刘哥和爱人担心长久的性生活会产生意外，从而影响到两个人的丁克想法和亲密关系，于是二人在达成共识的情况下选择由女方完成了结扎手术。在夫妻二人看来，这样既避免了每次都要使用避孕套或避孕药的不便和危害，同时还避免了性生活实践后的担惊受怕。而之所以是女方结扎，刘哥说道："可能是我们这边的传统思想，结扎一般都是女性。"但事实上，研究发现男性结扎是操作更加简易和安全有效的（王向贤，2015）。作为一种长久有效的避孕方式，结扎主体的选择也为性别之间的权力关系提供了讨论空间。

事实上,关于避孕方面的知识普及还存在着一定程度上的欠缺,以结扎为例,在针对丁克夫妻的访谈中笔者发现,许多丁克对于结扎并没有一个准确的认知,甚至很多人认为结扎会降低性生活的质量,从而影响性生活的主观体验。经历过意外怀孕和堕胎的陆陆表示,她当时与爱人坚定地选择了打掉孩子以继续维持"二人世界"的生活,"我们已经决定丁克了,孩子只是意外,我们就坚决地不要了"。经过这次意外,陆陆用了很长一段时间来恢复和调理自己的身体状况。访谈中笔者得知,陆陆在后续的性生活中虽然会更加谨慎,但依然只是采取常规的避孕方式,当笔者问她为什么两个人没有考虑结扎时,陆陆的反应是:"结扎难道不会影响那方面吗?"在笔者简单的科普下陆陆才愿意去深度了解一下有关结扎的内容。可见,结扎对于部分丁克夫妻来说依然是一种相对陌生的避孕方法,大部分丁克夫妻选择了避孕套和避孕药的方式来进行防护,而这势必会增加丁克家庭的不稳定性。

(三)"养儿未必防老,靠人不如靠己"

中国传统文化中常有"养儿防老"和"多子多福"的说法,即孩子越多,人老之后越能获得照料,享得清福。但相关研究表明,子女数量的增多只是使父母更可能获得充足的经济支持,而在照料和精神层面则不存在显著增长效用(张栋、郑路、褚松泽,2021)。事实上,通过访谈笔者发现,丁克夫妻普遍认为"养儿未必防老",而现代化和市场化也滋生出越来越多样化的养老方式,在他们看来,养老也许是一种压力,但更多的是一种经济上的风险,并不存在情感和照料上的担忧。传统社会中人们更多依赖家庭养老,而家庭养老则主要寄托于子女,但随着个体化的崛起和家庭结构的不断变迁,更多的人将希望寄托于个人养老或是市场化的社会养老等现代化方式(彭希哲、王雪辉,2021)。

大强和爱人对于养老问题的理解是"有钱才能养老",他们并没有将子女看作养老的关键所在,反而认为钱才是真正可以解决养老问题的核心要素。大强夫妻认为以他们二人目前的工资状况在其所在城市是可以自给自足地满足养老的花销和需求的。大强说:"我们两个就是工资架构还可以,我工资的话有1.2万~1.3万元,她的工资也有1万元出头,不少。两个人其实在二线城市还算可以的,都有五险一金,我觉得不会存在养老的问题，两个人可以自给自足。"鉴于青年人的年龄和丁克家庭的不稳定性，养老问题对于当下的青年丁克家庭尚属于一个莫须有的不确定事件，但青年丁克夫妻所流露出的养老观念在一定程度上说明，当代青年人在面对无子女的晚年生活时，更倾向于依靠个人、社会和国家。

刘哥和爱人之所以不生孩子，也有对于经济压力的担忧和考量，夫妻二人共同认为不生育可以保证家庭内部的财务压力降到一个很低的水平，在结婚后的4年家庭生活中，他们的经济情况和生活水平也确实处在一个相对较高的层次，这为他们的丁克生活增加了信心。两个人还认为，如果真的要在当下预估未来的养老问题，那么不生育所节省下来的经济资本将能够成为养老的有效保障。刘哥说："其实我觉得养老问题这个是无所谓的，在自己五险一金都有的前提下，养老也有保障。而且在我们看来，对孩子的支出这笔钱也够自己养老了。"可见，在"独生子女"这一代青年人的印象里，养老更多要依赖于个人储蓄和社会福利制度，某种意义上是一个靠金钱解决的问题，而子女并不是养老质量高低的一个有效变量。

青年丁克虽然尚处于人生的前期阶段，谈养老问题可能存在人生阅历和理解上的偏颇，但是越来越多的青年丁克认为，即便是那些有子女的老人也并没有得到养老上足够的帮助。龙妹和爱人认为现在他们还年轻，如果以现在来设想将来的养老问题的话，虽然会觉得焦虑，但养老最终还是一件主要靠自己或是靠夫妻二人完成的事情，要在年轻时就强健自己的体魄，提高自己的健康意识，更要做好靠个人养老的心理准备。龙妹说："现在让我说养老，放长远看其实是会焦虑的。你会想到如果自己七八十岁，没有小孩照顾，然后两个老人好像是孤立的一种状态，但是我觉得我到那个年纪，就算是有小孩，可能也帮不上什么忙。"事实上，家庭变迁和亲密关系的演变已经让家庭养老式微，在许多丁克看来，主流家庭和丁克家庭在养老上并无实质性差异，在老龄化不断严重的情况下，越来越多的"新养老家庭"势必只能依赖社会化和个人化的养老方式。

六 结论

改革开放之后，伴随着家庭与社会文化的变迁，青年人不婚不育的现象不断出现，随之而来的是青年丁克家庭的增多。通过对青年丁克的深度访谈与分析可得，青年丁克家庭在形成过程中，充满着当前不生育群体对于社会文化环境的反抗及其对个体需求的追寻。成长经历和文化环境往往是他们做出不育选择的基础背景，而抚幼的经济压力和夫妻亲密关系重要性的提升则是他们抗拒生育的主要理由。除此之外，越来越多的青年丁克开始追求更加自由的小家庭生活，试图摆脱为人父母的束缚和"精英式教育"的枷锁。社会急速发展所带来的焦虑与压力使他们对社会环境和生态环境缺乏足够的信心，他们不认为不生育是一件违反道德和不负责任的事情，恰恰相反，在青年丁克的观念中，为生育找到一个合适的理由才是对生命的负责。

与此同时，青年丁克家庭依然面临着诸多风险与压力。代际生育观念的差异使两代人之间更容易产生矛盾与冲突，面对父母的强烈反对与不断催促，青年丁克并不妥协，而是选择与父母对抗或减少来往，这充分体现出转型阶段的代际权力关系呈现一种"下行式"的趋势。然而，丁克家庭归根结底是一种不够稳定的家庭模式，而意外怀孕则是其不够稳定的重要因素之一。对此，青年丁克在日常的性生活中会更加谨慎，多数夫妻依然仰赖于避孕套和避孕药等常规方式，少数夫妻通过结扎来维持自己"铁丁"的身份。此外，谈养老对于青年丁克来说或许为时尚早，但年轻丁克夫妻对于养老也做了未雨绸缪的准备，寄托于个人储蓄是他们的主要预防措施，一方面他们认为当下的养老更多仰赖于个人和社会保障，另一方面他们认为"养儿根本不会防老"。

最后，本文聚焦于青年丁克家庭，且丁克家庭的界定依据主要来源于受访对象的主观认定。基于当前的深度访谈资料，针对青年丁克家庭的生活内容分析可以说是真实可靠的，但既有丁克家庭在未来依然存在不稳定和解体的可能。这一方面需要引入中老年丁克家庭案例来进行对比分析，另一方面也激发着研究者将关注点聚焦在丁克家庭的历时性研究和流动性问题上，以此来拓宽这一特殊家庭模式研究领域的范畴。

参考文献

乌尔里希·贝克，2004，《风险社会》，何博闻译，南京：译林出版社。
乌尔里希·贝克、伊丽莎白·贝克-格恩斯海姆，2011，《个体化》，李荣山、范譞、张惠强译，北京：北京大学出版社。
西蒙娜·德·波伏瓦，2009，《第二性》，郑克鲁译，上海：上海译文出版社。
蔡迎旗、刘庆，2021，《城市0~6岁婴幼儿父母养育压力差异及影响因素研究——基于一孩家庭与两孩家庭的对比》,《南方人口》第 4 期。
陈滔、胡安宁,2020,《个体主义还是家庭主义?——不同生育动机对生育行为的影响效应分析》,《江苏社会科学》第 2 期。
费孝通,2019,《生育制度》,上海:华东师范大学出版社。
付茜茜,2022,《从"内卷"到"躺平":现代性焦虑与青年亚文化审思》,《青年探索》(网络首发)。
高玉春,2021,《社会化视角下的丁克现象》,《中国青年研究》第 5 期。
威廉·J.古德,1986,《家庭》,魏章玲译,北京:社会科学文献出版社。
郭栋,1994,《丁克家庭与青年生活方式的变迁》,《青年探索》第 5 期。
吉登斯,2001,《亲密关系的变革》,陈永国、汪民安等译,北京:社会科学文献出版社
林虹,2011,《"丁克家庭回归生育"现象分析》,《南京航空航天大学学报》(社会科学版)第 4 期。
刘倩,2002,《叛逆与追求:丁克家庭》,河北:河北人民出版社。
刘庆、蔡迎旗,2022,《城市青年父母的养育压力及其影响因素研究》,《青年探索》第 1 期。
彭希哲、王雪辉,2021,《家庭结构、个人禀赋与养老方式选择——基于队列视角的分析》,《人口学刊》第 1 期。
邱文清,1998,《"丁克家庭"悄悄叩开中国大门》,《社会》第 1 期。
阿尔文·托夫勒,1996,《第三次浪潮》,朱志焱、潘琪、张焱译,北京:新华出版社。
王夏晖、何军、牟雪洁、朱振肖、柴慧霞、刘桂环、饶胜、张箫,2021,《中国生态保护修复 20 年:回顾与展望》,《中国环境管理》第 5 期。
王向贤,2015,《欧美三国的成功经验:男性结扎如何成为普遍的自愿选择》,《妇女研究论丛》第 3 期。
徐俊,2008,《中国人生育观念研究:回顾与展望》,《人口与发展》第 6 期。
许传新、陈国华,2004,《选择"丁克"家庭的多学科透视》,《西北人口》第 6 期。
许珂,2007,《丁克家庭的成因及社会功能分析》,《西北农林科技大学学报》(社会科学版)第 3 期
闫玉、马学礼,2014,《生育率下降与婚姻伦理观念的变革》,《社会科学战线》第 2 期。
阎云翔、杨雯琦,2017,《社会自我主义:中国式亲密关系——中国北方农村的代际亲密关系与下行式家庭主义》,《探索与争鸣》第 7 期。
张冬毛,2006,《论"丁克"现象的社会成因和心理根源》,《求索》第 7 期。
张栋、郑路、褚松泽,2021,《养儿防老还是养女防老?——子女规模、性别结构对家庭代际赡养影响的实证分析》,《人口与发展》第 3 期。
张亮,2012,《"丁克"家庭:青年人的时尚?——一项国际比较研究》,《青年研究》第 5 期。
张焘,2017,《从"丁克"家庭看当代女性生育观念的转变》,《劳动保障世界》第 20 期。

朱慧劼、王梦怡，2018，《阶层焦虑症候群：当代青年的精神危机与出路》，《中国青年研究》第 11 期。

Agrillo, C., & Nelini, C. 2008, "Childfree by Choice: A Review." *Journal of Cultural Geography* 25 (3).

Carmichael, G. A., & Whittaker, A. 2007, "Choice and Circumstance: Qualitative Insights into Contemporary Childlessness in Australia." *European Journal of Population/Revue Europeenne de Demographie* 23 (2).

Dykstra, P. A., & Hagestad, G. O. 2007, "Roads Less Taken: Developing A Nuanced View of Older Adults Without Children". *Journal of Family Issues* 28 (10).

Gillespie, R. 2000, "When No Means No: Disbelief, Disregard and Deviance as Discourses of Voluntary Childlessness." *Women's Studies International Forum* 23 (2).

——, R. 2003, "Childfree and Feminine: Understanding the Gender Identity of Voluntarily Childless Women." *Gender & Society* 17 (1).

Harrington, R. 2019, "Childfree by Choice." *Studies in Gender and Sexuality* 20 (1).

Hays S. 1996, *The Cultural Contradictions of Motherhood*. New Haven: Yale University Press.

Kelly, M. 2009, "Women's Voluntary Childlessness: A Radical Rejection of Motherhood?" *Women's Studies Quarterly* 37 (3/4).

Leibenstein, H. 1975, "The Economic Theory of Fertility Decline." *The Quarterly Journal of Economics* 89 (1).

Mollen, D. 2006, "Voluntarily Childfree Women: Experiences and Counseling Considerations." *Journal of Mental Health Counseling* 28 (3).

Park, Kristin. 2005, "Choosing Childlessness: Weber's Typology of Action and Motives of the Voluntarily Childless." *Sociological Inquiry* 75 (3).

Pelton, S. L., & Hertlein, K. M. 2011, "A Proposed Life Cycle for Voluntary Childfree Couples." *Journal of Feminist Family Therapy* 23 (1).

Richardson, D. 1993, *Women, Motherhood and Childrearing*. Macmillan.

未婚怀孕：意外还是计划之内？

——流动青年同居者的怀孕意愿与经历研究

张 亮[*]

摘 要 未婚怀孕现象在中国呈上升趋势，而且随着未婚同居的兴起，这些怀孕越来越多地发生在同居伴侣之中。本文通过分析35位有未婚怀孕经历（自己或伴侣）和30位正面临未婚怀孕风险的两类流动青年男女同居者的深度访谈材料，探讨了流动青年的同居怀孕意愿，以及导致或阻止他们在同居关系中怀孕的因素。研究发现，同居很大程度上增加了流动青年女性意外怀孕的风险，这种风险的增加往往是避孕时的疏忽大意和依赖有效程度较低的避孕方式所致，而很少是因为缺乏避孕意识和知识。研究还发现，同居怀孕数量的增长取决于计划内怀孕情况的增多，同居关系特征、家庭期待和生育的年龄规范压力是影响怀孕意愿的关键因素，怀孕成为结婚准备过程中的一步，有时甚至是结婚前必要的一步。总之，在流动青年群体中，一种关于同居、怀孕和婚姻的联合决策模式正在形成，尽管这打破了组建家庭的传统顺序，但由婚姻来组织生育行为的社会规范并未被动摇。

关键词 未婚怀孕 怀孕意愿 计划内怀孕 流动青年同居者

---

[*] 作者现为上海社会科学院社会学研究所副研究员。

一 问题的提出

20世纪80年代以来,婚前性行为在中国年轻人中日益增多(潘绥铭等,2004),与之相伴而来的是未婚怀孕现象不断增加。有研究表明,越来越多的初婚女性在结婚前怀孕(李丁、田思钰,2017),各地零散的医院流产手术数据显示,手术对象中未婚女性占相当大一部分(谭芳女,2013;程晓冉、潘佳欣,2019)。

未婚怀孕,无论最终结局是"奉子成婚"还是流产,往往都被定义为意外怀孕,被认为是青年人婚前性行为增多而"避孕意识与避孕实践没有跟上"所致(李丁、田思钰,2017)。对其展开研究的重点也集中在青年人(通常是女性)的避孕知识、态度和行为以及影响未婚先孕的因素方面(王菊芬,1999;尹晓玲,2003;齐嘉楠、杨华,2015;徐鹏、施宇,2019),少有涉及怀孕意愿的讨论。然而,21世纪以来未婚同居现象的兴起(於嘉、谢宇,2017),意味着今天很高比例的未婚怀孕很有可能是发生在持续共同生活的伴侣之中,而不是偶然的婚前性行为的结果。由此产生的问题是:这些怀孕的意义与非共同生活的婚前性关系中的怀孕有何相似或不同?避孕知识水平低或避孕失败是否足以充分解释同居关系中的未婚怀孕?

本文通过对有未婚怀孕经历和正面临未婚怀孕风险的两类流动青年同居者样本的深度访谈材料的分析,探讨流动青年的同居怀孕意愿,以及导致或阻止他们在同居关系中怀孕的因素。这将有助于揭示未婚怀孕的增多,究竟是因为中国青年人同居行为的增加而带来的怀孕风险加大,还是源于年轻人关于婚姻与生育的规范和行为的变化。这将深化对中国家庭行为变化的理解。

二 文献回顾

传统上,婚姻被认为是唯一适合生育的制度环境。然而,20世纪70年代以来,婚姻和生育之间曾经牢固的联系开始逐渐削弱,未婚生育特别是同居关系中怀孕和生育现象变得广泛,被学者视作"第二次人口转型"(Lesthaeghe,2010)和"婚姻去制度化"(Cherlin,2004)的关键指标之一。

对于同居生育水平的大幅上升,一派观点认为这主要是由于同居的普遍化导致女性的怀孕风险加大。大量经验证据显示,与同龄单身女性相比,同居女性遭遇意外怀孕的可能性要大得多,尤其是那些年轻、未接受过高等教育以及在社会经济地位较低家庭长大的女性(Bouchard,2005;Perelli-Harris et al.,2012)。与已婚母亲相比,同居母亲更多地表示孩子的出生是计划外的(Musick,2002;Sassler & Miller,2014)。进一步的研究发现,同居怀孕女性的避孕知识水平较低,特别是受教育程度不高或年龄较小者,她们获得高质量的生育控制指导服务的机会较少,且往往对指导者持不信任态度(Guzzo & Hayford,2020)。服用避孕药的副作用、消极的态度以及缺乏伴侣的支持,使避孕对部分同居女性来说代价高昂,也因此难以坚持(Kendalla et al.,2005)。对低收入和中低受教育水平同居者的定性研究还发现,同居进展速度也是影响使用有效避孕措施的重要因素,迅速同居的女性很容易在最初几个月内怀孕,因为关系的快速发展让伴侣之间没有足够的时间讨论避孕方法以及就如何避孕达成共识(Reed,2006;Sassler et al.,2009)。国内对有未婚(婚前)怀孕经历的不同女性群体的调查得出了类似结论,这些女性怀孕或是由于缺乏避孕意识没有采取避孕措施,或是不知道正确避孕的方法(蔚志新、汤梦君,2013;黄丹,2016)。许多关于流动青年婚恋的经验研究也直接或间接地证实,怀孕往往发生在关系初期,同居后很快怀孕的现象较为普遍(刘成斌、童芬燕,2016;刘利鸽等,2019)。

另一派观点认为,随着同居的普遍化及其意义的变化,人们对适合怀孕和生育的环境的观念也会发生改变,同居生育数量的增加还受到"计划内"怀孕上升的驱动。一些学者基于第二次人口转型理论,指出那些把同居视作婚姻替代的同居者,相信同居是适合生育和抚养子女的环境,并会将怀孕纳入计划之内(Kiernan,2001)。但现有的证据表明,这一推论仅在北欧国家获得一些支持(Lappegård et al.,2018)。来自其他工业化社会的证据显示,那些把同居看作婚姻前奏的同居者更容易进行有计划的怀孕。许多经验研究发现,一些同居伴侣的婚姻和生育决策高度关联,经过一段时间(从几个月到几年不等)共同生活的伴侣在决定结婚的同时,往往也做出了生育的决定,并有意停止采取避孕措施(Steele et al.,2005;Sassler & Lichter,2020)。另外,结婚预期也会增加同居者的怀孕意愿，那些有结婚目标但认为近期还不是理想结婚时机的同居者很容易有计划内的怀孕，原因在于共同抚育孩子可以进一步增强伴侣之间的承诺和关系稳定性（Musick，2007；Hiekel & Castro-Martín，2114）。相比之下，国内研究由于普遍把未婚怀孕预设为"非意愿"的，忽视了探讨计划内怀孕的可能性以及背后的推动因素。然而，一些迹象表明，许多婚前怀孕有可能是计划之中的。例如，一项以婚检女性为对象的调查显示，26%的婚前怀孕者表示是"自愿妊娠"（尹晓玲，2003）。对流动青年女性群体的定量和定性研究表明，在未婚先孕的流动妇女中，不少人是在有婚约的情况下发生婚前性行为或同居（王菊芬，1999；潘永、朱传耿，2007；王小璐、王义燕，2013）。或许正是有了结婚的预期，这些年轻女性才把怀孕看作顺其自然的结果，因而未采取避孕措施。一项新近研究在剖析婚前同居和未婚怀孕之间关系时认为，农村早婚早育和重视香火传承的生育文化为婚前怀孕提供了宽容和接纳氛围（刘利鸽等，2019）。

总之，对西方文献的回顾表明，同居关系中的未婚怀孕和生育比例的上升是大多数社会已经或正在发生的家庭变化的一部分。因此，对于中国未婚怀孕逐渐增多的趋势，有必要放置在这种婚姻家庭行为变迁的背景下进行探讨。本文认为，未婚怀孕尤其是同居怀孕数量增多，不只是由于婚前性行为、同居增多而加大了女性的怀孕风险，还是由于年轻男女对婚姻与生育之间的传统规范的态度发生了变化，与婚前的性行为、同居一样，婚前的怀孕也逐渐成为一种可接受的行为。本文将利用对有未婚怀孕经历和正面临未婚怀孕风险的两类流动青年男女同居者的调查资料进行检视。

三 研究方法与调查对象

本文分析资料来自对 65 位正在同居或曾经同居的流动青年男女的深度访谈。样本中包括 35 位经历过未婚怀孕（自己或伴侣）的同居者和 30 位当前面临未婚怀孕风险的同居者。所有受访者都出生于 20 世纪 90 年代，正处于择偶、成家和生育的关键时期，他们与伴侣（曾经）同居至少 3 个月。本文将男性也纳入访谈，因为男性关于怀孕、避孕的意愿和行为是同居关系中怀孕和生育的重要决定因素（Guzzo & Hayford，2020）。样本还对户籍和受教育程度进行了筛选，具体而言，本文访谈的对象是农村户籍、大学本科以下的流动青年，即学界普遍称为的"农民工"或

"打工青年"。

调查于 2017 年 6 月至 2019 年 4 月进行,调查的地点包括长三角地区的上海、杭州、苏州、南通,珠三角地区的深圳、广州、河源,以及北京和长沙等 9 个城市。一方面我们通过个人社会关系网来寻找符合条件的访谈对象,另一方面在一些场所(例如美容美发店、足浴店、小饭店、宾馆等)主动寻找可能的调查对象。为了满足研究对不同类别样本的要求,一些受访者是由劳务中介代为发布有偿招募信息寻找到的。访谈采取现场录音的方式,时间持续 1~2.5 小时,大部分在 1.5 个小时左右。在访谈中,受访者讲述了他们的成长、流动和工作经历,对怀孕和结婚的看法,采取避孕措施的情况,以及与伴侣就怀孕和避孕问题进行商讨的情况。

表 1 列出了调查对象的情况。样本包括 31 位男性和 34 位女性,来自全国 16 个省份(未在表 1 中列出),他们中年龄最大者 28 岁,最小者 20 岁,男女的平均年龄分别为 23.9 岁(男性)和 23.5 岁(女性)。所有受访者都接受过中等及以上程度教育,其中初中程度占 32.3%,高中程度占 41.5%,大专为 26.2%。男性受访者从事的工作以制造业居多,女性则主要从事各类服务行业或行政文员工作。

表 1 调查对象情况

		总体样本	男性样本	女性样本
平均年龄(岁)		23.7	23.9	23.5
受教育程度(%)	初中	32.3	38.7	26.5
	高中/中专/技校	41.5	29.0	52.9
	大专/高职	26.2	32.3	20.6
职业(%)	生产工人	32.3	51.6	14.7
	技术工人	7.7	16.1	0
	商业、服务业人员	43.1	25.8	58.8
	行政、文员	13.8	3.2	23.5
	自雇	3.1	3.2	2.9

续表

		总体样本	男性样本	女性样本
同居状况（%）	正在同居	53.8	64.5	44.1
	已由同居进入初婚	41.5	29.0	52.9
	同居后分手，目前单身	4.6	6.5	2.9
未婚怀孕经历（%）	没有怀孕但面临怀孕风险	46.2	54.8	38.2
（自己/伴侣）	有怀孕经历	53.8	45.2	61.8
其中：目前正在怀孕		8.6	7.1	9.5
	怀孕后生育	74.3	71.4	76.2
	怀孕后流产（自然/人工）	17.1	21.4	14.3
个案数（位）		65	31	34

四 同居中的怀孕：是性行为的意外后果吗？

在受访样本中，有 35 位受访者在同居期间怀孕（自己或伴侣），除 2 人报告发生过两次怀孕外，其余都只有一次怀孕经历。从表 1 的数据可以看出，这些怀孕绝大部分是以出生结束（74.3%），3 位正在怀孕受访者也打算把孩子生下来，只有不到两成的怀孕（17.1%）终止于自然流产或人工流产。从意愿上来看，这些怀孕大多不是计划内的，近 2/3 的受访者把当初的怀孕描述为"意外"，声称在怀孕之前没有怀孕的想法。但也有 1/3 的受访者表示当初怀孕是计划内的，或者认为怀孕是同居后自然发生的结果。

（一）意外怀孕

20 世纪 60 年代避孕技术的进步使控制生育变得更加容易（Hayford et al., 2014），但大量的经验证据表明，未婚女性意外怀孕的比例还是相当高，尤其是有同居伴侣的年轻女性，她们的避孕失败率高于已婚和单身女性（Bearak et al., 2018）。在我们的样本中，流动青年同居伴侣同样有着较高的意外怀孕发生率。根据这些受访者关于怀孕前避孕措施使用情况的描述，有三个方面的原因可以帮助解释为什么进入同居关系的流动青年容易发生意外怀孕。

首先是避孕时的疏忽大意，最为常见的情形是偶尔忘记使用或中途才使用。质检员小曼在同居一年多后意外怀孕（当时 24 岁），当被问及"意外"是如何发生的时，她回答："当时是端午节的时候，我们跟同事一起出去吃饭，也喝了一点酒，就没有想过这方面，根本没有想起避孕这件事。就那一次忘了，没想到就有了。"

把怀孕归因于避孕时疏忽大意的男女受访者，一个显著的共同点是他们在同居之初因担心怀孕而对避孕持有谨慎的态度，只是随着时间的推移，他们很难一直坚持做好避孕措施，"时间长了有些大意，不像刚开始那样很当一回事"，"到后面可能要到最后了才用（避孕套），刚在一起的时候因为担心（怀孕）会一开始就用的"。来自美国的定性研究也表明，在中低受教育程度的年轻同居伴侣中，随着关系的持续，其对避孕的重视程度会下降，从而导致意外怀孕风险上升（Sassler et al., 2009）。

其次是依赖有效程度较低的避孕方法。在自述怀孕前有避孕行为的流动青年男女中，像小曼一样能够详细地描述当初导致怀孕意外发生的具体情境者只是少数，更多的受访者往往不清楚意外是如何发生的，而将其直接归因于避孕失败。例如，从事代理销售的阿鹏（23 岁）和女友 Sari（20 岁）是一对同居伴侣，调查时 Sari 刚怀孕两个多月。两人都把这次怀孕归结于避孕失败，因为在怀孕前的性行为中他们一直采取了避孕措施。"说不清楚"是这些自认有避孕行为的受访者在回忆怀孕经历时最常见的表述。然而，当进一步追问他们的避孕方式时，会发现很多的"意外"其实并不意外。随着同居的时间变长，一些人倾向于采取"避孕套+安全期"的避孕方式，即仅在自己/伴侣的排卵期才使用避孕套进行避孕，"有时候她会说是安全期，不用没关系"，"我算日子的，如果在排卵期就会要求他用（避孕套）"；还有些人委婉地表示有时会采取体外排精的方法来避孕。虽然估算安全期、体外排精都属于合理避孕方式之一，但在实际使用中失败率很高（Sassler & Miller, 2014），流动青年同居者依赖这些有效程度较低的避孕方法，无疑会增加怀孕风险。

最后避孕知识水平低也是造成意外怀孕的原因之一。然而，与以往研究普遍推测年轻流动人口未婚怀孕主要是由于缺乏避孕知识不同的是，我们的调查发现，因为不知道如何避孕而怀孕者只是少数。而且这些受访者与前两者相比，怀孕时年龄都很小（只有 1 人超过 20 岁），因为"不知道""不懂",同居后没有采取任何避孕措施,基本上在3个月内就怀孕了。生产线操作工阿贵19岁时和女友（18岁）一同前往上海打工,女友怀孕时两人同居才一个多月。当被问及是否采取了避孕措施,阿贵回答:"那时候还没有往这个方面想,因为也不是很懂那些。"美容师Lily怀孕时刚满20岁,在询问她当时是否采取过避孕措施时,她同样回答:"我不知道怎么避孕,我也不懂。人家说采取什么避孕措施,我说什么避孕措施呀,我不知道,不懂。"文员小何开始同居时（21岁）曾担忧过怀孕的问题,但由于缺乏避孕知识,男友因没有避孕意识也未提供支持,很快她就发现自己怀孕了:"（怀孕前你们有避孕吗？）我想过的,因为那个时候我们是第一次同房不太懂这个东西。毕竟长这么大,第一次同房,什么都不懂。那个时候我也很担心,会不会怀孕,他说不会。结果不知不觉就怀孕了。"

（二）有计划的怀孕

正如西方文献所揭示的,同居关系中的怀孕并不总是计划外的,随着同居成为一种普遍的生活安排,人们在这种关系中怀孕的意愿也会增加（Hiekel & Castro-Martín, 2014）。在怀孕样本中,有超过1/3的怀孕属于计划内,这些受访者报告当初在自己/伴侣怀孕之前就有了明确的怀孕打算或是认为怀孕是理所当然的。

一些人的怀孕想法产生于有结婚计划之后。这些受访者描述了他们在同居初期一直采取避孕措施,随着关系稳定发展和获得双方父母的认可,确信下一步就是进入婚姻后,两人都有了怀孕的想法,故有意停止采取避孕措施。21岁的个体店主阿翔描述了一年前和同居女友打算要孩子的情形:"当时没有怀孕的时候就想过了,如果有小孩的话也不打了,就结婚了,就是有想法说打算结婚生小孩的,所以才没有采取措施了。"

在有意怀孕者中,更为常见的情形是,同居后怀孕被认为是一种理所应当、顺其自然的结果,因而在同居之初就没有产生过避孕的念头。这些受访者一致强调,他们是在有婚约（订婚/定亲）或是父母赞同恋情之后才居住在一起的,两人已经有明确的结婚计划或预期,因此不需要避孕。电子厂文员小梦在20岁时认识了现在的丈夫,在回老家举办定亲仪式之后,小梦和丈夫返回各自打工的城市,不久男方辞去工作来到小梦所在的城市,同居3个月后,小梦发现自己怀孕了。对于当时的怀孕,小梦直言

两人关系已经正式定下来,"没有必要"避孕:

> 有些很早就开始同居了,怕万一没成或者父母反对,怀孕就不太好嘛,这种情况女孩子肯定要注意避孕的。我们当时不一样,他过来我这边的时候,我们都订过婚了,没有必要避孕。

令人意外的是,这些计划内怀孕不仅反映了同居伴侣的意愿,也反映了来自双方家庭的外部期待。在解释当初为何打算怀孕时,男女受访者一致强调家庭期待也是重要推动力,表示父母(双方或一方)希望他们尽早怀孕。前面提及的个体店主阿翔说:"她父母也说,反正在一起了,我们也认可,可以要孩子了,有小孩的话就不要打掉,就生下来,她父母很早就这样跟我说过了。"文员小爱(当时20岁)在订婚后按照家乡习俗住到男方家里,双方父母都劝说她早日怀孕:"没过几天吧,我婆婆就整天来我房间跟我说,生个龙宝宝好啊,你看谁谁怀孕了,谁也怀孕了,都是为了生个龙宝宝。就是天天来催。……我妈也是隔一段儿就要问一下的。反正当时被她们问得烦得不得了,恨不得马上怀了就好,不可能避孕的。"

国内有研究发现,为实现男孩偏好和多生的生育目标,在一些农村地区存在只举办婚礼而不办理结婚登记、女性以未婚身份生育的情况(张青,2011;陈红霞,2012)。在调查中我们发现,同居怀孕在当前还成为实现生育目标的一种新形式。在年轻人婚前性行为和同居兴起,未婚女性有(重复)人工流产经历的可能性增加,进而可能导致婚后不孕不育的情况下,为了"检验"有流动经历的年轻女性的生育能力,出现了男方家庭把怀孕作为结婚前提条件的现象。文员小桃在22岁时"奉子成婚",一方面是因为她自认为"定了亲同居就不需要避孕",另一方面是出于当地新形成的"先怀孕后结婚"[①]风俗:

[①] 从调查了解的情况来看,"先怀孕后结婚"是一种约定俗成,双方家庭一般"不会明着说",通常而言,定亲时双方家庭可能就婚事有了大致的约定,但要等到女孩怀孕后男方父母才会托媒人或是直接与女方父母商议具体的婚嫁安排,如举办婚宴的日期、彩礼给付等,而女方父母在女儿怀孕前也不会主动和男方父母"谈条件"。如果发生了定亲后年轻男女共同居住或虽然没有同居但经常有性行为半年以上女孩还没怀孕的情形,往往是女孩父母向女儿了解情况,建议女儿去医院做检查,而男方父母通常持"观望"态度,如果超过一年女孩还没有怀孕,这时男方父母提出退亲会被认为是合乎情理的,女方也会无条件地答应返还定亲以来男方送出的物品。

> 我老家那边现在都要女孩子怀孕了男方家里才同意结婚。（为什么？）怕女孩子怀不上孕、生不出孩子呀。因为女孩子十七八岁就出来了，现在人又开放得很，在外面怀孕、流产也很常见，流产次数多了不就生不出来了嘛……所以要结婚办酒，女方得先怀上孩子。

需要指出的是，同居后怀孕是结婚先决条件这一点起初在访谈提纲中并没有涉及，是受访者在讲述中主动提及的。我们把这一点列入了后面的访谈问题中，尽管只有少数几个女性受访者承认自己当初遭受到或现在面临着男方家庭"先怀孕后结婚"的压力，但很多受访者表示朋友或同事当中不乏有过此类压力者。

总而言之，同居怀孕受访者的经历表明，共同生活在一起增加了流动青年女性意外怀孕的风险，最常见的原因是同居伴侣避孕时疏忽大意和依赖有效程度较低的避孕方式，很少是由于缺乏避孕意识和知识。然而，对那些有明确结婚计划的男女同居者而言，怀孕更有可能是他们的预期行为，而且通常还得到了父母支持，甚至是父母积极"施压"推动的结果。

五 假设怀孕情形：期待还是避免

回溯性资料可能会受到回忆偏差的影响，因为人们很难将怀孕前的想法与怀孕后的经历分开，从而可能会根据当前的现实修正过去的想法（Bouchard，2005）。相比之下，对尚未怀孕的当前同居者进行前瞻性调查，更有可能准确地反映同居者的怀孕意愿（Weitzman et al.，2017）。因此，我们还访谈了正处于同居状态的流动青年男女，询问他们目前的怀孕意愿以及促使他们计划或避免怀孕的因素。样本中包括30位有怀孕风险（自己/伴侣）的流动青年同居者，他们与伴侣同居的时间长短不一，最短的刚3个月，最长的有3年之久，大多数在半年以上、两年以内。

基于目前怀孕意愿、采取避孕措施的情况以及对今后万一怀孕的应对，这些受访者可以分成三类：第一类是正在积极尝试怀孕或是持有顺其自然态度，没有采取任何避孕措施；第二类认为近期还不是怀孕的理想时机，因而坚持使用避孕措施以尽量避免怀孕，但也表示万一意外怀孕还是会要这个孩子；第三类强烈反对在当前及今后一段时间里怀孕，他们严格采取避孕措施和防范避孕失败，并且认为万一怀孕了也会选择放弃。

（一）期待怀孕之中

超过 1/4 的受访者表达了期盼怀孕或顺其自然的态度，认为如果自己/伴侣怀孕了会很高兴。其中，一些受访者因为有怀孕的打算，已经停止采取任何形式的避孕措施。23 岁的机械设备操作工阿凯和女友已同居两年多，婚期定在了接下来的春节期间。在被问及怀孕计划和避孕行为时，他表示："今年开始吧，我们商量过的，后面也没避孕了……现在有了的话当然高兴啊，毕竟早就有这个想法了。可能父母比我们更要高兴，一直在问。"

与那些曾经在同居期间计划内怀孕的流动青年相类似，希望自己/伴侣现在怀孕的同居者，其怀孕想法的产生与结婚准备紧密关联在一起，例如，两人之间有了明确的结婚计划（订婚、大致商定好结婚日期），或是非常肯定两人关系的"下一步"是结婚。这些流动青年男女倾向于认为，一旦两人决定结婚就意味着到了适合怀孕的时候。家庭期待同样也被普遍认为是计划怀孕的驱动因素，男女受访者都提到自己的父母多次询问是否怀孕，提醒他们到了考虑怀孕的时候。此外，年龄稍大的受访者希望怀孕还反映了一种与生育有关的年龄规范，受老家相对较低的适龄婚育观念的影响，他们认为自己即将要错过怀孕和生育的最佳年龄，甚至已经"有点晚了""属于高龄了"，这促使他们在确定从同居走向结婚的同时做出了怀孕决定，不再采取避孕措施。这一点与在有早婚早育传统的东欧社会的研究发现一致，在东欧，初次生育的年龄规范约束性仍然很强而且初次生育年岁相对较低，同居者的生育意愿与年龄密切相关（Mynarska，2010）。

需要指出的是，伴侣双方的怀孕意愿有可能是不一致的。多数情况下，男性的怀孕意愿更为强烈，而女性表现出一种矛盾心态，她们希望晚一点怀孕，但如果现在怀孕了，也会感到很高兴。不少男性受访者解释，他们盼望同居女友怀孕，原因在于怀孕很大程度上可以起到"结婚催化剂"的作用。这些男青年（包括他们的父母）有强烈的结婚意愿，但女友希望推迟结婚，或是女友父母还没有完全同意婚事，男青年表示，如果女友怀孕，可以借此尽快向婚姻过渡。20 岁的生产线工人阿炳与女友（19 岁）同居将近两年，受老家同学相继结婚生子的影响，他认为自己也到了"该结婚的年龄"。但对于他明年结婚的提议，女友以自己年龄还小为由尚未答应。阿炳表示，如果女友怀孕，"正好可以结婚了"。

一些女性受访者同样表示，男友是希望当前就怀孕，而她们认为理想的怀孕时间是半年或一年后，提及的原因包括想多玩一段时间、喜欢当前的工作等。尽管对怀孕表达了一些保留态度，这些女性仍非常肯定地表示，如果现在怀孕了她们还是会很高兴，原因在于她们与男友的感情稳定，早已做好结婚准备。然而，这些女性受访者的话语还反映了一种更为关键的事实，即当男友和双方家庭一致施加怀孕压力时，她们很难坚持自己对怀孕时间的偏好。23岁的商场营业员小昕的回答颇具代表性：

> 我自己是觉得过两年是最理想的，这边的工作我很喜欢，不想这么早就放弃。但这种事情也不是我一个人就能决定的吧，还有家里面是希望我们早点生的。……怀孕还是得看机缘吧，有就要，肯定要的，家里人也会说要留下来的，毕竟我们在一起很长时间了，有了还是会很开心的……

这些一方对怀孕持高度期盼态度（通常为男性）而另一方持保留态度（通常为女性）的同居伴侣，目前也处于不避孕的状态。阿炳解释，女友不再像以前那样要求他使用避孕套，因而"她不说要用，我就没有用了"。小昕将不再采取避孕措施归因于前段时间避孕套用完了，男友没有及时补充，她也没有催促男友去购买，"顺其自然吧，有了也很高兴"。

（二）尽量避免怀孕

样本中最高比例的一类同居者表示，他们还没有做好怀孕的准备，将尽量避免在今后一段时间里怀孕。这类流动青年同居者与目前伴侣的关系稳定，也表达了未来进入婚姻的信心，对于在同居期间怀孕，他们在态度上并不反对，当前没怀孕打算主要是还没有为要孩子做好准备。其中，男性普遍认为的是他们还没有做好经济准备："现在我感觉我的经济条件不怎么样，从学校毕业才两年多，没车没房没钱，（要孩子）还太早了。还有，我觉得有了孩子，你就不敢出去闯，（不敢）去做什么事情，因为会有顾忌、责任……至少自己多少存了点钱，父母再支持一点，有个首付，就可以考虑要孩子结婚了。"（生产线工人阿邵，男，23岁）

女性强调的则是家庭方面的原因，她们把获得父母同意视为怀孕的重要前提条件。25岁的生产线操作工珊珊，计划在五一假期带男友回家见父母，被问及怀孕意愿时，她表示："他也问过我，我就说等我父母那边同意（婚事）了再说这个问题。"美容师 Kitty 与男友来自不同省份，她父母不希望女儿嫁去外地，一直劝她再考虑，因而对于怀孕她表示："先要让父母接受吧，我也不想让他们不高兴，然后什么时候有了就有了吧，这样才是最好的。"

这类男女受访者的避孕行为在很大程度上印证了他们避免怀孕的想法。所有人都表示一直在采取避孕措施，不管是在自己/伴侣的安全期还是危险期。珊珊的观点很有代表性，"安全期不准的，我周围就有安全期怀孕的，这个不可靠的。"另外，在避孕工具（通常是避孕套）快要用完时，他们通常会记得及时购买补充。可能导致意外怀孕的风险因素在于，他们对待避孕的谨慎态度随共同生活时间的增长有变得松懈、大意的迹象，如存在性行为中途才使用避孕套的情况。

然而，可能性更大的是这类流动青年同居者也许会发生计划内的同居怀孕。研究表明，年轻同居者的怀孕意愿具有高度的不确定性和变动性，因为对怀孕的看法会随关系的发展状态和年龄的增长而发生变化（Hayford，2009）。在我们的样本中，这些努力避免怀孕的流动青年男女在话语中还暗含的一种观点是，只要克服了怀孕的阻碍因素，比如说"自己多少存了点钱""父母同意婚事了"，怀孕将会是顺其自然的结果。另外，避免怀孕的男女受访者同样对初次生育的年龄规范有着高度认同，因而一旦同居关系进展到结婚准备阶段，对生育年龄的担忧很有可能会促使他们做出怀孕的决定，停止采取避孕措施。总而言之，随着同居时间的增长，这类流动青年同居者很容易发生从避免怀孕向计划怀孕的转变。

（三）坚决反对

调查中只有少数受访者对同居怀孕持明确反对的态度，表示"不会发生""坚决不会让这种事情发生的""我个人很拒绝未婚先孕"。从关系现状来看，这一类受访者与前两类并无差异，也把同居伴侣视为未来的结婚对象，相信两人最终会进入婚姻。这类流动青年同居者是出于关系以外的因素考虑而反对同居怀孕。同样的，在论及反对的原因时，男性同居者和女性同居者的观点出现了明显差异。

流动青年女性拒绝同居怀孕多与家庭压力有关，家人极力反对这段关系打消了她们近期怀孕的念头。21岁的美容师Linlin和男友同居有一年半的时间,半年前两人开始与家人商量结婚的事情,但她母亲以哭闹的方式激烈反对她嫁给外省市男友,Linlin一直试图说服母亲,但在接受访谈时还收效甚微。在解释为什么坚决反对当前怀孕时,Linlin说:"他也这样跟我说过(先怀孕),我就说不可能的事,这是我的底线和原则。我说我们可以一起住,但是有个底线,不能奉子成婚,也不能拿孩子去要挟父母。"

还有女性则是担心未婚怀孕会导致自己在婚姻进程中失去主动权,"整个很被动,女孩子就很被动"。在这些女性看来,为应对婚前怀孕通常是匆忙举办婚礼,不太可能按自己的节奏和意愿来完成结婚这件人生大事,因为"你肚子越来越大,很难坚持自己的想法"。也许这些女性更为担心的是,怀孕后男方家庭有可能趁机在婚事商定时"压价","有些男孩子家里就故意拖着,说拿不出这么多彩礼,买不起房子,反正就是各种拿捏,不答应你提的条件"。这种担忧并非没有现实社会基础,实际上,王小璐和王义燕(2013)在对冀中农村未婚先孕女性农民工的定性研究中发现,男方家庭有可能以未婚先孕作为降低婚姻支付成本的筹码。

反对怀孕的流动青年男性同居者,与那些希望避免怀孕的男性相似,提及的理由也与经济因素紧密关联。他们倾向于强调自己缺乏经济基础,无法做一个负责任的父母,比如说让孩子随父母一同生活,接受良好的教育,而不是当留守儿童。正如21岁的销售员阿茂所阐述的:"经济条件不好的话,孩子没办法带在身边,生下来就得丢在家里。现在我们父母那一辈的,思想我感觉是跟不上的,教育孩子也肯定不行……这样是对孩子不负责任。"

尽管在怀孕意愿方面,希望避免怀孕和反对怀孕的两类流动青年群体是一致的,即因为各种阻碍因素,他们没有同居怀孕的想法,但是当被问及万一发生意外怀孕将如何解决时,两类群体的态度却存在鲜明差异。对于希望避免怀孕的流动青年男女来说,即使没有达到怀孕的理想阶段,稳固的关系和生育的年龄规范压力使他们中的大多数人愿意接受孩子的到来,"我不会考虑不要的,这是一种责任感,再说我们也不小了"。不同的是,反对怀孕的流动青年男女更倾向于终止怀孕。父母强烈反对婚事的美容师Linlin说:"如果家里还没同意,不管他怎么想,反正我会打掉的。"阿茂也表示:"选好(结婚)日子了,那时说明我经济上准备好了,有了就要，在那之前我会主张不要的。"

很显然，这些流动青年并不是出于遵守结婚后再怀孕生育的传统社会规范而反对未婚先孕。在他们看来，只要具备了结婚的条件，包括父母同意、婚期已定、做好了结婚的经济准备，两人随时可以进入婚姻，在这种情况下怀孕是可接受的，而并非将正式婚姻作为怀孕的前提条件。

从避孕行为来看，这些受访者不仅坚持避孕，还十分注意防范避孕失败，降低意外怀孕的可能性。美容师Linlin讲述到，在一次性行为中男友在中途才使用避孕套，虽然当时她的经期刚过，处于相对安全的时期，但她第二天还是服用了紧急避孕药，"要是万一呢，还是小心点好"。还有女性提到，为防范避孕失败，在危险期会避免与同居男友发生性行为。男青年阿茂也暗示他非常谨慎，"我是对这一块特别注意的"。

六 结论

本文通过对有和可能有同居怀孕经历的两类"90后"流动青年同居者的怀孕意愿、避孕实践和怀孕经历的分析发现，同居确实在很大程度上增加了流动青年女性"非意愿"怀孕的风险。大多数经历了同居怀孕（自己/伴侣）的男女受访者当初并没有怀孕的计划，这些意外怀孕通常是由于避孕时的疏忽大意（如偶尔忘记、中途使用）和依赖有效程度低的避孕方式（如"避孕套+安全期"、体外排精等），只有少数是因为缺乏避孕意识和知识。

然而，本文的结果提供的证据表明，流动青年女性未婚怀孕情况的增多，部分归因于同居伴侣"计划内"怀孕数量的增长。研究发现，同居的关系特征和发展阶段与怀孕意愿紧密关联，在有结婚承诺（如定亲、订婚）的情况下同居或是关系发展到"下一步"向婚姻过渡的流动青年同居者（尤其是男性），往往会认为他们到了适合怀孕的阶段，故不（再）采取避孕措施，怀孕成为结婚准备过程的一部分。可以说，在年轻的流动人口群体中，一种同居、怀孕和结婚的联合决策模式正在形成。其次，流动青年同居者的怀孕意愿往往还受到家庭期待的推动，有计划内怀孕经历或意愿的男女受访者都提到双方父母催促他们尽早怀孕，这与一项新近研究的解释相呼应（刘利鸽等，2019）。然而，本文进一步发现，男方父母对同居女性的怀孕期待，还反映了婚前性行为增多和人口流动背景下男方家庭实现生育目标的一种策略性应对,为检验流动青年女性的生育能力,怀孕还有可能是结婚前必要的一步。此外,与生育有关的年龄规范压力也可能增加年龄较大同居者"计划内"怀孕的意愿,当同居关系进展到结婚准备阶段,对生育年龄的担忧会推动他们做出怀孕的决定。

总而言之,本文的调查结果表明,婚前性行为和未婚同居情况的增加,不仅提高了年轻女性未婚怀孕的风险,还使婚姻和生育之间的联系复杂化。一方面,与性行为、同居一样,怀孕不再是结婚后才可以发生的行为,而是越来越多地被视为一种结婚前奏。样本中的流动青年男女,包括那些把自己/伴侣过去的怀孕描述为意外的同居者,和那些正面临怀孕风险但目前希望避免怀孕和反对怀孕的同居者,尽管对同居期间适合怀孕的具体阶段的看法不一,但所有人都对同居关系中的怀孕表示接受。由此看来,未婚怀孕在今后将会继续保持上升的趋势。另一方面,尽管传统的家庭行为顺序被打破,但由婚姻来组织生育行为的社会规范并未被动摇,流动青年同居者想要怀孕的意愿与结婚计划密切相关,结婚可能性和结婚准备在同居怀孕决定中至关重要。

需要说明的是,对本文访谈的 65 位乡城流动青年同居者怀孕意愿的分析结果必须谨慎地解释。尽管存在一定的限制,本文的发现强调了将未婚怀孕从婚前性行为的意外后果的前提预设中转移出来的重要性,特别是在同居女性的怀孕将继续占未婚女性怀孕相当大的比例时,未来需要对影响同居青年怀孕意愿的因素进行更深入的研究,这将有助于加深对婚姻和生育意义变迁的理解。本文结果还表明,对未婚怀孕的研究需要从对女性的单一关注中转移出来,同样重视男性和家庭因素在影响怀孕意愿、避孕措施使用以及未婚怀孕后应对选择的作用的理解。此外,尽管同居关系中的"计划内"怀孕基于有结婚预期,但怀孕后是否顺利地进入婚姻,在孩子出生之前还是出生之后进入婚姻,这将直接影响中国未婚生育水平的变化,更是需要在未来研究中加以关注的。

参考文献

陈红霞,2012,《结构化视阈下的闽南农村未婚先育现象研究——以闽南农村为例》,《山西农业大学学报》(社会科学版)第 5 期。
程晓冉、潘佳欣,2019,《中国人工流产现状及对策分析》,《人口与健康》第 11 期。

黄丹，2016，《中国女性青少年未婚怀孕的研究综述》，《当代青年研究》第 2 期。

李丁、田思钰，2017，《中国妇女未婚先孕的模式与影响因素》，《人口研究》第 3 期。

梁同贵、高向东，2017，《流动人口的社会阶层、社会流动与未婚先孕——以上海市为例》，《北京社会科学》第 3 期。

刘成斌、童芬燕，2016，《陪伴、爱情与家庭：青年农民工早婚现象研究》，《中国青年研究》第 6 期。

刘利鸽、刘红升、靳小怡，2019，《就近城镇化背景下城乡居民的婚育轨迹研究——来自河南省 Y 县初婚人群的发现》，《青年研究》第 4 期。

潘绥铭、白威廉、王爱丽、劳曼，2004，《当代中国人的性行为与性关系》，北京：社会科学文献出版社。

潘永、朱传耿，2007，《"80 后"农民工择偶模式研究》，《西北人口》第 1 期。

齐嘉楠、杨华，2015，《流动家庭婚姻圈扩展、性别强势与未婚先孕》，《南方人口》第 4 期。

谭芳女，2013，《宜昌市 20988 例人工流产患者人群特征、流产原因分析及预防对策》，《现代预防医学》第 10 期。

王菊芬，1999，《上海市流动人口未婚先孕妇女的性行为、避孕方法使用以及怀孕结果选择》，《人口研究》第 1 期。

王小璐、王义燕，2013，《新生代女性农民工的未婚先孕：婚姻过渡的个体化困境及秩序重建》，《南京农业大学学报》（社会科学版）第 5 期。

蔚志新、汤梦君，2013，《北京市未婚女性青少年重复流产与紧急避孕状况分析——基于顺义区和昌平区 7 所医院的调查数据》，《妇女研究论丛》第 5 期。

徐鹏、施宇，2019，《流动女青年婚前怀孕的影响机制研究》，《青年研究》第 4 期。

尹晓玲，2003，《南海市未婚先孕妇女的避孕知识水平及影响因素分析》，《广东医学院学报》第 2 期。

於嘉、谢宇，2017，《我国居民初婚前同居状况及影响因素分析》，《人口研究》第 2 期。

张青，2011，《变异中的延续——苏北 H 村婚前生育现象考察》，《民俗研究》第 4 期。

Bearak, J., Popinchalk, A., Alkema, L., & Sedgh, G. 2018, "Global, Regional, and Subregional Trends in Unintended Pregnancy and Its Outcomes from 1990 to 2014: Estimates from a Bayesian Hierarchical Model." *The Lancet Global Health* 6（4）.

Bouchard, G. . 2005, "Adult Couples Facing a Planned or An Unplanned Pregnancy: Two Realities." *Journal of Family Issues* 26（5）.

Cherlin, A. J. 2004, "The Deinstitutionalization of American Marriage." *Journal of Marriage and Family* 66（4）.

Guzzo, K. B. & Hayford, S. R. 2020, Pathways to Parenthood in Social and Family Contexts: Decade in Review." *Journal of Marriage and Family* 82（1）.

Hayford, S. R. 2009, "The Evolution of Fertility Expectations Over the Life Course." *Demography* 46（2）.

Hayford, S. R., Guzzo, K. B., & Smock, P. J. 2014, "The Decoupling of Marriage and Parenthood? Trends in the Timing of Marital First Births, 1945-2002." *Journal of Marriage and Family* 76 (3).

Hiekel, N., & Castro-Martín, T. 2014, "Grasping the Diversity of Cohabitation: Fertility Intentions Among Cohabiters Across Europe." *Journal of Marriage and Family* 76 (3).

Kendalla, C., Afable-Munsuzb, A., Speizerc, I., Averya, A., Schmidta, N., & Santellid, J. 2005, "Understanding Pregnancy in A Population of Inner-City Women in New Orleans—Results of Qualitative Research." *Social Science & Medicine* 60 (2).

Kiernan, K. 2001, "The Rise of Cohabitation and Childbearing Outside Marriage in Western Europe." *International Journal of Law, Policy and the Family* 15 (1).

Lappegård, T., Klüsener, S., & Vignoli, D. 2018, "Why Are Marriage and Family Formation Increasingly Disconnected Across Europe? A Multilevel Perspective on Existing Theories." *Population Space and Place* 24 (2).

Lesthaeghe R. J. 2010, "The Unfolding Story of the Second Demographic Transition." *Population and Development Review* 36 (2).

Musick, K. 2002, "Planned and Unplanned Childbearing Among Unmarried Women." *Journal of Marriage and Family* 64 (4).

Musick, K. 2007, "Cohabitation, Nonmarital Childbearing, and the Marriage Process." *Demographic Research* 16 (9).

Mynarska, M. 2010, "Deadline for Parenthood: Fertility Postponement and Age Norms in Poland." *European Journal of Population* 26 (1).

Reed J. M. 2006, Not Crossing the "Extra Line": How Cohabitors with Children View Their Unions." *Journal of Marriage and Family* 68 (5).

Perelli-Harris, B., Kreyenfeld, M., Sigle-Rushton, W., Keizer, R., Lappegard, T., Jasilioniene, A., Berghammer, C., Paola, D. G. 2012, "Changes in Union Status During the Transition to Parenthood in Eleven European Countries, 1970s to Early 2000s." *Population Studies* 66 (2).

Sassler, S. & Lichter, D. T. 2020, "Cohabitation and Marriage: Complexity and Diversity in Union Formation Patterns." *Journal of Marriage and Family* 82 (1).

Sassler, S. & Miller, A. J. 2014, "'We're Very Careful…': The Fertility Desires and Contraceptive Behaviors of Cohabiting Couples." *Family Relations* 63 (4).

Sassler, S., Miller, A. J., & Favinger, S. 2009, "Planned Parenthood? Fertility Intentions and Experiences Among Cohabiting Couples." *Journal of Family Issues* 30 (2).

Steele, F., Kallis, C., Goldstein, H., & Joshi, H. 2005, "The Relationship between Childbearing and Transitions from Marriage and Cohabitation in Britain." *Demography* 42 (4).

Weitzman A., Barber J., Kusunoki Y., & England P. 2017, "Desire for and to Avoid Pregnancy During the Transition to Adulthood." *Journal of Marriage and the Family* 79 (4).

(原载《妇女研究论丛》2021年第1期)

"羞耻感"的语言学超越：
基于未婚妈妈的个案研究

高碧叶[*]

摘　要　本文主要探讨未婚妈妈在中国所面临的道德困境问题，并展现她们如何通过不同的叙事话语挑战社会歧视。未婚妈妈的自我叙述表明，她们很多时候并不像社会所普遍认为的那样是道德沦丧或者唯利是图，宗教、情感、自我独立以及被骗的境况等都可能成为女性未婚生育的原因，而这些因素也往往被未婚妈妈援引并成为其生育选择的道德证成。通过展现未婚妈妈生育选择的复杂性以及其超越羞耻的语言努力，本文指出我国未来有必要放松婚姻和生育的关联性，给予单身青年更多生育选择的可能性。

关键词　未婚生育　羞耻感　未婚妈妈　生育选择　生育观念

一　问题的提出

未婚生育的女性在我国面临道德和法律的双重压力。当前，媒体报道

---

[*] 作者现为北京交通大学马克思主义学院文化教育中心讲师。

对于中国未婚妈妈①的生育选择有不同的描述。有些认为未婚妈妈是不幸的和可怜的，她们受到社会的歧视并且容易陷入经济贫困（Branigan，2014）。还有些报道和研究则发现，部分未婚妈妈过着十分奢华的生活，这些未婚妈妈被称作"二奶"或者"小三"。她们居住在由其富裕的伴侣提供的住宅中，并且每月都会从其伴侣那里得到高额生活费。与之相应，她们为其伴侣提供性和生育的服务。这一类未婚妈妈往往被描述成"道德沦丧"或者"嗜财如命"，在道德上受到社会的谴责（Hong，2014；Chen，2017：66-94；Xiao，2011：607-627；Xiao，2009）。

羞耻感并不像其他情感——比如愧疚、快乐一样，和某个特殊的行为相联系，它更像是对人的身份本身的道德审判（Goffman，1968）。关于羞耻感在社会中所扮演的角色，学界也有不同的观点。有些学者认为，羞耻感具有积极的作用，能够维护社会平等，因为它能防止人僭越社会道德规范（Taylor，1995）。不过，这一观点逐渐被女权主义者所批判。曼尼恩（Manion，2003：21-41）在其对性别、羞耻和道德能动性的考察中，就指出"社会条件塑造了男性气质和女性气质，并影响了社会中对于好的或者羞耻的女性的认知，但是这一塑造标准可能会侵蚀甚至降低女性的道德能动性"。这就意味着，羞耻在某些情况下维系着男权道德、观念和规范，不利于性别平等和女权主义的发展。

在中国，未婚生育所带来的羞耻是性别化的（gendered）。我国的法律、道德和语言共同塑造了未婚妈妈而非未婚爸爸的羞耻感。首先，本土语言充满着对未婚妈妈的贬损语词，比如"二奶""小三"等，而对未婚爸爸并没有与之相应的贬损词汇。"小三"指的是故意介入其他女性的感情或者婚姻，并与其对象或者丈夫保持亲密关系的女性；而"二奶"指的是那些长期与已婚男性保持婚外恋，并且在经济上依靠该已婚男性的女

---

① 1994 年出台《婚姻登记管理条例》之前，在我国很多地区尤其是农村地区，很多夫妻并没有登记结婚并取得结婚证，这些以夫妻名义长期同居而没有结婚的关系在法律上被认为是事实婚姻关系。1994 年的《婚姻登记管理条例》规定了法律认可的婚姻必须以登记作为前提，使得婚姻关系的认定进一步规范化。本文所指的未婚妈妈并不是处于事实婚姻中的女性，而是在颁布《婚姻登记管理条例》之后依然主动选择在婚姻关系之外生下孩子的单身女性。本文之所以不采用"单身母亲"来指称这类人群，是因为单身母亲还包含那些在已婚状态下生子而后离异或者丧偶的女性，而"未婚妈妈"单纯是指在未婚/单身的状态下选择生下孩子的女性。相比于单身母亲，未婚妈妈在中国所受到的道德谴责更为明显，因为她们僭越了传统的性道德和生育伦理。

性（Xiao，2011：607-627）。"小三"和"二奶"语词本身就具有道德上的审判。因此，这类指称本身是极度污名化的。同时，这两个语词又是性别化的，因为它们只指代和污名化女性。与之相反，在这一关系中的男性少有被对等地谴责。

未婚妈妈受歧视很大程度上是因为其僭越了传统规范的性、婚姻和生育的伦理。虽然古代中国有纳妾的习俗，但是一夫一妻制自1950年《婚姻法》颁布以来就被承认是中国唯一合法的婚姻形式，在1980年新《婚姻法》颁布之后也同样如此。中国性别问题研究专家埃文斯（Evans，2002：115）在其研究中也指出，中国近代以来"将对偶制婚姻作为唯一合法的性关系从而使得婚姻和性关系实际上变得对等"。未婚妈妈是超越传统的，因为她们不仅违背了传统一夫一妻制的婚姻和家庭，也超越了社会规范性的以家庭为核心的性关系模式。未婚妈妈的超越性在中国社会很难被大众理解和接受，她们往往会受到道德上的谴责。

对于未婚妈妈——尤其是"二奶"和"小三"的歧视，不仅由上述社会语言和道德所构建，还被计划生育政策进一步固化。在中国，婚外生育被认定为非法。和超生生育一样，在计划生育政策执行严苛的时候未婚生育几乎不被准许，而在生育政策变得宽松之后则会被收取一定的社会抚养费。社会抚养费的收取是根据双方的婚姻状况而定的，比如《山东省人口与计划生育条例》（2017）就规定："对符合法定结婚条件未办理结婚登记而生育第一个子女的，应当自生育之日起六十日内补办结婚登记；逾期未补办的，依照第三十六条规定基数的五分之一征收社会抚养费。"（第三十八条）而"有配偶者与他人生育子女或者明知他人有配偶而与之生育子女的，每生育一个子女，依照第三十六条规定基数的三倍征收社会抚养费。"（第三十八条）不同省份对非婚生育的具体罚款有所不同，但基本都给予有配偶者与他人生育子女更重的罚款。2015年全国人民代表大会常务委员会修改的《中华人民共和国人口与计划生育法》第二十二条规定："禁止歧视、虐待生育女性的妇女和不育的妇女。禁止歧视、虐待、遗弃女婴。"从中可以看出法律对于女婴和不育妇女在道德上的保护，可是对未婚妈妈却关注不多。

"二奶"和"小三"，作为道德贬损的称谓，很多未婚妈妈都试图摆脱这样的称谓。本文就探讨未婚妈妈是如何从语言学的角度来达到这一道德目的，进行自己生育选择的道德证成。本文分成五个小节：除本小节外，第二小节介绍本文的理论框架，通过援引朱迪斯·巴特勒的语言行为概念，笔者主要探索通过语言能动性超越羞耻感的可能性。第三小节介绍研究方法。第四小节通过展现未婚妈妈的故事，分析未婚妈妈是如何实现自我认同从而做出僭越性选择的。未婚妈妈多样的故事显示了未婚生育选择所具有的复杂性，这和未婚妈妈自身的宗教信仰、对孩子的依恋和爱以及具体的处境息息相关。在第五小节，笔者探讨道德、法律和性别的关系，指出当今中国需要从政策上保护——至少不惩罚单身女性生育选择，使单身女性同样拥有生育的权利。

二 语言行动（Speech-acts）：自我认同与超越规范

在传统的社会学和人类学研究中，一般将能动性与人的选择和行为联系起来。马哈茂德（Mahmood, 2005：15）在她关于埃及虔诚政治的研究中，将能动性定义为一种反抗或者重塑规范的行为，她指出："能动性的力量不仅仅包含在那些抵抗规范的行为中，也包含在那些传承规范的行为中。"不过，这种偏向行动的能动性定义遭到了某些研究者的质疑。这些研究者指出，在受压迫环境中，甚至当行动会招致惩罚或者生命危险的时候，挖掘当地人通过语言所表达的抗争尤为重要（Madhok, 2013；Butler, 1993）。

受到福柯以及语言学家奥斯汀的影响，巴特勒（Judith Butler）在《性别麻烦》和《关于身体：论"性别"的话语界限》中将身体物质性与性别的表演联系起来，并试图挑战规范性的异性恋范式。在这两本书中，巴特勒不仅强调了身体行为在性别表演中的重要性，还提出了"语言行动"（speech acts）作为性别表演的重要性——性别表演的能动性也可以通过语言表述出来。在《令人兴奋的演讲：述行政治学》一书中，巴特勒进一步探讨了审查、语言和能动性之间的内在联系，并指出语言本身就是能动性表现的一种方式，尽管这种方式受到审查的制约。巴特勒写道："语言在很大程度上被认为是能动性——一个能产生后果的行为，一个延伸的行为，一个有着一定结果的表演。"（Butler, 1997：7）巴特勒的著作打破了异性恋的二元性别范式，对于酷儿理论的兴起和发展起到了重要的推动作用，而她对"语言行动"的强调在性别政治中也具有启发性意义。

对语言行动以及语言能动性的强调不仅见于巴特勒的著作，也见于其他社会学家和女权主义者的著作。比如，玛德霍克（Madhok）就指出在强迫的处境里最好是聚焦语言叙述而非身体行动，因为在强制环境中个体往往不敢用行动反抗，其能动性一般在语言中体现。在玛德霍克关于印度社会发展工作者（Sathins）的研究中，她写道，对于压迫环境中的能动性表述不应该局限于对压迫环境本身的描述，更重要的是探索"压迫处境如何能够使能动性的概念表述发生变化"（Madhok，2013）。弗里德曼在其关于自由理论的研究中也指出："对于自由来说更重要的是人们的视角认同——人们的需求、欲望、关心、关照、价值观和责任。"（Friedman，2003：11）弗里德曼将这一对于自由的分析应用到亲密关系比如爱、家庭暴力中，并特别指出自由尤其需要反思或者起码注意到那些已经刻画女性本身的需求和欲望（Friedman，2003：5）。与此相应，赫斯曼（Hirshmann）提出了研究自由的女权主义方法并表示这一方法要求"详细地理解产生父权制度的多重因素，以及这些多重因素又如何影响女性和她们选择的社会建构"（Hirschmann，2003）。赫斯曼指出，这一自由的概念需要考察外部结构，也需要考察由外在结构塑造的人们的内在欲望、偏爱、决定等。总的说来，相比于行为本身，聚焦语言能更好地理解个体选择或者不选择背后其持有的道德、情感、欲望等，进而能够分析这些个体的道德、情感和欲望是在挑战还是在维系传统的社会结构和道德规范。

语言本身是由一定的社会结构建构起来的，并受到社会结构的制约，而语言的能动性体现在对社会规范性道德伦理的僭越以及对不合理的政策和法律的批判上。受到上述理论家的启发，本文重点关注未婚妈妈的叙述，探讨她们如何通过讲述自己的故事来建构自己的身份、实现自我认同。未婚妈妈的选择和行为本身已经超越了传统的社会和家庭道德规范，通过进一步挖掘其选择背后的个体情感和思想，能更好地了解未婚妈妈生育选择的丰富性和复杂性，由此探索解构未婚生育羞耻感的可能性，并最终挑战与之相关的现存的男权性质的社会规范性伦理和道德。

三 研究方法

从 2014 年到 2015 年，笔者花了 9 个月时间从不同途径访谈未婚妈妈，主动联系了近 100 个在不同 QQ 群里比较活跃的未婚妈妈——考虑到这些未婚妈妈可能会更愿意分享她们的故事,但最后只有 12 个未婚妈妈接受了笔者的采访。由于这些未婚妈妈住在不同的城市而且几乎都不愿意与笔者见面,笔者只对一位未婚妈妈进行了面对面采访,其他都是通过电话采访。与面对面采访相比,电话采访有些劣势,比如,没有办法看到对方的表情,也没有办法和被访者进行日常交流,但好处在于可以很好地保护被访者的隐私以及满足匿名的诉求,而这对于打开未婚妈妈的个人叙事恰恰是至关重要的。这 12 位未婚妈妈的故事迥异,能很好地展现未婚妈妈群体的复杂性和多样性。

为了保护被访者的隐私,笔者没有问她们的真实姓名,在引用她们故事的时候,也都用假名。有 4 位未婚妈妈不愿意透露其现居地,这些未婚妈妈绝大多数没住在自己的出生地,移居是她们摆脱社会歧视的重要途径之一。笔者没有刻意寻找年轻的被访者,可出乎意料的是被访者的年龄都在 20 岁到 30 岁,生育时间都在 2008 年之后——也就是计划生育政策变得相对宽松的时期。这可能意味着,在社会道德较为传统而计划生育政策执行十分严格的 20 世纪八九十年代,未婚生育现象更加少见。只有一位未婚妈妈有两个孩子(一个是婚生,一个是非婚生),其他的未婚妈妈只有一个孩子。4 位未婚妈妈的伴侣是未婚,而另外 8 位未婚妈妈的伴侣是已婚。

四 对"羞耻"的语言学超越

本小节通过未婚妈妈的自我叙述,展现未婚妈妈所秉持的多元的伦理、欲望和感情,以及她们如何发挥道德能动性并使其生育选择正义化。未婚妈妈所持有的伦理、欲望和情感构成了其实现自我认同和承认的基础,这也是为承认而斗争的第一步。但是,承认政治更为重要的是获得社会的承认。

(一)宗教性话语:以佛教因果观为例

沐沐是第一位接受笔者采访的女性。她是一位佛教徒,也是一位未婚生育的母亲。虽然我们在同一个城市,她依然不愿意见面,最终进行了电话访谈。由于沐沐的论述在佛教徒母亲叙述中十分具有典型性,本小节将主要援引沐沐提到的佛教教义进行总结,并分析这些教义在女性生育选择中所起到的作用。

沐沐说，她和伴侣本来是打算在她怀孕之后结婚的，但是，在他们领证的几天前，她却发现伴侣和另外一位女性发生了关系。于是，沐沐毅然决定分手。不过，她并不想打掉肚子里的孩子。正如她说：

> 至于为什么要这个宝宝呢，就是，我信佛教，我有我的信仰。那两个大人不在一起了，那你说……这是个小生命呀，不应该让这个孩子，不应该让这个生命来承担大人的行为后果，最起码应该把他/她带到这个社会。然后，所以，嗯，我就没想那么多……从投胎开始，他们就是有灵魂存在的，虽然那个时候他们可能没有胎心。①

沐沐从一开始就将自己的胎儿描述成"小生命""灵魂存在"，由此可以看出佛教对她的生育选择和生育观念的影响。怀孕期间，沐沐在一个供奉地藏菩萨的道场待了7天。那里的生活改变了她的很多看法，比如，以前她觉得金钱重要，后来觉得爱情重要，但是，在那以后她觉得信仰更加重要。在那里，她白天诵经、叩头，和其他孕妈一起观看视频学习佛教对于流产和生育的看法。所有的课程和视频都有一个共同的主题——不要杀生，不要堕胎。沐沐说怀孕就相当于孩子的投胎，这对于每个生命来说都是非常不容易的。

因果观在佛教的生育理念中占据很重要的位置。佛教有十二因缘和因果轮回之说，而缘起论是佛教的核心教义。十二因缘包括无明、行、识、名色、六入、触、受、爱、取、有、生、老死。这十二因缘不断流转，形成一个循环的圈子。堕胎有可能带来很多恶果，有女性基于此不愿意将未婚怀孕的胎儿流产。

沐沐知道非婚生子对她来说意味着什么。但是，她的佛教信仰使她不为自己的选择而后悔。正如她说：

> 如果我做掉孩子，我相当于这篇翻过去了，我会有我自己美好的人生。我就还是像大姑娘一样地再去找、再去嫁。如果我的孩子生了，我就是未婚妈妈，在中国特别特别受歧视。很多人都觉得我们不

---

① 2014年6月20日对沐沐的电话采访。

检点，其实没有，反正我是没有。①

未婚妈妈因为信仰佛教而选择生下私生子的情况并不少见。笔者所加入的6个QQ群中有3个是佛教组织"慈佑护生"组建的。由此可见，宗教尤其是佛教在中国对于一些未婚妈妈的生育选择起到了支持作用。

沐沐的故事显示出：在中国，宗教——尤其是佛教，成了未婚妈妈生育的道德基础。因此，宗教在女性生育选择上在一定程度上有这样的影响，即让女性在外部环境并不支持的条件下摆脱婚姻的束缚做出超常规的生育选择，并获得对于自我保护生命、"积德行善"、因果观的认同。不过，尽管有研究认为中国佛教徒比例有所上升（Stark & Liu, 2011：285），但不可否认佛教徒在中国整体人数中所占比例依然较低。当然，除了佛教之外，其他宗教，比如伊斯兰教和基督教，也有可能成为未婚妈妈生育选择的道德基础。有研究者发现中国有少数信仰基督教的女性也持有如沐沐一般支持生命的观点（Nie, 2005）。由于笔者所接触到的未婚妈妈很有限，田野期间并没有搜集到其他的宗教话语，但这并不意味着不存在其他支持生命的宗教话语。

（二）以爱之名

人类情感中的关系情感，比如不舍得和爱也是未婚妈妈做出生育选择的重要基础。如果未婚妈妈是因为不舍得和爱而选择生下私生子，那么，她们是有爱心的、负责任的和人道的，而并不是像社会大众所想象的那样道德败坏或者视财如命。母亲和孩子的联系，尤其是在母亲怀孕的时候，是相当紧密的——母子合为一体，有很多未婚妈妈正是由于这种联系而选择生下孩子。

梦儿曾经在中国的一所著名大学读书，是笔者采访的未婚妈妈里面学历最高的。她不愿意接受电话采访，所以，笔者对她的采访主要是通过QQ即时聊天。"我孩子的父亲是你的校友，这是为什么我愿意接受你的采访"，这是梦儿给笔者发的第一条信息。接着，她用简单的话语总结了她的故事，"我们在一起六年，但是他在我们婚礼前意外去世了。这个孩

---

① 2014年6月20日对沐沐的电话采访。

子是他唯一的血脉，所以我决定生下这个孩子。"① 梦儿的开场白简洁却直击人的心灵。当梦儿继续讲述她的故事时，笔者发现她的决策过程充满了她对逝去伴侣的爱和愧疚。在整个采访过程中，梦儿不止一次告诉笔者她有多么想念和爱她的伴侣。

  梦儿：如果你深爱一个人就会明白。
  笔者：嗯，能跟我说说你印象最深刻的你们过去的瞬间吗？
  梦儿：太多了。
  笔者：比如？
  梦儿：和他在一起的每一分钟都深刻。哪怕是吵架，现在回忆起来都是幸福的。②

梦儿的伴侣是在去梦儿老家办计划生育许可证的路上去世的，其父母将他的死归因于梦儿，也因此对梦儿充满了怨恨，之后拒绝和梦儿有任何联系，也不承担抚养孩子的任何责任。即使这样，梦儿还是坚持把孩子生了下来，因为爱，也因为这个孩子是她的伴侣在这个世界上唯一的血脉。在采访的最后，笔者很惊讶于梦儿用手机打字的速度，梦儿的回答再次印证了他们之间的爱，"可能是因为我们在一起的时候经常发信息吧"③。

纳斯鲍姆（Nussbaum, 2013）认为，爱是一种很重要的政治情感，因此，她极力提倡用爱来避免社会分裂、减少社会分层、促进社会正义。在中国，爱还可以成为生育主体做出超越社会规范的生育选择的动力，培育其自我认同和自尊。梦儿的故事由于其伴侣在她怀孕期间意外身亡而显得特殊，但是，像她一样因为爱而将非婚生孩子生下来的例子并不少。比如，在谈到生育选择的问题上，桂花也强调了她和伴侣之间的浪漫关系，而且正是因为这种浪漫关系让她忽略了其伴侣的婚姻状况：

  当初认识他的时候，其实我也没有想太多，我也没有对他做什么背景调查，只是觉得挺谈得来，然后感觉他好像……总觉得他有像我

---

① 2015 年 1 月 24 日对梦儿的 QQ 采访。
② 2015 年 1 月 24 日对梦儿的 QQ 采访。
③ 2015 年 1 月 24 日对梦儿的 QQ 采访。

爸爸的那种笑容，这点让我感到很亲切，而且开始他给我的感觉也是挺浪漫的……比如说他可以在中山大学的珠江边上当众把你抱起来，然后能在那儿打几十个转不喘气啊。哎呀，当时觉得……这可能就是我心目中想要的那个人，初识的感觉是这样的嘛，所以对他我没有很深入地了解，因很感性的喜欢就在一起了，就这样，初识的时候感觉很不错。①

实际上，在未婚妈妈百度贴吧里，笔者也经常看到这样的帖子。有未婚妈妈询问自己是否应该为了爱而生下私生子。"不舍得"和"爱"都属于人类积极可贵的情感，也是关系性的情感，展现了一个人对另一方的关心和在乎，这两种情感都是道德的而且是非经济的，也由于这些积极情感的支撑，未婚妈妈的生育选择具有了道德性。

（三）经济独立

随着社会不断发展，女性就业率提高，新时代中国有很多女性即使不靠伴侣也照样可以承担起照顾孩子的经济责任。经济独立给予女性更多的选择自由，包括生育选择自由。前述提到的桂花的故事，实际上除了对于伴侣的爱之外，桂花生下非婚子还有一个很重要的原因便是其自身的经济实力。正如她所说：

> 反正认识了，感觉他挺不错的，我们就在一起了。然后就孩子嘛……他就问我想不想要这个孩子，我就说如果户口能上就要呗。他说那恐怕你得自己养啊，我说应该没问题吧。就这样把孩子生了。反正我经济上比较独立，依赖自己，户口是他帮我上了，后面就是闹的过程……之前我也没想那么多。我觉得因为喜欢嘛，就生呗，然后有了也觉得那是条小生命嘛，也不想……因为他的情况，他本身就有个家庭的嘛，也不可能给我们什么。然后他的经济能力也不是太好，在经济上我可能比他还强一些，所以就这样了。我的情况跟很多人不一样，有的可能是男人有某种需求啊，然后经济上的一些愿意跟不愿意嘛。我们是属于感情上的事儿，就这样。我也很喜欢小孩嘛，我也没

---

① 2014年11月19日对桂花的电话采访。

想过……我觉得自己行,当时就没有想太多,总觉得有能力抚养他。①

和经济上完全依靠伴侣的"二奶"不同,桂花作为一个国际公司的财务总监,在深圳过着非常优渥的生活,通过投资也积累了很多财富。因此,即使她伴侣说他不能为抚养小孩提供经济上的支持,她也觉得无所谓。爱和自身的经济能力让桂花选择了生下非婚子。根据桂花的讲述,她陆陆续续借给了她伴侣100万元来还他的债务,还给了他老婆10万元——因为他说只要给他老婆10万元,他老婆就会答应离婚。可是,在他老婆拿到10万元之后又出尔反尔,最后并没有离婚,甚至她伴侣也搬回了他老婆的家。逐渐地,桂花变得心灰意冷、失望至极,而她对她伴侣的爱也逐渐被消磨殆尽。可是,由于她的身份在法律上并不受保护,而且她诉诸法律后她的伴侣还有可能因为重婚罪而被判刑——她于心不忍,因此桂花借给她伴侣的钱一直没能收回。此外,桂花还整天遭到其伴侣老婆的人身攻击。

桂花所具有的经济实力在未婚妈妈群体里可能属于比较特殊的,她被其伴侣骗了100万元让她的案例也比较不同寻常。但是,因为经济独立而决定生下未婚子的未婚妈妈并不少见。和普遍认为的未婚妈妈生下未婚子是为了获得伴侣的钱财不同,这些未婚妈妈是因为经济独立做出了生育选择。

(四)被欺骗的受害者

在未婚妈妈群体中,被骗"育"的案例也不少。这些未婚妈妈在怀孕前不知道其伴侣的婚姻状况或者其伴侣隐瞒了自己的婚姻状况。因此,在某种程度上这些未婚妈妈也是受害者,被其伴侣利用了自己的身体和子宫,是男权关系下的牺牲者。接下来,笔者将讲述丹和格子的故事,通过她们的故事来展现性别、受害与能动性之间的关系。

我们就是2011年的时候,在寺庙,一些寺庙的庙会不是有一些活动嘛。我们呢,就是在里面帮忙做义工的时候认识的。他也是我们

---

① 2014年11月19日对桂花的电话采访。

广州这边的，本地的，而且也不是隔得很远。当时，我也不知道他是已婚的，因为他比我大八九岁吧。他说因为他的前妻不能生育，所以他已经离婚了，然后交往的过程中呢，他的父母已经不在了。那时候，我也见过他的一些亲戚，就是他那些姐姐啊，他们也没有告诉我。他们一家人一起隐瞒着我。①

一开始丹就讲述了她是如何认识她伴侣以及她伴侣和伴侣的亲戚是如何一起欺骗她的。丹这样继续讲述她的故事：

我是做会计的，平时很少出去玩，就是生活的圈子比较小，人也比较……没什么心机那种。也是想着他是我们本地人，应该不会骗我，也见过他的家人，所以我对他就比较相信。他的意思就是说，要怀孕了以后才结婚，因为以前那样子，他妻子又不能怀孕，而且因为他哥是公务员，生了一个女儿就不能生了。他呢，父母走的时候，唯一的心愿就是要有一个孙子。所以就是他必须要我怀孕了之后才能结婚那种……那我也比较相信他啦，然后后面就怀孕了。怀孕之后呢，我就发现有点不对劲了。②

如她伴侣所愿，丹很快怀孕了。让丹生气的是，她发现她伴侣实际上并没有离婚，但丹还是决定留下这个孩子。其原因可以体现在丹下面的叙述话语中：

我发现他没有离婚呢，是在生之前，但是已经没办法了，因为小孩已经有了嘛，又不想去打掉。因为也是去拍片了，是个儿子，所以他们一家人呢也是各种哄，然后就对你很好啊。后面我发现他妻子的那个QQ，我就发了一封邮件给她。我问他，他不承认嘛。我问他姐姐，都不承认嘛，就说我自己乱想啊。然后我就给他妻子发了一封邮件，我问她知不知道这些事情啊，她说完全不知道。然后她就骂我啊，反正什么难听的话都说了。后面我就把孩子抱回自己家里面去了

---

① 2014年11月11日对格子的电话采访。
② 2014年11月11日对丹的电话采访。

嘛，因为那时候要带小孩，也没办法上班，反正都是用自己的积蓄……因为我也不想破坏他的家庭。反正孩子的话，如果他想认的话，就必须给生活费；如果他不想认的话，我就自己养咯。①

丹的故事显示出男性为了实现他们理想的家庭组合、人数和性别结构，会通过欺骗的手段操纵女性的子宫，有时候甚至男人的亲人也参与到这种欺骗和操纵中来。而从怀孕过程中拍片显示胎儿为儿子因此她伴侣一家人极力劝丹留下这个孩子这一现象中，则可以看出中国传统的重男轻女思想在普通家庭里的延续。

格子也是被骗的受害者。"我认识他的时候也算是高龄剩女了，我们是在某婚恋网站认识的"②，这是格子对笔者说的第一句话。因为不想成为剩女，格子非常明确地给对方说她就想找个人结婚，要不然他们没必要聊天，更没必要见面。为了不被骗，格子甚至在当地的公安局查了对方的婚姻状况，直到确定对方是未婚才和他在一起。一段时间后，格子怀孕了。不幸的是，格子渐渐发现她伴侣实际上是已婚，甚至还有两个孩子。

女人都是受害者，是那个男人和他的家人太无耻了，但是真正到这个地步的时候……可能这个男人也就是心态不成熟，用他那时候跟我说的话来说，欺骗感情又不犯法。③

不过，一直以来，格子显得十分淡定：

这个男的又没有正式工作，也就是在外面打工啊，这样子。就是说做点小生意咯，还要我赔钱给他，我说我肯定不干咯。我说我不想跟你们趟浑水，小孩我自己要，你们可以不要，反正给我一定的赔偿就可以了。不想跟他们纠缠，我觉得他们那里的人人品差、素质低。因为到了这个份上，这是一种责任，我把这个孩子生下来，我不过就是被人骗了嘛，就当我蠢吧。孩子我是生下来了，我就要。④

---

① 2014年11月11日对丹的电话采访。
② 2014年11月11日对格子的电话采访。
③ 2014年11月11日对格子的电话采访。
④ 2014年11月11日对格子的电话采访。

这段经历后，格子不再相信婚姻了。正像她最后说的：

> 其实我个人对结不结婚这种事……感情上面我觉得碰到合适的就结婚，碰不到我还真觉得没必要结婚。反正孩子已经有了，感情有多可靠没人知道。但是，孩子的话怎么选择都是无怨无悔的，而男人随时都在变，也许通过这件事情，以后对结婚这件事我不抱太大的奢求。①

埃文斯（Evans，2002：348）在她关于20世纪50~70年代中国妻子的档案研究中发现，虽然妻子在角色和位置等级中被给予新的身份地位，母亲身份/母性（motherhood）对于所有中国女性来说仍然是可求的身份。与此相应，不孕不育的女性在中国会遭受很多耻辱。汉特沃卡（Handwerker，1998：184）在其关于中国未婚未育女性的研究中指出，"现在中国人口调查、计划生育政策和收养实践使不孕不育的女性被视为'不正常的'或者'异常的'"。因此，对很多未婚妈妈来说，她们选择生育也是为了摆脱不孕不育的耻辱。丹和格子都是受骗者和受害者，但正是她们的被骗成为其生育选择的道德基础。被骗和上面所说的宗教、正面的人类情感以及独立的经济能力都成为未婚妈妈宣称其选择正义的前提。

在这一小节，笔者探索了未婚妈妈的自我认同和自尊的建构，以此来挑战社会上普遍认为的未婚妈妈——尤其是"二奶"或者"小三"是道德沦丧或者金钱至上的群体的观念，展现了未婚妈妈的选择中所蕴含的复杂原因以及她们所处境况的复杂性。她们的故事表明了未婚妈妈群体的多元性和异质性，同时体现了将未婚妈妈视为负责任的、有同情心的、有爱的以及独立的女性的必要性。当然，未婚妈妈的道德自我认同是通过自己的语言表达出来的，而在一个未婚母亲耻辱感很难消失的社会境况里，推动自我认同、自尊和自信是提升女性生育能动性的第一步。

五 总结

本文通过援引未婚妈妈的生育故事，挑战了传统的将未婚妈妈描述为

---

① 2014年11月11日对格子的电话采访。

道德沦丧和金钱至上的群体的观点,并且考察了未婚妈妈如何通过讲述自己的故事来发挥生育能动性。未婚妈妈对于道德能动性的发挥具有语言性——通过语言行为来摆脱自己在社会上的羞耻称谓。从文章所涉及的未婚妈妈的故事中可以看出,未婚妈妈做出僭越性生育选择的原因是极为复杂的。未婚妈妈可能因为很多原因生下孩子,比如自己的宗教信仰,对胎儿的不舍得,对伴侣的爱,自己经济独立完全能够承担照顾孩子的责任而不用考虑其他因素,受到欺骗等。与此同时,这些未婚妈妈的语言解释也展现了她们持有的自我价值、自尊以及自我承认。

未婚妈妈在中国是非常规的,因为她们僭越了计划生育政策以及性和生育的伦理,她们的选择展现了生育和抚育孩子却并不一定走向婚姻的可能性。尽管有些未婚妈妈仍然无法摆脱传统的男孩偏好和对于本质性母性的追求,她们的选择依然具有跨时代的意义。20世纪90年代,在中国香港,有人建议用刑法来惩罚那些包二奶的男性,但是,这一建议很快就被拒绝了,主要是因为很难定义"二奶",而且也很难确定包二奶的男性(Tam,1996:126)。当时本地性观念比较开放、性行为比较随意,导致情侣关系的流动性比较大,香港对婚外情以及婚外生子一直没有明确的法律限令。改革开放以来,内地的性观念也逐渐开放,可是生育政策却没有随着人们性观念的开放而进行改革。随着非婚怀孕情况的逐渐增多,未来应该给予单身女性和已婚女性同等的生育权,并且逐步使未婚妈妈去歧视化。这不仅有利于保障单身青年的生育和婚姻选择权,也有利于消除对于非婚生子女的歧视,保障其正当权利。

参考文献

Branigan, T., 2014, *For Chinese Women, Unmarried Motherhood Remains the Final Taboo*, http://www.theguardian.com/world/2014/jan/20/china-unmarried-motherhood-remains-final-taboo.

Butler, J. 1993, *Bodies That Matter: On the Discursive Limits of "Sex"*, New York: Routledge.

Butler, J. 1997, *Excitable Speech: A Politics of the Performative*, New York: Routledge.

Chen, F. 2017, "Gender and Corruption: The Cultural Script, Narratives, and Contentions in Contemporary China," *Modern China*, No. 43.

Evans, H. 2002, "Past, Perfect or Imperfect: Changing Images of the Ideal Wife," in Brownell, S., Wasserstrom, J. N. (Eds.), *Chinese Femininities, Chinese Masculinities: A*

Reader, Berkeley: University of California Press.
Friedman, M. 2003, *Autonomy, Gender, Politics, Studies in Feminist Philosophy*, Oxford: Oxford University Press.
Goffman, E. 1968, *Stigma: Notes On the Management of Spoiled Identity*, Penguin Books, Harmondsworth.
Handwerker, Lisa. 1998, "The Consequences of Modernity for Childless Women in China: Medicalization and Resistance," *Pragmatic Women and Body Politics*, edited by Margaret M. Lock and Patricia A. Kaufert, Cambridge Studies in Medical Anthropology 5, New York: Cambridge University Press.
Hirschmann, N. J. 2003, *The Subject of Liberty: Toward a Feminist Theory of Freedom*, Princeton, NJ: Princeton University Press.
Hong, Brendon. 2014, "China's Concubine Culture Lives On in Mistress Villages," http://www.thedailybeast.com/chinas-concubine-culture-lives-on-in-mistress-villages.
Madhok, S. 2013, *Rethinking Agency: Developmentalism, Gender and Rights*, New Delhi: Routledge.
Mahmood, S. 2005, *Politics of Piety: the Islamic Revival and the Feminist Subject*, Princeton: Princeton University Press.
Manion, J. C. 2003, "Girls Blush, Sometimes: Gender, Moral Agency, and the Problem of Shame", *Hypatia*, No. 18,
Nie, Jing-Bao. 2005, "Behind the Silence: Chinese Voices on Abortion," *Asian Voices*, Lanham, MD: Rowman & Littlefield Publishers, Inc.
Nussbaum, Martha Craven. 2013, *Political Emotions: Why Love Matters for Justice*, Cambridge: The Belknap Press of Harvard University Press.
Stark, R., Liu, E. Y. 2011, "The Religious Awakening in China," *Review of Religious Research*. Vol. 52 (3).
Tam, Siumi Maria, 1996, "Normalization of 'Second Wives': Gender Contestation in Hong Kong," *Asian Journal of Women's Studies*, Vol. 2, No. 1.
Taylor, G. 1995, "Shame, Integrity and Self-Respect," in Dillon, R. S. (Ed.), *Dignity, Character, and Self-Respect*, New York: Routledge.
Xiao, S. 2009, *China's New Concubines? The Contemporary Second-wife Phenomenon*, Berkelay: Oniversity of California, 2009.
Xiao, S. 2011, "The 'Second-Wife' Phenomenon and the Relational Construction of Class-Coded Masculinities in Contemporary China," *Men Masculinities*, No. 14.

（原载《天府新论》2021 年第 1 期，本文在原基础上有所删改）

女人当家?

——单身生育和性别角色的重新协商

高晓君 魏 伟[*]

摘 要 本文关注第二次人口转变背景下中国社会出现的中产阶层女性主动自愿的单身生育实践,探讨转型社会背景下女性性别角色的变迁。基于对22名未婚生育的异性恋都市女性的深度访谈发现,单身生育是中国社会个体化进程的产物,体现了这些女性对传统性别角色的挑战和自我意识的觉醒。在育儿保障缺乏和代际联系紧密的情况下,原生家庭接纳并支持女儿的单身生育选择,协助这些女性进行抚育照料。本文认为单身生育体现了个体主义和家庭主义之间的协商和融合,并重新塑造了女性对家庭内外不同性别角色的认同。

关键词 单身生育 女性 第二次人口转变 性别角色变迁

一 研究背景

2021年3月3日,"三八国际妇女节"前夕,张萌在单身生育微信群里发了一个截图,内容是一笔银行交易,交易类型为生育金。随后群里发出欢呼和庆祝的声音。一位群友在群中表示"社会的进步,早该如此了"。更有群友在群中发出了红包,表示"不只是为自己在争取,也是为

---

[*] 作者高晓君现为华东师范大学社会发展学院社会学系2018级硕士研究生,魏伟现为华东师范大学社会发展学院社会学系教授、博士生导师。

了所有的单身妈妈""砥砺前行才取得的巨大进步"。生育金申领成功的背后，是张萌因未婚生育而与生育保险"死磕"的持续五年的行政官司之路，这一抗争几乎可以被称为现代版的"秋菊打官司"。2017年，张萌在法定单身的情况下生育了小孩，未能提供计划生育情况证明，不符合生育保险申请要求，生育金申领因此遭拒。张萌后续向上海市浦东新区人民政府、浦东新区人民法院、上海市高级人民法院、上海市人民检察院提起行政复议和诉讼，历经一审、二审乃至申请再审，几乎穷尽了所有司法救济途径。在生育保险诉讼处于僵局的状态下，现实中生育保险申请却悄悄出现转机。回到开篇那一幕，张萌在2021年再次通过网上申请生育金，不同以往，申请环节流畅地走了下去，并最终通过银行转账收到一笔不菲的生育金。

张萌是我们此项研究访谈的选择单身生育的女性之一。单身生育指向法定单身状态下的女性生育行为，即发生在婚姻之外的生育行为。目前学界使用与"单身生育"意义相似的学术术语，包括"非婚生育"、"婚外生育"和"未婚生育"等。[①] 这些术语时常出现在法律规定和公共政策的分析中，以婚姻状况用于区分婚姻内外生育子女遭遇的不同制度安排和福利保障，不仅具有浓重的婚姻本位色彩，而且对当事人存有不同程度的污名化。相比之下，单身生育以单身作为生育的定语，侧重生育主体的能动性：既包含纯粹单身状态下通过辅助生殖技术进行的生育，也可延伸为存在亲密关系但未在婚姻状态下的生育行为。在田野研究中，访谈对象提及更愿意被称为单身妈妈而非未婚妈妈。因此，除了文献回顾和引用的时候涉及上述其他术语，本研究将主要使用单身生育这一术语；对于研究对象，则使用单身生育女性或者单身母亲进行指称。

单身生育是对传统的性、婚姻和生育规范的僭越。由于婚姻和生育之间强有力的政治和经济联系，以及围绕未婚母亲和非婚生子的耻辱文化观念，使得婚姻之外的生育在中国社会非常少见（於嘉、谢宇，2019）。20世纪70年代末期，计划生育政策开始实施，并被确定为基本国策，在随后数十年进一步影响了中国社会的生育观念和实践。包括单身生育在内的

[①] 尽管意义相似，这些不同的术语背后仍然存在细微差异。本文中的"单身生育"和通常使用的"未婚生育"的意义最为接近。"非婚生育"和"婚外生育"均指合法婚姻之外发生的生育行为，涉及的生育主体除了单身者/未婚者之外，还包括婚姻关系存续中的已婚者。

非婚生育，作为计划外的生育活动，遭到明令禁止。一旦违反，当事者可能面临开除公职或交纳数额巨大社会抚养费的惩罚措施（宋健，2021）。然而，在人口增长缓慢，生育率持续走低的背景下，我国政府于2015年对计划生育政策做出重大调整，减少了非婚生育的政策性束缚。① 在实践层面，单身生育行为在我国一些中产阶层女性群体中开始发生，出现愈来愈多拥有较高教育水平与社会经济地位，主动自愿做出单身生育选择的未婚母亲。② 这些和张萌一样新近出现在中国城市社会中的单身生育女性，正是本文的研究对象。成为母亲，不仅是个体自主权利的行使，更与政治、经济和社会文化结构交织嵌套，受到现代婚姻和生育制度发展与变迁的影响。本研究通过聚焦都市中产阶层女性单身生育实践过程，探究当下中国社会单身生育的图景及其逻辑，并试图以单身生育为棱镜，进一步展现中国社会转型过程中性别关系的变迁。

二 文献综述

（一）女性的性别角色张力和多元生活选择

历史学家塔尼·巴罗（Tani Barlow）追溯中国社会的性别概念，认为在传统中国没有女性作为性别属性的认知性概念，而是以家庭生活和亲属关系中的女儿、妻子、母亲角色身份存在（Barlow，1994）。20世纪初期受到西学东渐的启蒙，女性的概念在"兴女学"和治家兴国的背景下被提出并使用。"五四运动"掀起了性别革命、家庭革命与救国图存的浪潮，一部分受过教育的女性从私人家庭走入公共生活，从此开启了女性作为现代社会中的独立个体，而非传统社会中母亲、妻子、女儿等性别化身份进入公共领域的历程（Brownell & Wasserestrom，2002；卢淑樱，2020）。新中国成立之后，男女平等作为国策得以确立。在"妇女能顶半边天"的感召下，妇女不再局限于家庭内部的再生产劳动，也迈进公共领域从事生产性劳动。尽管女性的两种性别角色之间存在张力，这一时期城市社会

---

① 2015年国务院办公厅出台《关于解决无户口人员登记户口问题的意见》的举动为解决"黑户"问题提供了依据。
② 例如2019年新京报《到海外选精生子的单身女人》一文呈现新式非婚生育故事，描述了中产阶层女性的新式生育叙事——赴海外选精生子的故事。

中单位制之下的对生育、健康、教育和养老等的福利提供，在一定程度上缓解了此种张力（Evans，1997）。

女性在私人领域和公共领域之间面临的性别角色张力，在中国社会向市场经济的转型过程中进一步加大。一方面，对于市场经济的参与使女性获得了自主流动和提升收入的机会，她们向往个体职业成功和经济独立；另一方面，现实社会规范仍然期待女性承担家庭照料的工作，特别是在单位制解体的背景下，原有的福利提供逐渐私人化和市场化，只能由个体家庭承担和解决的照料责任更多地落在女性的肩上。转型社会给女性带来的性别角色张力，在阶层分化和城乡差异的交互影响下，呈现了更为复杂的图景（Song & Ji，2020）。农村地区和受教育程度较低的女性仍然遵循进入传统性别规范下的家庭生活路径，更多承担家庭主妇的职责。尽管性别角色规范在城市地区以及在教育程度高的女性群体中有了更多松动，她们却挣扎于个体成就期望和家庭照料责任之间，尤其是现代育儿压力极大地加重了职业女性的负担（钟晓慧、郭巍青，2018；陈蒙，2018）。

个人发展和家庭团结之间并非只有冲突，也可能同步实现和彼此促进。处于深刻变迁之中的中国家庭尽管核心化的态势稳定，不同代际家庭成员之间的紧密性、亲密性和相互依赖似乎有所强化。代际团结在家庭内部呈现高度的韧性，特别是对社会保障缺位之下育儿、养老和照料等现实需要的应对（石金群，2016）。当代中国社会女性教育和经济机会的提升，在很大程度上受益于来自原生家庭的投入和支持。家庭通过经济资源和照料责任的分配，以不同的方式体现了转型社会性别关系的交织流变。尽管传统的父系家庭仍然占据主导地位，一个引起关注的变化是母系家庭实践的强化（计迎春，2020）。在中国一些南方省份出现了两头婚、两头走、并家婚的现象。婚居安排实行两头来往，女方的户口不一定迁到男方家中，两方根据需要决定孩子的姓氏。作为原生家庭中的独生女，女儿拥有继承财产的权利；婚姻中母系一方话语权上升，夫妻权益相对平衡，呈现双系并重的家庭面貌（黄亚慧，2014；高万芹，2018）。如果婚姻中的女性作为妻子和母亲，在应对工作和家庭的冲突中处于一个相对不利的位置，那么来自原生家庭的支持则可以使她们受益于身为女儿的角色。

女性在家庭之外的机会越来越多，而家庭内部的期望和义务变化却相当有限，两者之间的矛盾使得婚姻对于妇女的吸引力降低。受教育程度高但超过适婚年龄的单身职业女性在中国媒体报道中被贬低为"剩女"

(Feldshuh, 2018),面临自我和社会的婚育压力,但有关"剩女"的经验研究表明,这一群体中出现更具解放性的创新者类型,而且和来自原生家庭的支持也不无关系。有的大龄职业女性在亲密关系中选择经济地位较低的伴侣,并重塑自我在家庭中的话语权(To, 2013; Ji, 2015)。如果婚姻与其所追求的性别观念和职业发展相冲突,亦有女性采取不婚策略,选择非婚生活或者组建友谊团体的支持体系,以维护自我的生活自主权(佟新、马丹,2014;陈卫民、李晓晴,2020)。总的来讲,转型社会背景下家庭代际团结与女性个体日益增加的自我追求之间有着复杂交织的联系,在塑造新的性别角色冲突与紧张关系的同时,也促成部分女性在异性恋婚姻家庭的主流道路之外,拥有了更多的生活选择。

(二) 社会分层和变迁视角下的单身生育

未婚生育经常以一种遇人不淑与堕落女性的形象呈现,而私生子的观念则有浓厚的道德意味。即便在未婚生育更为常见的西方国家,社会公众对单身妈妈多持负面印象,如教育水平低下、能力不足和福利依赖等(Seccombe et al., 1999)。这类母亲被认为是体现了一种不负责任的母职,她们往往在年龄较低的时候未婚先孕,工作不足以支撑养育所需,需要公共援助和私人网络的支持。她们养育的孩子在成长中面临更多问题,需要政府和社会的福利援助。未婚母亲作为一种社会问题,成为西方福利制度关注焦点之一,集中体现了处于性别、阶级、种族多重不平等交织之下的女性贫困境遇(Mannning & Lamb, 2003)。

20世纪80年代以来,西方国家出现了一类完全不同以往的未婚妈妈。数据显示,这一时期受过高等教育的女性不结婚但成为母亲的比例翻了一倍以上;从事专业工作或具有管理职位的女性中,这一比例增加了近三倍。这些主动选择单身生育的中产阶层未婚母亲,受教育程度相对较高,多为职业女性,经济独立有保障;年龄相对更大,生育时在30岁以上,生育决策更为自主,同时有着相关组织机构的咨询支持。[①] 对于新一

[①] 最典型的机构为 Single Mothers By Choice Organization(选择成为单身母亲组织)。这一组织于1981年在纽约成立,是一个全国性组织,在27个州有地方分会,成员名单遍及全美50个州。该组织向正在考虑或者已经选择成为单身母亲的女性提供支持(包括提供信息和建立联系)并为这些母亲的子女提供一个同龄人团体,以及向公众澄清对选择成为单身母亲的误解。

代的未婚母亲,早期研究关注了她们选择单身生育的路径及其影响因素、单身生育母亲身份的合法性建构以及家庭中没有父亲的应对策略(Bock,2000;Hertz,2006)。近期研究则进一步把非婚生育列为第二次人口转变的显著表现之一。第二次人口转变指西方一些国家在经历第一次人口转变(低出生率、低死亡率的人口转变趋势)后显现的初婚年龄推迟和同居率、离婚率、非婚生育率上升等变化,是解释全球家庭领域变化的主要理论框架之一(Lesthaeghe,2010)。就非婚生育率而言,根据2018年的数据,经合组织国家中平均有41%的新生儿为非婚生育;在北欧和西欧地区的部分国家,如丹麦、法国、冰岛、荷兰、挪威、瑞典,非婚生育率超过50%(OCED,2019)。第二次人口转变的到来,与政治民主化进程和物质条件改善后个体的自我实现需求相伴而生。避孕技术的发展、性革命与性别平等运动,特别是其中女性力量的崛起,同样起到推动作用,带来情欲解放和亲密关系多元化。个体亲密关系更加注重情感本身而非以往的婚姻文化规范;不同生活方式和相处模式并存,婚姻不再是必需品,而只是生活方式之一(Cherlin,2006;2020)。

目前国内有关单身生育的研究以理论研究为主,涉及对单身生育权的探讨和人口政策的分析(于晶,2021)。少量实证偏向农村地区未婚先孕的状况,显示现代婚恋观的变革提升了对婚前性行为的宽容度,但独生子女政策影响下的男孩偏好也在其中发挥作用(卜玉梅,2008;陈红霞,2012)。近期研究呈现了未婚母亲群体的多样性,关注她们寻求社会支持和挑战社会歧视的行动(Zhao,2018;高碧叶,2021)。另外一类单身生育研究则更具先锋色彩,即同性伴侣作为法定单身人士的生育实践,包括这些家庭的亲缘建构、代际照料与社会适应(魏伟,2016;魏伟、高晓君,2020)。尽管中国社会正在经历第二次人口转变,但作为西方国家此次人口转变显著特征的非婚生育,在包括中国在内的东亚地区甚为少见。2018年经合组织数据显示,日本未婚母亲登记生育的比例仅为2.3%,韩国为2.2%,位列经合组织国家末尾(OCED,2019)。研究者认为东亚儒家文化圈内强调婚姻和生育的联系,围绕未婚生育的耻辱文化观念以及法律政策歧视(包括中国过去的计划生育政策)共同造就了这一区域非婚生育率的低下(於嘉、谢宇,2019)。在中国人口增长乏力,生育率持续走低的背景下,国家对人口政策进行了重大调整,先后出台了全面"二孩"和非婚生子合法落户一大一小两个政策,减少了单身生育的政策性束缚（王向贤，2017）。人口学家则预计，随着中国第二次人口转变进程的深入，不仅结婚年龄继续推迟，同居、离婚和不婚更为常见，预计单身生育也会增加（谢宇，2021）。

改革开放以来中国社会和经济的变迁，独生子女政策以及性别平等运动为女性带来了深刻的变化，她们在家庭内外的生活中有了更多的选择，并且重塑性别关系。然而，女性仍然在个体期望与社会和家庭的角色期待之间艰难取舍和平衡，对于中产阶层女性尤其如此（Song & Ji, 2020）。单身生育作为新兴议题，正是在中国社会复杂的人口结构、性别关系与家庭机制深刻变迁和交互影响的背景下出现的。本文聚焦中国城市中产阶层异性恋女性单身生育决策过程的行动与叙述，提出以下研究问题：女性根据自身情况和需求在何种情境之下开启单身生育实践？她们怎样动员各种资源达成生育与养育的目标？通过这一实践，女性主体性如何与父权制社会文化展开互动，进而重塑了她们的性别角色观念？

三 研究介绍

由于单身生育在国内属于小众议题，如何找到合适的访谈对象成为研究初始最具挑战性的问题。我们通过搜索网络信息接触到两个社群组织，但参与者并不符合我们确定的研究对象的要求。幸运的是，通过其中一位参与者的介绍，我们找到了研究的关键人物张萌，当时她已经组建了一个未婚母亲的微信群，其中的一些参与者成为我们研究的访谈对象。后来，我们又加入了一个关注多元家庭的网络社群，认识了更多中产阶层背景的单身生育女性。

本文的研究方法以半结构式访谈为主，辅以家庭场域中的田野观察与网络民族志。从2018年12月至2020年12月，本文第一作者对21位单身生育女性进行了面对面的访谈，地点为咖啡馆和餐厅等公共营业场所。访谈使用了半结构化访谈提纲，引导访谈对象讲述自己的生命历程，每次访谈用时1~3小时。访谈对象主要生活在经济发达的北京、上海、广州、深圳和东部其他省会城市，年龄在27~43岁，大部分的生育年龄在30岁以上。她们的受教育程度多为本科，不乏硕士和博士，从事管理、科研、法律、个体经营等工作，年薪多为20万元~30万元。所有访谈对象的基本信息参见表1。为了保护研究对象的隐私，除了关键人物张萌使用的是媒体报道中的姓名，本文中的其他受访者使用的都是化名。

表 1 访谈对象基本信息

名字	年龄（岁）	子女年龄状况（岁）	城市	学历	工作行业	年薪（万元）	访谈时间
Ada	35	孕期	深圳	博士研究生	金融	50~60	2019.9
Wendy	35	1	深圳	硕士研究生	研究员	30~40	2019.9
Inn	30~35	1	广州	本科	互联网	30~40	2019.1
阿纯	35	1	北京	本科	民企	30~40	2019.10
Zoe	35	1	上海	本科	外企	30~40	2020.7
张萌	41	3	上海	本科	财务	20~30	2019.3
雷娜	30	4	深圳	本科	地产	20~30	2019.8
Niki	30~35	9	深圳	本科	民企	20~30	2019.8
Fanny	33	孕期	长沙	硕士研究生	国企	20~30	2019.8
Luna	38	1	济南	本科	人力资源	20~30	2019.9
Mandy	33	1	深圳	本科	设备采购	20~30	2019.9
Carol	30~35	5	深圳	本科	国际采购	20~30	2018.8
Alice	30~35	1	上海	硕士研究生	研究员	20~30	2019.6
Lily	27	1	广州	本科	服装批发	20~30	2019.9
Lee	30~35	1	广州	博士研究生	博士在读	10~20	2019.10
小植	31	3	上海	本科	广告	10~20	2019.3
Hedda	33	3	上海	本科	文化产业	10~20	2020.7
Sophie	31	1	郑州	本科	国企	8	2019.10
悦乐	27	1	广州	本科	会计	8	2019.9
夕姐	38	1	大同	初中	个体经营	5	2019.10
Eve	31	备孕	深圳	硕士研究生	法律	10~20	2019.10
羽姐	42	备孕	北京	博士研究生	国企	40~50	2020.10

深度访谈之外，本文第一作者在研究过程中也尽可能进入访谈对象的生活情境中。除了主要居住地上海，她在广州和深圳进行了为期6个月的田野调查。外来短居者的身份，使研究者收获了不少访谈对象的照顾，时

常受邀一起聚会逛街。几位访谈对象还邀请她在家中居住一段时间，得以近距离与其家人相处。为了便于日后的联系和接触，她与所有访谈对象都加了微信，不仅可以通过朋友圈更新了解对方的生活状态，也能够在私人互动中询问相关问题。通过线下访谈和线上交流，对于研究对象的了解更为丰富和立体，并可对收集的研究信息进行不同角度的印证。

四 婚姻之外的自主生育之路

在中国目前亲密关系、婚姻和生育仍然紧密联系的背景下，单身生育实践挑战了主流的性别和家庭规范。我们研究中的女性并非一开始就坚定地选择单身生育的道路，更多是与社会转型过程中既交织又冲突的新旧规范进行协商的结果，而中产阶层背景赋予的经济、文化和社会资本则使展开此种协商成为可能。虽然这些女性没有进入婚姻，但实际上的亲密关系状态却相对复杂而多元，并在不同程度上形塑了她们对于单身生育的选择。

羽姐家境良好，本科、硕士和博士皆就读于国内名校，毕业后进入专业领域内的国企工作，事业上进取心十足，已经是重要部门的中层管理人员。她在北京拥有自己的房产，年薪加上各种投资收入超过 50 万元。羽姐并非没有考虑过婚姻，但她表示一路走来没有遇见合适的人。尽管其他条件俱佳，年龄成了羽姐在婚恋市场上的劣势。

> 女性过了30岁之后整个择偶空间特别小，比如说相亲，我的领导和同事们也给我介绍，即便是这种工作场合介绍的人都是比我低好多的……我自己的工资收入加上资产性收入能够让我过得很舒服，而我见过的每一个选择，都会把我的精神生活、物质生活严重拉低。（羽姐）

羽姐始终认为读书和工作是重要的事情，尽管优异的学业表现和职场成就可能对择偶造成了限制，但无疑也赋予了自己生活的自信心与安全感。

> 好多女性可能认为现在你的年纪有人肯要你就不错了，你还挑什

么挑？我觉得我要我喜欢的，没有的话我宁缺毋滥。身边有一些小伙伴接受没有感情，只要能搭伙过日子就行，我不接受。我还是希望有爱情，就像李银河说的，如果要爱情就要做好终生独身的准备。（羽姐）

羽姐没有因为年龄劣势而降低对结婚对象的标准，但婚姻市场的不顺利，让她对遇到合适男性已经不抱希望。2018年在机场偶然看到一则辅助生殖广告，羽姐开始琢磨起单身生育的事情，并自此迈向单身生育的实践之路。

不同于羽姐绕过恋爱和婚姻直接成为单身母亲，在婚前的亲密关系中怀孕是大多数受访者经历的境遇（李文珍，2020）。多数女性在对结婚抱有期待的情况下怀孕，而后由于伴侣双方或各自家庭产生种种摩擦和碰撞而中断了婚姻的进程。Mandy接受访谈的时候33岁，和男友有两年多的感情，关系一直稳定。她在怀孕之后和对方家庭商讨结婚事宜时，男友的妈妈却提出了要先验定小孩性别之后再谈论结婚事宜。Mandy认为这样太不尊重自己，因此直接拒绝结婚。后续孕检时得知孩子性别为男，男友家庭提出200万礼金与房子赠予作为彩礼，希望促成婚姻，但是Mandy不为所动。

你得想一想，需要付出多少代价？万一以后有一天我离婚，必须得去抢小孩……我不想去增加自己的风险，不想因为一点钱去给自己添加无数的困难，可能你最后要把这些钱吐出来，甚至给别人倒贴。他母亲对于法律这块儿意识比较深刻，连赠与这种法律字眼都抠得很细。对她所在意的事情上，我看到的不是愿意给我多少钱，而是我还会付出多少代价。（Mandy）

婚姻风险成为Mandy考量的重要问题。对方在胎儿性别检测前后态度的反转，让她感到自己对男友家庭来说并不重要，孩子才是最重要的。Mandy拒绝进入婚姻，除了婚姻风险，也认真考虑了未婚生育的现实问题。她经过咨询和调研，发现孩子落户不成问题，可能会被征收社会抚养费。但她最终决定即使要被罚款，也要一个人生下小孩。最终Mandy没有缴纳罚款，顺利为宝宝办理了落户手续，并且拿到了生育保险。

在深圳工作的 Wendy 有海外留学经历，通过朋友介绍认识现在的伴侣，在一起已经两年。因为感觉自己喜欢小孩，Wendy 有了要小孩的想法，也认为具备生育和抚养子女的身心条件，但并不打算和伴侣成婚。和伴侣沟通之后，两人达成了共识。谈及选择未婚生育的理由，Wendy 解释首先是经济自由，每月工资四五万，"一个阿姨不够请两个，工资请三个阿姨也是够的。"从感情上讲，两人尽管现在是伴侣，日后出现感情变动也是有可能的。"这是双方的自由，不必用婚姻捆绑彼此。"Wendy 和伴侣的关系定位是终身好友，同时是也是孩子的父亲和母亲；平时各人忙于自己的事业，约定 50 岁以后一起养老。Wendy 对于亲密关系有自己的认知与反思，认为婚姻若无必要就不需存在。随着人口政策的调整，后续孩子落户和教育等问题不会遭遇政策性阻碍。基于这些考虑，身处伴侣关系中的 Wendy 选择了法定意义上的单身生育。在她看来，自己的实践体现了未经婚姻制度规范，更为顺其自然的生育。

中国长久以来的文化传统把生育置于婚姻的框架之内，婚姻被看作为生育服务的文化机制。参与我们研究的女性对婚姻怀有期待，然而在协商进入婚姻的过程中遭遇挑战——无论是传统性别角色的固化，还是父权家庭规范的限制，那么女性话语权的增强势必造成婚姻双方的对抗和冲突，促成她们主动或被动地中断婚姻的进程。相比伴侣关系的难以确定和把握，成为母亲对于不少女性而言还是一个不假思索的选择，是人生道路上的必经之路。除了主流文化对理想母亲的赞美和讴歌，受访对象基于自身状况对于成为母亲赋予特别的意义。

> 我觉得生孩子治好了自己很多病。以前觉得生活很虚无，各种玩其实也没什么意思；有工作但不知道自己为什么工作，状态不好，动力不够。现在觉得生活很有动力，有了小孩特别有动力，为了女儿要好好努力。（阿纯）

除了生命意义感的追寻，做出单身生育的决策，也有情感层面的需求和考量。不少访谈对象在访谈过程中提及生育给自己带来的紧密的情感联结。

> 之前有一段时间感觉很孤独，渐渐思考你人生中跟你有连接感的

那个东西是什么，她变得越来越重要了。跟你有血缘关系的一个孩子，你把她抚养长大，可能这种连接感是很难打破的。我觉得连接感很重要，倒不是说伴侣关系就一定很脆弱，但是这种跟孩子的关系我觉得是无法替代的。（Eve）

在我们的受访者看来，生育可以在自己和孩子之间建立一个能够维系终生的爱的纽带。相比于工作和婚姻中充满理性计算和不确定性，孩童成为风险社会和个体化趋势下能够寻求到的确切的情感联结（Stacey，2006）。

婚姻与生育的密切联系，在这些经济独立的中产阶层女性身上一定程度上被打破。一方面，受到现代化和个人主义的影响，女性的自我意识觉醒，婚姻的吸引力和重要性降低，逐渐成为个人选择而非人生必需品；另一方面，生物医学技术的发展和国家人口政策的调整，为婚姻之外的生育提供了新的可能。基于对个人年龄状况、经济能力和情感需求的理性评估，她们调整了自我期待和认识，放弃婚姻而转向更为看重的事情，也就是成为母亲。

五　应对父职缺场的养育挑战

异性恋女性单身生育的家庭实践，挑战了现代核心家庭的主流意识形态，也不得不面临相应的文化冲突，其中最为重要的就是父职的缺场。然而，父职在养育过程中的缺场，并不意味着父亲概念的完全消失。事实上，有关父亲的角色认知仍然萦绕在这些家庭的日常生活中。单身生育女性不可避免要考虑和回应关于孩子父亲的疑问，除了社会交往中人们的好奇和询问，更重要的是来自孩子长大的过程中提出的父亲在哪里的问题。

本研究大部分受访者在接受访谈时孩子在1~3岁，年龄偏小，尚未发出有关父亲的疑问。但是，很多女性在做出单身生育决策的时候，已经对关于孩子父亲的问题进行了充分的考虑，并且做好了相应的心理建设。对于选择海外精子银行生育小孩的羽姐来说，作为捐精者的孩子"父亲"处于完全不在场的状态。当被问到有关孩子父亲的问题，羽姐分享了之前和友人就此产生的一段对话。

之前见了一个我认识的姐姐，我就把这事（单身生育）说了，她问我那个孩子将来自卑怎么办？我说我的孩子他为什么要自卑？我的应对就是告诉他实话，这个没什么可丢人的。我对比了一下，现在遇到的各种奇奇怪怪的男性，他（精子捐助者）的确很好。然后钱的话，我自己的钱够了，我的收入水平比很多夫妻俩都高。（羽姐）

另外一位通过辅助生殖技术生育的 Fanny 接受访谈时还在孕期，关于如何应对孩子父亲的问题，她认为最重要的是母亲做好前期的自我心理建设，然后当孩子提出这一问题的时候能够坦然讲述。

> 研究者：小孩子生下来之后的话，会有什么担心焦虑的事情吗？
> Fanny：焦虑和担心的话，因为他跟正常的家庭肯定是不一样。
> 研究者：是说爸爸不在身边这件事情吗？
> Fanny：对，但是我觉得我的性格比较好，也相信他的性格会跟我差不多，没有一个好的心态的妈妈，也不会做出这种事情来。所以，我对于自己，对于我的小孩性格这方面会有信心，不会就是死气沉沉的那种。

雷娜的儿子已经上幼儿园。当问及小孩有没有询问关于自己爸爸的事情时，她调侃儿子比较傻，还没有意识到这个问题。不过，雷娜分享了儿子在幼儿园的一则经历。她曾经给儿子所在幼儿园的老师送去了一本名为《超级大家庭——各种各样的家》的绘本，希望通过这本书让小朋友们分享各自的家庭的样子。老师欣然接受了这个提议，后续也跟雷娜分享了课上发生的事情。实际上，当孩子们介绍各自家庭的时候，从他们眼中看到的家庭都是各不相同的：有的孩子说家里有爸爸和妈妈，还有自己的好朋友狗狗；有的孩子则会说我的家庭成员包括爸爸、妈妈、爷爷、奶奶、外公和外婆。而雷娜的儿子在介绍自己家庭的时候，则称自己和妈妈还有外公外婆住在一起。成人世界设想的孩子是否因为没有父亲而受到歧视或排斥的问题，很可能就被孩子轻而易举地化解。至少目前看来，父亲缺场的状况还没有成为雷娜儿子成长过程中亟须解决的问题。

除了通过辅助生殖技术生育子女的女性，父亲角色在其他受访者的实际养育过程中并非完全消失。过往处于亲密关系而怀孕的女性，或多或少会和孩子的父亲发生联系。有的父亲希望参与育儿过程，尽管和受访的女性没有结婚的打算，但是愿意以父母的身份合作育儿，比如上文提到的Wendy的育儿就是如此。这种状况相对理想，更为常见的情况是，因为伴侣双方及其家庭复杂的纠缠，导致孩子的父亲不愿意参与育儿。Lily和悦乐都是在亲密关系中意外怀孕，希望进入婚姻但最后未能如愿，男友及其家庭既不想小孩出生也不愿承担抚育责任。她们通过借助法律维护自己和孩子的权益，尽可能争取孩子的抚养费，从经济上减少养育过程的艰辛。

本研究中另外一群女性则更多考虑到后续养育过程中的麻烦，特别是可能存在的抚养权纠纷，因而尽可能减少双方的联系。受访对象都或多或少地表示，独立承担养育职责避免了他人干扰，在孩子教育和抚养问题上有更多自主权。

> 按照每个人的工资，他挣得不太少，但也没有我多，1万出头。抚养费撑死了一个月两三千，那我为了两三千每个月把小孩送过去给他。如果跟他协商，会让他父母知道，还得给他的父母，他的父母可能还会讲各种乱七八糟的事情，我就觉得你要这3000块钱太贵了。何必呢？（雷娜）

同时，避免了婚姻带来的"一揽子"义务，诸如照顾伴侣和考虑对方家庭等事情。

> 对方的不存在，和他家里人的不存在，对你来说是一种幸运。因为很多人尤其是老一辈，会干涉你的育儿；而且大部分男人回到家里，都不会用心陪孩子，要么就忙死，要么就玩手机的。一直都觉得这就是女性的，就是你作为妈妈的责任。反正我只负责"播种"，别的都不管。（Mandy）

从这群女性和孩子父亲的谈判和互动中，其背后更多显现的是单身生育母亲对自我生活和孩子养育的主导权。

不可否认，目前主流家庭生活仍然带有浓重的父权文化色彩，强调父亲角色的不可或缺，缺少父亲的家庭安排总是受到道德文化和社会管理的质疑。虽然异性恋核心家庭模式，主导了人们对于家庭的想象，但实践层面的家庭远非如此单一。这群选择单身生育的母亲以她们丰富而又不乏反思的家庭实践，挑战了传统的家庭观念，拓展了现代家庭的形态和意涵。同时不能忽视的是，本文多数访谈对象的社会经济背景，使她们能够积累足够的经济和话语资本，抵抗和解构父职必不可少的家庭文化观念，而这显然并非所有未婚生育女性所能达到的条件。

六 代际支持和母系家庭实践的兴起

在育儿社会保障缺失的背景下，不论女性是否在婚姻中，都是负责孩子养育照料的直接主体。对于职业女性而言，工作和养育往往难以兼得。本研究中的单身生育母亲也遭遇了协调工作和养育的问题，并且相对于主流核心家庭而言，她们往往承担了更多的经济压力和照料责任。除了自身经济能力和教育水平带来的能动性，来自母系家庭的照料支持同样发挥了重要的作用。本研究的访谈对象多为成长在城市中的独生子女，父母从未吝啬给予女儿教育上的投入和日常生活中的照料。这种付出和投入，并没有因为女儿成年之后经济独立而停止；父母继续在人生经验和经济层面支持女儿，包括买房这样的大宗资产投入（Fong，2002）。在单身生育这一问题上，绝大多数访谈对象在生育之后都获得了父母提供的照料支持。

上文谈到的取消婚约的 Mandy 是典型的南方女生，精致可爱，声音不大但底气十足，条理清晰，分外坚定。讲话自带气场的她唯独在讲到父母对自己的支持时，声音哽咽，几度落泪。Mandy 非常感恩父母，觉得自己非常幸运，父母是自己单身生育的最大底气。

> 谁帮我带孩子（的问题），在我们家基本上不存在，因为我确定我妈会帮我带，只要我愿意生。因为我父母是很疼爱我的，我是独生女……我所有的理所当然都来自我的父母，所有的坚定也来自我的父母，我觉得我不怕。哪怕我养不起，哪怕我碰到什么困难，我的父母和家人都会帮助我。他们给了我很大的底气，就是那种与生俱来的。（Mandy）

孩子出生之后，考虑到孩子的日常照护，Mandy 和父母居住在一起，共同照顾孩子。孩子的奶粉和衣物等花销主要是她自己负责，日常照料则是双方搭配进行。产假结束，Mandy上班之后，父母逐渐成为实际照料小孩的主力。孩子的户口落在她这边，没有填写父亲名字，姓氏也随自己。父母帮忙照料孩子，Mandy很放心，还可以尽情享受自己的个人生活，包括和姐妹聚会以及短途旅行。

谈到自己的生育和照料安排，Mandy发出如下感言：

> 我也庆幸自己的决定，因为这样子有更多的时间去陪父母。很多人都说有了另外一个家庭之后，需要顾及自己的家，还有公公婆婆什么的。现在这样会让你毫无顾忌地去做你自己想做的事情。儿子他们带，我妈的说法是我儿子给他们带来了很多快乐。我一开始很愧疚，觉得不应该由他们为我的错误买单，但他们说没有，你看多好？（Mandy）

原生家庭的支持和自身足够的能力，使Mandy得以获得不依从父权规范而自我掌控生育的选择。儿子落户在Mandy这边，同时借助父母实现孩子的照料和抚育安排，形成随母姓和从母居的家庭结构。独生子女政策强化了女儿与原生家庭的情感联结和经济支持；伴随这种紧密的代际互动和联系是女儿赡养责任的增加（计迎春，2020；许琪，2015），也体现在Mandy对生活的考量和未来的安排中。

32岁的小植在上海从事广告行业，四年前和当时的男友意外怀孕，但男友并不希望就此进入婚姻。小植本打算去做流产，但和母亲商量后，决定留下孩子。提及征询父母的意见，一方面父母担心流产的身体风险，另一方面则与香火传递有关。

> 因为我们家里全是女孩，也没有弟弟，所以就是家里养一个小孩也可以。加之我父母常年在外面上班，所以相比其他人可能也没有那么封建。（小植）

与小植父母想法类似，也是受到传宗接代观念的强烈影响，夕姐的父母能够在女儿未婚生育中妥协的原因之一，就是可以生育一个跟随女方姓氏的孩子。

生下男孩来也是我们家的香火。自从打算生了之后，我们一家人也没有在语言上刺激过我，让我添堵。孩子出生之后，家里人特别有耐心。我爸也照顾他，受不了小孩哭一声。比如我儿子想玩，我就说去找爷爷，爷爷想宝宝啦，然后就抱过去找我爸帮我看一下孩子。（夕姐）

传宗接代并非小植和夕姐决定独自养育小孩的初衷，但是最终意外达成了女儿与父母围绕单身养育的代际和谐。孩子出生以后，由于她们仍然需要工作，父母成为养育照料孩子的重要支持力量。

中国现代化的进程中，特别是计划生育政策的推行，促成了母系家庭实践的兴起。在迈上单身生育的道路上，大部分受访对象与原生家庭同舟共济，紧密相连，来自父母的隔代照料是孩子养育过程中最为重要的支持策略。母系家庭的代际支持既体现了两代之间的亲密交流和平等协商，也加入了双方育儿养老的考量。女性单身生育的实践回应了家庭成员的不同需求，一定程度上突破了传统父权家庭和主流核心家庭的养育模式，形成了以女性为轴心的随母姓和从母居的家庭形态。从另一个层面来看，女儿也承担了传宗接代与养儿防老等在父权文化下归属为男性的责任，使得父权社会根深蒂固的家庭观念，在其中以一种微妙的方式延续（计迎春，2020）。

七　结论

中国社会发生的急剧变迁，生育政策的发展和调整以及方兴未艾的性别平等运动，为女性生活带来了深刻的变化。尽管整体来看，女性仍旧处于性别结构不平等的弱势地位，但经济政治的变动也提供了上升空间。伴随受教育程度的提升和劳动力市场的参与，她们不仅向往公共领域内的自我实现，而且渴望在个人生活中实践性别平等。女性不断获得经济独立的同时，传统性别规范对于女性的要求和限制依然强势。新的个人机会和旧的角色期待之间不断激化的张力和冲突，促使部分女性寻求新的生活安排。本文所研究的城市中产阶层异性恋女性的单身生育实践，正是在这样一个性别角色重塑和变动的背景之下展开的。

中国传统的婚育观念之下，婚姻与生育互为一体，密不可分。现行婚姻制度对女性的期待过多，婚姻的吸引力降低，尤其是对那些受教育程度和经济收入更高的女性。作为独生女一代的这些女性，在成长过程中获得原生家庭大量教育与经济的投入，来自母系家庭的持续支持。挣扎于个人意识觉醒和家庭社会压力的矛盾冲突中，我们研究中的这些女性没有选择平衡，而是进行取舍：放弃婚姻带来的"一揽子"义务，拒绝父权家庭规范下妻子和媳妇的角色，而积极拥抱女儿和母亲的身份，在母系家庭的支持下做出单身生育的选择。在成为母亲的过程中，她们受到主流母职文化建构的影响，将生育看作自我成长与实现的重要部分，包括人生意义和情感联结的追寻，并从经济能力、身体机能、情感责任、制度保障和养育照料等角度审视自我的母职资格，最终践行一条"女人当家"的生活道路。

尽管在中国社会尚属少见，我们研究的带有第二次人口转变印记的异性恋女性单身生育现象是个体化时代的产物。围绕性别、婚恋和家庭的价值观念的转变，是此次人口变迁过程的重要推手。勇于挑战传统的性别角色，高扬的自我意识，不断出现在受访者的个人叙事中。作为经济独立的职业女性，她们的确展现了更多与父权文化下不利于自我的性别规范进行协商和抵抗的能动性。然而，受访者基于个体自主性和能动性所追求的女人当家，不能遮蔽她们生育实践依然面临的结构性制约。这些单身生育女性掌控和动员资源的能力，受到她们不同的教育、职业、收入和家庭背景的影响。比如面对工作和养育日益激化的冲突，一些经济能力突出的母亲能够依靠市场协作，将照料责任外包；另外一些相对弱势的母亲不得不做出妥协，在职业发展和养育责任之间艰难平衡。

为了应对人口结构失衡和生育低迷的状况，国家近年逐步放宽了对生育的管控，间接为单身生育清除了最为核心的制度性阻碍。尽管有了生育政策调整的契机，这些女性的个人生育实践依然要面对在制度和文化层面存在的诸多困境。首先，女性生育权的实现仍然受到现行婚姻法律和政策的限制，需要充分展示和调动个人的能动性。其次，生育之后，单身女性养育子女的责任和负担更重。除了引起报道和关注的生育保险，围绕生育假期、育儿津贴、照料服务和生育主体的劳动权益等后续福利提供和社会保障的跟进，单身生育女性的法律地位还不明确，相关权益还得不到保障。最后，单身生育所处的社会环境远非友好，特别是父职缺场导致的污名化。尽管这些女性对于家庭的想象展现了极高的建构能力，随着媒体和教育等公共机构在子女成长过程中的加大介入，构建一个对于这些特殊家庭更为友好的社会环境将会变得更为重要。

增强生育政策包容性是近期我国促进人口均衡发展的最新举措。[①] 按照对这一新政的权威解读，生育政策包容性的重要内涵之一就是尊重生育主体，包容多元生育行为。[②] 除了支持已婚家庭多生和早生的愿望，来自相关领域的学者也建议包容性生育政策还应当考虑包容单身生育，尊重未婚者作为生育主体的权利（杨菊华，2021；石人炳，2021）。顺应人口政策新的演进和发展，加强对于单身生育现状和诉求的研究，不仅是保障相关群体生育权利的应有之义，也将有助于当前人口形势下探讨生育激励新的可能和途径。

参考文献

卜玉梅，2008，《农村未婚生育现象的原因探析：以湖南 X 村的个案研究为例》，《南方人口》第 3 期。

陈红霞，2012，《结构化视阈下的闽南农村未婚先育现象研究：以闽南农村为例》，《山西农业大学学报》（社会科学版）第 5 期。

陈蒙，2018，《城市中产阶层女性的理想母职叙事：一项基于上海家庭的质性研究》，《妇女研究论丛》第 2 期。

陈卫民、李晓晴，2020，《晚婚还是不婚：婚姻传统与个人选择》，《人口研究》第 5 期。

高碧叶，2021，《"羞耻感"的语言学超越：基于未婚妈妈的个案研究》，《天府新论》第 1 期。

高万芹，2018，《双系并重下农村代际关系的演变与重构：基于农村"两头走"婚居习俗的调查》，《中国青年研究》第 2 期。

黄亚慧，2014，《苏南地区的并家婚姻考察》，《中国青年研究》第 11 期。

计迎春，2020，《"马赛克家庭主义"：从女儿养老看中国家庭制度的变迁》，《二十一世纪》第 8 期。

---

① 2020 年 10 月 29 日，党的十九届五中全会通过《中共中央关于制定国民经济和社会发展第十四个五年规划和二〇三五年远景目标的建议》，首次提出"增强生育政策包容性"。2021 年 3 月 11 日，十三届全国人大四次会议通过《中华人民共和国国民经济和社会发展第十四个五年规划和 2035 年远景目标纲要》，再次强调"增强生育政策包容性""和"推动实现适度生育水平"，标志着我国生育政策的重要转型。

② 参见《增强生育政策包容性，构建综合生育支持体系》，《中国青年报》，2021 年 2 月 22 日；杨舸《"十四五"生育政策为何首提"包容性"? 人口政策将转向何处?》，《光明日报》，2020 年 11 月 9 日。

李文珍，2020，《1957年以来出生女性群体的婚孕新趋势：以未婚怀孕为中心的分析》，《人口学刊》第6期。

卢淑樱，2020，《母乳与牛奶：近代中国母亲角色的重塑（1895-1937）》，上海：华东师范大学出版社。

石金群，2016，《转型期家庭代际关系流变：机制、逻辑与张力》，《社会学研究》第6期。

石人炳，2021，《包容性生育政策：开启中国生育政策的新篇章》，《华中科技大学学报》（社会科学版）第3期。

宋健，2021，《从约束走向包容：中国生育政策转型研究》，《华中科技大学学报》（社会科学版）第3期。

佟新、马丹，2014，《非婚生活方式与对美好生活的建构》，《南京社会科学》第11期。

王向贤，2017，《两孩政策、非婚生育和生育观的变革》，《山西师范大学学报》（社会科学版）第1期。

魏伟，2016，《同性伴侣家庭的生育：实现途径、家庭生活和社会适应》，《山东社会科学》第12期。

魏伟、高晓君，2020，《中国同性育儿家庭中的隔代照料》，《中国研究》第25辑。

谢宇，2021，《当代中国家庭更追求个人自由，但仍以孩子为中心》，http://zhishifenzi.com/depth/depth/9569.html。

许琪，2015，《儿子养老还是女儿养老？基于家庭内部的比较分析》，《社会》第4期。

杨菊华，2021，《生育政策包容性：理论基础、基本意涵与行动策略》，《华中科技大学学报》（社会科学版）第3期。

於嘉、谢宇，2019，《中国的第二次人口转变》，《人口研究》第5期。

于晶，2021，《单身女性生育权问题探讨》，《中国政法大学学报》第1期。

钟晓慧、郭巍青，2018，《新社会风险视角下的中国超级妈妈：基于广州市家庭儿童照顾的实证研究》，《妇女研究论丛》第2期。

Barlow, T. E. 1994, "Theorizing Woman: Funü, Guojia, Jiating (Chinese Woman, Chinese State, Chinese Family)." In Angela Zito and Tani E. Barlow, *Body, Subject and Power in China*. Chicago: University of Chicago Press.

Bock, J. D. 2000, "Doing the Right Thing? Single Mothers by Choice and the Struggle for Legitimacy." *Gender & Society* 14 (1).

Brownell, S. & J. Wasserstrom 2002, *Chinese Femininities, Chinese Masculinities: A Reader*. Berkeley: University of California Press.

Cherlin, A. J. 2004, "The Deinstitutionalization of American Marriage." *Journal of Marriage and Family* 66 (4).

—— 2020, "Degrees of Change: An Assessment of the Deinstitutionalization of Marriage Thesis." *Journal of Marriage and Family* 82 (1).

Evans, H. 1997, *Women and Sexuality in China: Female Sexuality and Gender Since 1949*. New York: Continuum.

Feldshuh, H. 2018, "Gender, Media, and Myth-Making: Constructing China's Leftover Women." *Asian Journal of Communication* 28 (1).

Fong V. L. 2002, "China's One-Child Policy and the Empowerment of Urban Daughters." *American Anthropologist* 104 (4).

Hertz, R. 2006, *Single by Chance, Mothers by Choice: How Women are Choosing Parenthood without Marriage and Creating the New American Family*. Oxford: Oxford University Press.

Ji, Y. 2015, "Between Tradition and Modernity: Leftover" Women in Shanghai." *Journal of Marriage and Family* 77 (5).

Lesthaeghe, R. 2010, "The Unfolding Story of the Second Demographic Transition." *Population and Development Review* 36 (2).

Manning W. D. & Lamb K. A. 2003, "Adolescent Well-Being in Cohabiting, Married, and Single-Parent Families", *Journal of Marriage and Family* 65 (4).

OCED 2019, Share of Births Outside of Marriage, https://www.oecd.org/els/family/SF_2_4_Share_births_outside_marriage.pdf.

Seccombe, K., Walters, K. B. & James, D. 1999, "'Welfare Mothers' Welcome Reform, Urge Compassion." *Family Relations* 48 (2).

Song, J. & Ji Y. 2020, "Complexity of Chinese Family Life." *China Review* 20 (2).

Stacey, J. 2006, "Gay Parenthood and the Decline of Paternity as We Knew it." *Sexualities* 9 (1).

To, S. 2013, "Understanding Sheng Nu (Leftover Women): The Phenomenon of Late Marriage among Chinese Professional Women." *Symbolic Interaction* 36 (1).

Zhao, X. & Basnyat, I. 2018, "Online Social Support for Danqin Mama: A Case Study of Parenting Discussion Forum for Unwed Single Mothers in China." *Computers in Human Behavior* 80.

（原载《妇女研究论丛》2022年第3期）

图书在版编目(CIP)数据

家庭与性别评论.第12辑,非常态家庭与亲密关系实践/吴小英执行主编.--北京:社会科学文献出版社,2022.12

ISBN 978-7-5228-0954-0

Ⅰ.①家… Ⅱ.①吴… Ⅲ.①家庭社会学-研究 Ⅳ.①C913.11

中国版本图书馆 CIP 数据核字(2022)第 196871 号

家庭与性别评论(第 12 辑)
非常态家庭与亲密关系实践

主　　编 / 马春华
执行主编 / 吴小英

出 版 人 / 王利民
责任编辑 / 孙　瑜　佟英磊
文稿编辑 / 刘　扬　马元馨
责任印制 / 王京美

出　　版 / 社会科学文献出版社·群学出版分社 (010) 59366453
　　　　　 地址:北京市北三环中路甲 29 号院华龙大厦　邮编:100029
　　　　　 网址:www.ssap.com.cn
发　　行 / 社会科学文献出版社 (010) 59367028
印　　装 / 三河市龙林印务有限公司

规　　格 / 开 本: 787mm×1092mm　1/16
　　　　　 印 张: 17.5　字 数: 291 千字
版　　次 / 2022 年 12 月第 1 版　2022 年 12 月第 1 次印刷
书　　号 / ISBN 978-7-5228-0954-0
定　　价 / 118.00 元

读者服务电话:4008918866

版权所有 翻印必究